英語リスニングの鬼100則

音声DL付き

英語音声学をもとに身につける！

青山学院大学准教授 米山明日香 Asuka Yoneyama

明日香出版社

まえがき

　日本では、令和という新しい時代を迎え、「グローバル化」の波があちこちから押し寄せています。今はどこに行っても「グローバル化」というワードがトレンドです。企業の「グローバル化」、大学の「グローバル化」、教育の「グローバル化」など、枚挙にいとまがありません。

　その大きな潮流の1つが、「英語」を駆使して外国人と難なくコミュニケーションをとることが社会で求められていることです。みなさんの周りでも、「英語の必要性」が非常に高まっていることと思いますが、「英語ができた方が良い」と言われても、それをどのように学習すれば良いのかわからないのではないでしょうか？　加えて「グローバル化」という言葉に不安を抱えている方も多いでしょう。

　では、どうすれば良いのでしょうか？

　グローバル化に対応したコミュニケーションは英語を話したり、書いたりすることも重要ですが、まず相手の意図や意思を正しく「理解」しなくてはなりません。理解するには、まず、英語が聞けなくてはなりません。しかし、日本の学校教育ではまだまだ「リスニング」に割く時間が少ないので、リスニングが苦手な人が多いのは事実です。それゆえ、学生の多くが「先生、どうやれば英語が聞けるようになりますか？」という質問をしてくるのです。この質問が、今まで聞かれた中で、もっとも多い質問なのです。

●──「聞く」だけでない「話す」ためのトレーニング

　しかし、「聞く」という行為は、実は「話す」という行為と密接にかかわっているので、「聞く」だけでなく、「話しながら」訓練することが重要なのです。

　残念ながら従来の教本は、音声と音声原稿に問題をつけたものが主流で、それらは「英語学習者がどこでつまずき、どのように聞こえるので注意すべき」などといった学習者の弱点は考慮していません。考慮していないので、どこに注力すべきかといったことが、使用者にはわからないのです。

本書では、音声学の知識を利用して、「聞きながら話し」、「発音しながら聞く」ことをバランスよく組み込み、英語力を鍛えられるように工夫しました。

　つまり、リスニングの教材であるとともに、発音の教材でもあるのです。前半で個々の音を、中盤で個々の音以外の特徴を学びます。後半では、「世界の英語」に対応できるようになっています。本書にある 100 の法則（Must）をしっかり学習すれば、「グローバル時代の英語」に対応できるようになっている点が、本書の最大の特徴です。

　また、単語レベルから短文、著名人によるスピーチまでを練習用教材として扱っているので、基礎レベルから上級レベルに対応しています。学び直しにも最適です。法則が 100 あるので、少しずつコツコツ無理なく学習できます。

　どうか本書が多くの英語学習者の英語力強化に役に立つように願ってやみません。

2020 年 7 月

米山明日香

全体のモデルプラン

　本書は大きく分けて４つのフェーズから成っていますので、以下のモデルプランでタスクをこなしていくと効果的です。

Phase1

第１章 「だから英語が聞き取れない」
　自分がどこが苦手なのかを大まかに明らかにします。

Phase2

第２章「日本語にない音、注意すべき音：母音編」
第３章「日本語にない音、注意すべき音：子音編」
　苦手な「音」を徹底的に学習します。

Phase3

第４章 「音は変化する」
第５章 「音はつながる、だから難しい」
第６章 「音は場所によって変化する」
第７章 「イントネーションと文強勢」
　連続する音の中で自分がどこが苦手なのかを項目別に明らかにします。

Phase4

第８章「世界の英語」
　さまざまななまりのある英語の特徴をつかみながら、グローバルな時代に対応するための英語力アップを狙います。

　一般的に日本語と英語では、音の構造がかなり異なりますが、本書はその音の構造の違いに着目して書かれていますので、効果的にリスニング力が向上できるようになっています。特に、「日本人英語学習者のつまずきポイント」に大いに配慮して書かれています。語学学習で重要なのは、「定着」です。定着するまで粘り強く学習しましょう。

ルール（Must）ごとの構成

　本書では 100 のリスニングルール（Must）がありますが、それぞれのルールは 4 つのステップから成り立っていますので、Step 1 で解説を読んで理解してから、Step 2 でルールを確認します。また Step 3 では耳を訓練し、Step 4 では発音を鍛えるようにすると効果的です。ただし、ルールによっては、Step 3 や Step 4 がないところもあります。

Step4　**Pronunciation Practice**
Pronunciation Tips

発音することで、口と耳を鍛えます。

Step3　**Practice Listening**

ルールを考慮したリスニング練習で
音声の定着を図ります。

Step2　**ルール**

解説を簡単にルールとして学びます。

Step1　**解説**

解説でしっかりと理論を勉強しましょう。

発音記号表

　本書では、国際音声記号（International Phonetic Alphabet、IPA）に準じた記号を使用しています。ちなみに音声学では音素（語の意味を生む音の最小単位）を／／で、発音を [ ] で示しますが、本書では便宜上、両方とも [ ] で示します。

●──母音

　大まかに分けて、音には母音と子音がありますが、以下は英語の母音表です。発音記号 [ ] の右に書かれている単語の下線部が [ ] 内の発音記号に該当します。英語の母音に関しては第2章（p.52〜）で詳しく説明していますので、発音記号の下に書いてあるルール（Must）番号を参照してください。

短母音		長母音		二重母音	
[ɪ] Must 14	it, kick	[iː] Must 13	peach, eat	[eɪ] Must 20	eight, face, pay
[e]	end, pet	[ɑːr] Must 11	art, park	[aɪ] Must 19	idle, pie
[æ] Must 8	ask, cat	[ɑː] Must 11	father（以下 GA のみ）lot, pot	[ɔɪ] Must 21	oil, choice
[ɒ] Must 11	lot, pot RPのみ（GA では[ɑː]）	[uː] Must 16	pool, two	[ɪɚ] Must 24	ear, peer
[ʌ] Must 9	cut, love	[ɔː]	thought, law	[eɚ] Must 25	air, pear
[ʊ] Must 17	put, pull	[ɔːr]	organization, north	[ʊɚ] Must 26	cure, poor
[i] Must 15	happy, radiation	[ɝː] Must 12	curl, pearl	[aʊ] Must 23	owl, mouth
[u] Must 18	influence, situation			[oʊ]（GA）[əʊ]（RP） Must 22	goat, know
[ə] Must 10	about, common				
[ɚ] Must 10,12	winter				

[e] と [ɔːr] は本書では扱っていません。というのも、[e] は日本語の「え」に、[ɔːr] は日本語の「おー」に近いためです。

●──子音

次に、子音です。

子音は第3章 (p.134～) で詳しく説明していますので、参考にしてください。以下は英語の子音表です。発音記号 [ ] の右に単語が書かれており、その下線部が [ ] 内の発音記号に該当します。詳しくは発音記号の下に書いてあるルール（Must）番号を参照してください。

左の**無声音**とは「声帯の振動を伴わない音」で、右の**有声音**とは「声帯の振動を伴う音」です。声帯の振動があるかないかは、のどぼとけ付近に手を当て、[s] と [z] を発音してみましょう。[s] では手に振動が伝わりませんが、[z] では手に振動が伝わります。したがって、[s] が無声音、[z] が有声音ということになります。手をのどぼとけ付近に当てるほかに、耳の穴を指でふさいだり、耳を手で覆ったりしても同じ効果が感じられます。

左と右に並んでいるのは、**調音様式**（どのように音を作るのか）と**調音位置**（どこで音を作るのか）が同じであることを示しています。

最後の [j] と [w] ですが、音声学では母音と子音の特徴を持つことから**半母音**と呼ばれることがあります。また、[h] は多くの学習者にとって難しくない音なので、本書では扱っていません。

ところどころ（[ɑːr][ə] など）で発音記号が斜体（イタリック体）になっている箇所がありますが、それはオプションであるということを表しています。

無声音			有声音	
[p] Must 27	pencil, lip	[b] Must 31	big, job
[t] Must 28,29	time, litter	[d] Must 32	dog, kid
[k] Must 30	kick, ticket	[g] Must 33	goal, fog
[tʃ] Must 49	chocolate, kitchen	[dʒ] Must 49	judge, edge
[f] Must 34	fish, leaf, phone	[v] Must 35	vase, love
[θ] Must 36	thing, path	[ð] Must 37	this, bathe
[s] Must 38,39	smile, sister	[z] Must 39,40	zoo, rose
[ʃ] Must 41	ship, tissue	[ʒ] Must 42	rouge, vision
[h]	hat, rehearsal		
		[m] Must 43	mouse, ham
		[n] Must 44	knock, sun
		[ŋ] Must 45	king, think
		[l] Must 48	leaf, tell
		[r] Must 46	rock, arrow
		[j] Must 50	yogurt, beauty
		[w] Must 50	water, queen

第1章 だから英語が聞き取れない

第2章 日本語にない音、注意すべき音：母音編

第1章
第2章
第3章
第4章
第5章
第6章
第7章
第8章

第3章 **日本語にない音、注意すべき音：子音編**

第1章
第2章
第3章
第4章
第5章
第6章
第7章
第8章

第6章 発音は場所によって変化する

第7章 イントネーションと文強勢

第8章 世界の英語

カバーデザイン：krran　西垂水 敦・市川 さつき
本文イラスト　：末吉 喜美

音声ダウンロードについて

パソコンもしくは携帯端末で、アクセスしてください。
音声データ（MP3）がダウンロードできます。

https://www.asuka-g.co.jp/dl/isbn978-4-7569-2103-1/

※収録内容は、英語のみです。

アメリカ英語 🇺🇸 ジョッシュ・ケラーさん

イギリス英語 🇬🇧 レイチェル・スミスさん

※収録箇所を本書内では「track1」を 🔊1、「track2」を 🔊2 のように表記してあります。

※音声ファイルは、一括ダウンロードも個別で聞くこともできます。

※音声の再生には、MP3 ファイルを再生できる機器などが必要です。ご使用の機器、音声再生ソフト等に関する技術的なご質問は、ハードメーカーもしくはソフトメーカーにお願いいたします。

※一括ダウンロードした音声ファイルが track1 から順に並ばない場合、ご使用の機器にて「名前順」になるよう設定してください。

第1章
第2章
第3章
第4章
第5章
第6章
第7章
第8章

リスニ
の
鬼100

だから英語が聞き取れない

生の英語が聞き取りづらいのは、理由があった

▶学校で習った通りの英語ではない？

この本を手に取ってくださった人の多くは、「英語が聞き取れない」「英語をもっと聞き取れるようになりたい」と思っていることでしょう。

そのように思う大きな理由の１つが、「学校で習った英語」とは異なる英語が実際には展開されているからではないでしょうか。

「実際には」を詳しく言うと、最初の段階では「学校で習う英語」が「リスニング教材」と異なり、次の段階では「リスニング教材」と「実際の会話」などにおいて異なっているということです。

本書では、この第２段階を訓練し、第３段階である「実際の英語」でも対応できることを目標とします。

この本を手に取って（学校で習う英語／リスニング教材の英語／実際の英語）

重要なのは、このリスニング教材で**第１段階と第３段階をうまくリンクづけ**するような訓練を行うことです。

ではなぜ「学校で習う」第１段階の英語と第３段階の「実際の英語」が異なるのでしょうか。

学校では、まず「単語」で練習をします。中学校や高校のときに、先生が単語を書いた紙を掲げて、Repeat after me. と言った後に、単語をリピートした思い出がある方も多いのではないかと思います。

たとえば、should という助動詞は「シュッド」と習ったでしょう。それから短文レベルで、I should go.「アイシュッドゴー」と勉強します。しかし、should が「シュッド」と発音されると思っていると、実際の会話などでは、理解が難しくなります。なぜなら**実際には should は「シュ」「シャ」くらいにしか聞こえない**からです（詳しくは第6章参照）。また、apple は「アップル」ではなく、どちらかというと「エプー」に近い発音になります。つまり、この時点ですでに「実際の英語」とは異なっています。

●──音の構造が違うから、耳慣れない

　私たちの母語（mother tongue）である**日本語と英語の音の構造はかなり異なって**います。それで日本人の中には、外国語の音に違和感を持ち、その音が意味の理解に結びつかない場合がしばしば起こるというわけです。「慣れない音は聞こえない」と言われることがありますが、聞こえていないというよりは、慣れない音なので、「意味の理解」につながっていないのです。

　これはある意味では仕方のないことです。

　というのも、聞き慣れた音は聞き取れて理解につながりますが、耳慣れない音は理解に結びつかないからです。たとえば日本人は一般的に [l] と [r] を聞き取れないことが多いとされますが、これは日本語が [l] と [r] を区別する音体系を持たないからなのです。

　本書では、こうした点を考慮して、日本語と英語の音の構造の違いを利用しながら、日本語の音とどのように違うかに焦点を当て、実際の英語において、聞き取れることを目指していきます。

▶ Practice Listening（1）

ノート（紙）と筆記具を用意して、まず音声を1回聞き取り、できるだけ細かく聞き取った内容を日本語、または英語で書き取りましょう。
次にディクテーション（＝言っている英文を書き取る）をしてみましょう。
一度で書き取れたら、英語上級者です。何度聞いてもかまいません。最初はナチュラルスピードで（🔊の前半）、次はゆっくりスピードで（🔊の後半）読んでいます。英語上級者はナチュラルスピードのみでもかまいません。
最終的に聞き取れないのはどこだったかを書き留めておいてください。

Welcome [0]to [0]the weather [3]forecast. I'm Kevin Johnson. Now, let's see [3]what [0]the weather is like today. In [1]the [2]north of [0]the country it's very windy [0]and [3]cold. There is a [2]chance of some snow too. [1]The temperature is [3]around 1° [3]centigrade. In [0]the [2]west of [0]the country it's going [0]to be rainy all day today. There may be thunderstorms [3]tonight. [1]The temperature is a [3]bit higher than yesterday, at [3]around 8°. In [0-2]the east [0]the weather is cloudy. It is quite windy [0]and [0]the temperature is 6°. [1]The [2]south of [0]the country has [0]the [3]best weather today. It's cloudy [2]most of [0]the time [3]but sunny this morning. [1]The temperature is [3]around 11°.

訳　天気予報の時間です。ケビン・ジョンソンがお伝えします。今日の天気を見てみましょう。北部では、風が強く、寒いでしょう。雪が降るかもしれません。1度くらいでしょう。西部では、一日中雨でしょう。夜には雷があるかもしれません。気温は昨日より少し高く、8度くらいでしょう。東部はくもりで、風が強く、6度でしょう。南部は今日一番の天気で、一日雲におおわれますが、朝は晴れるでしょう。気温は11度くらいでしょう。

Listening Point

英語学習者が聞き取りづらい点は特に以下の部分です。

➡下線部①：toという**前置詞**（ちなみにtoday, tonightのtoも聞きにくい箇所です）、theという**定冠詞**（①-2は母音の前で他と発音が異なり「ジ」なので、他よりも比較的聞き取りやすい）、andという等位**接続詞**が非常に弱く読まれていることがわかります。場所によっても多少異なりますが、toは軽く「タ」、theは「ズ」、andは「ン」といった感じに聞こえます。この部分が難しいと感じた人は、第6章「音は場所によって変化する」の「**弱形**」を参考にしてください。

➡下線部②：north of、chance of、west of、south of、most ofは、前の単語が子音で終わり、後ろが母音で始まっているので、**音が連結**しています。ただし、mostに関しては[t]が聞こえず、その前の[s]とofの母音がくっつ

いています。「音の連続」に関して詳しくは第 5 章「音はつながる、だから難しい」を参考にしてください。

⊃下線部③：語末の[t]は発音されないことが多いので、forecast、what、tonight、bit、best やbut においては[t]はほとんど聞こえません。また、cold、around や centigrade の[d]も明確ではありません[1]。

⊃today、tonight、around のように第 2 音節に強勢（ストレス）がくる場合に、その前の母音が聞き取りづらいという傾向があります。これはあいまい母音[ə][2]が苦手、あるいは耳慣れないことによります。

> 「学校英語」と「リスニング教材」は違うし「リスニング教材」と「実際の英語」も違う。
> ▶ それを攻略するには、リスニング教材で学び、その後、実際に使うというステップを踏むことが重要。

Practice Listening（1）がゆっくりスピードでも難しかった場合、英語力全体の底上げを図る必要があります。第 2 章から丁寧に学んでいきましょう。章の構成は以下の通りですので、特に自分が **Practice Listening** で弱かったところ、苦手そうなところの□にチェックを入れておきましょう。

Practice Listening（1）の音声で難しいと感じた方は、他の国の方言（アクセント）はもっと難しいので、その場合は第 8 章にもチェックを入れてください。

- □　第 2 章　日本語にない音、注意すべき音：母音編
- □　第 3 章　日本語にない音、注意すべき音：子音編
- □　第 4 章　音は変化する
- □　第 5 章　音はつながる、だから難しい
- □　第 6 章　音は場所によって変化する
- □　第 7 章　イントネーションと文強勢
- □　第 8 章　世界の英語

※ 1　参照 Must 51「人は楽して発音する：音の脱落」（p.240~）
※ 2　参照 Must 10「「あ」を攻略する！③[ə]は疲れてため息をついたときの「ア」」（p.64~）

英語の「お手本」を利用して
聞く力を伸ばす

▶録音された英語は偽物？

　英語と日本語の音の構造が異なることを前項で学びましたが、次に日本人が英語の聞き取りが苦手な理由は、p.22 の最終段階に当たる「自然な英語」つまり「実際の英語」に触れる機会が圧倒的に少ないからです。

　前項の **Practice Listening**（1）ではスムーズに理解し、ディクテーションができましたか？　やはり少し難しかったのではないでしょうか。

　本書の最終目標である「自然な英語」を容易に理解するには、十分な訓練が重要なのですが、その過程では、p.22 の第２段階の「リスニング教材」を利用して英語を学ぶことになります。

　覚えておかないといけないのは、**「録音された英語」は「模範的な英語」が一般的である**ということです。

　日本語で言うと、「模範的な日本語」は NHK のアナウンサーが話すような日本語ということになりますが、日本人がみな NHK のアナウンサーのように正確に話すわけではありませんね。年代によっても、住んでいる地域によっても、日本語の種類は異なります。しかし、模範的な日本語で日本語を学ぶのが理想であることは間違いありません。逆もしかりです。

●──模範的な英語を話す人

　では、英語ではどのような英語が「模範的な英語」なのでしょうか。

　たとえばアメリカ英語の場合、**「標準アメリカ英語**（General American, GA）」というアメリカの中西部方言が標準的なものになり

ます[1]。

　イギリスの音声学者 J.C.Wells はアメリカの人口の3分の2がこのタイプの英語を話していると述べていますので、アメリカに行くと多く聞かれるアクセント(方言)と言えるでしょう。大まかに言うと、右のような広い地域でこのGAが話されています。

　一方、イギリス英語が録音されている場合、「**標準イギリス英語** (Received Pronunciation [容認発音], RP)」となります[2]。ただ「標準アメリカ英語」と異なり、現在では「標準イギリス英語」はイギリス国民の3%しか話者がいないと言われるほど少ないのですが、RP が標準イギリス英語とされることが多いので、それを標準イギリス英語として扱います。

　このように、この2つ GA と RP が、英語学習者のモデルとなる主な英語発音です。日本の学校教育では「標準アメリカ英語」が主流ですので、本書で扱う英語も「標準アメリカ英語」が主ですが、発音が両者で異なる場合や比較したほうが良い場合「標準イギリス英語」も採用しています。随所に「標準アメリカ英語」と「標準イギリス英語」の違いを記し、それぞれGA 🇺🇸GA、RP 🇬🇧RP と記していきます。最近では、語学試験でも 🇺🇸GA 、🇬🇧RP 、また 🇬🇧RP から派生したアクセントであるオーストラリア英語などさまざまなアクセントが導入されていますので、そうした語学試験対策にも役に立ちます。

　さらに昨今のグローバル化を鑑み、本書ではさまざまな英語に対応すべく、さまざまな方言の英語発音を第8章「世界の英語」(p.394 ~) で扱っています。英語は世界語（global language）であることが実感できると思います。

▶録音された英語は「模範的な英語」であることを心得ておく。

※1　参照 Must 91「ネイティブスピーカーの英語①標準アメリカ英語（GA）」(p.398~)
※2　参照 Must 92「ネイティブスピーカーの英語②標準イギリス英語（RP）」(p.404~)

標準アメリカ英語と標準イギリス英語を聞き比べてみましょう。

🇺🇸 **GA** Hi, I'm₁Josh. I am an English₂teacher. I have been living in Japan₂for ₂more than 15₂years. When I₂first₃visited Japan, I was₂surprised to see Shibuya Scramble Crossing in Tokyo.

🇬🇧 **RP** Hi, I'm₁Josh. I am an English₂teacher. I have been living in Japan₂for ₂more than 15₂years. When I₂first₃visited Japan, I was₂surprised to see Shibuya Scramble Crossing in Tokyo.

訳 ジョッシュです。英語の先生をしています。日本には15年住んでいます。日本に初めてきたとき、東京の渋谷にあるスクランブル交差点を見て驚きました。

Listening Point

➔ ここでは標準アメリカ英語🇺🇸 **GA** と標準イギリス英語🇬🇧 **RP** の違いを聞き取りましょう。

➔ 下線部①：Joshという発音ですが、🇺🇸 **GA** は「ジャッシュ」と聞こえ、🇬🇧 **RP** では「ジョッシュ」と聞こえます。これはアメリカ英語とイギリス英語で母音の発音が違うことを表しています[※1]。

➔ 下線部②：一定の母音の後の[r]を🇺🇸 **GA** では発音していますが(teacher, for, more, years, first, surprised)、🇬🇧 **RP** では発音していないことがわかります。これは「r音化」という現象で、🇺🇸 **GA** と🇬🇧 **RP** のもっとも顕著な違いの1つと言われます[※2]。

➔ 下線部③：visited において🇺🇸 **GA** は「ヴィジリ」と聞こえ、🇬🇧 **RP** では「ヴィジティ」と聞こえます。[t]が🇺🇸 **GA** では「ら行の音」になっていますが、🇬🇧 **RP** はつづり字通りに発音しています。🇺🇸 **GA** の[t]が「ら行の音」になることを「たたき音化」と呼びます[※3]。

※1　参照 **Must** 11「「あ」を攻略する！④[ɑːr]は深みのある「アー」」(p.68~)
※2　参照 **Must** 47「そのほかの子音②r音化はあくまでオプション」(p.218~)
※3　参照 **Must** 29「破裂音を攻略する！③「ら行」に変わる[t]」(p.146~)

➔ 上記の音声でアメリカ英語  🇺🇸 GA 、あるいはイギリス英語🇬🇧 RP のどちら
かが聞き取りづらい場合には、その英語に慣れるようにすることが重要で
す。

個々の音の聞き取り訓練は、第2章「日本語にない音、注意す
べき音：母音編」（p.52〜）で「母音」を、第3章「日本語に
ない音、注意すべき音：子音編」（p.134〜）で「子音」をそれ
ぞれ丁寧に学習しましょう。
🇺🇸 GA と 🇬🇧 RP の相違にも注意して学習すると、さまざまなアク
セントの英語に対応できるようになります。

加えて、第6章「発音は場所によって変化する」（p.296〜）で取
り扱う弱形の発音も、🇺🇸 GA と 🇬🇧 RP で異なるものがあります。

さまざまな種類の英語方言とその特徴に関しては、第8章「世
界の英語」（p.394〜）で聞き比べてください。

英語を話すのは
ネイティブだけではない

▶ 英語はネイティブスピーカーのものではない？

　前項 Must 2で標準英語には大まかに分けて、標準アメリカ英語🇺🇸 GA と標準イギリス英語🇬🇧 RP があることに言及しましたが、英語が苦手と考えている人の中には、「ネイティブスピーカーのように英語を話せないといけない」と思っている人が多いのではないでしょうか。

　しかし、残念ながら、現実は大きく異なります。**英語はもはやネイティブスピーカーだけのものではありません。**

　信じられないかもしれませんが、現在はネイティブスピーカーの数よりも日本人などを含むノン・ネイティブスピーカーの方が圧倒的に多いのです。

　カチュル (kachru) という言語学者が1985年に下のような同心円の図を用いて、世界の英語話者の数を示したことがあります。一番内側が「第1言語として英語を使用する話者（例：アメリカ人、イギリス人、オーストラリア人）」で3億2000万〜3億8000万人、2番目の輪が「第2言語として英語を使用する話者（例：インド人、ジャマイカ人、シンガポール人）」で3〜5億人、一番外側が「外国語として英語を使用する話者（例：日本人、フランス人、ブラジル人、ロシア人、中国人）」で5〜10億人と見積もりました。国連の人口統計によると、当時は世界の人口が50億人程度ですので、3〜5人に1人が英語話者でした。

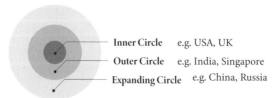

Inner Circle　　e.g. USA, UK
Outer Circle　　e.g. India, Singapore
Expanding Circle　e.g. China, Russia

●───英語を話す相手はほぼ「なまって」いる

　現在では、英語のネイティブスピーカーの数はもっと減り、外側の円の厚みが増していて、一説には、20億人以上の英語話者が世界にはいると言われています。つまり、英語を話す人の多く（約75〜80%）は、ネイティブスピーカーではなくなっているのです。

　ですから、実際に**私たちが英語を話す相手が、英語を母語としているとは限らない**時代がすでに到来しているので、インドなまりの英語、フィリピンなまりの英語、イタリアなまりの英語などに対応しなくてはなりません。そういった英語を聞き取れることも時としては必要なのです。

　ですから、本書では、さまざまななまりのある英語をサンプルとして第8章「世界の英語」(p.394〜)でも取り扱っているので、参考にしてください。

●───ジャパニーズ・イングリッシュでも OK だけど……

　ということは、「日本人なまりの英語」いわゆる「ジャパニーズ・イングリッシュ」でも話す際には良いのです。また、結論から言うと、程度の差こそあれ、**日本人が話す英語は「日本人なまりの英語」に他ならないので、自信をもって英語を話すことが重要**です。

　しかし、より相手に通じるようにするには、模範となる英語のルールを包括的に学び、それに則って話すことが求められますし、そうした英語が聞き取れるようになることがリスニングの近道なのです。

　どのようななまりの英語であっても、規範となる英語から近ければ近いほど、聞き取りが容易になるというわけです。

> 英語はネイティブスピーカーのものではなく、私たちの言語でもある。
> ▶躊躇せずに自信をもって話すこと。
> そうすれば、聞けるようになる。

以下の文はさまざまな背景を持つ英語話者です。
音声を聞き取って、どの国の話者か想像してみましょう。
ここではディクテーションをする必要はありません。

(1)男性A 　🔊**3**

(2)男性B 　🔊**4**

(3)男性C 　🔊**5**

▶ **ANSWER**（3）

(1)男性A　プロフィール　国籍：中国　25歳　大学院生　中国河北省出身
　　生まれてから22歳まで中国、その後、日本に留学。

(2)男性B　プロフィール　国籍：韓国　21歳　大学生　韓国出身
　　9歳の時に1年間アメリカ留学、その後、韓国で高校まで過ごし、18歳で日
　　本に留学。

(3)男性C　プロフィール　国籍：ジンバブエ　大学教員
　　16歳までジンバブエで育ち、16歳から22歳まではイギリスで教育を受け、
　　22歳から25歳までは大学院でアメリカに。その後、27歳まで銀行で勤務し、
　　それ以来、日本在住。

Listening Point

⊖男性Aのリスニングポイント
・中国独特のアクセントがあり、聞き取り難度が高い音声です。たとえば、
　butがputtに、badがbutに聞こえます。

・強勢（ストレス）の位置が本来置かれるところではないところに置かれています（Englishなど）。

・[θ]が[s]になっています。thing, threeなど。

・文法的な間違いがところどころに見られます。economic→economicsなど。

⊃男性Bのリスニングポイント

・韓国のアクセントが少なく、非常に聞きやすい英語です。

・時々、母音に癖があります。study, favorite, barsなど。

・聞き取りづらい単語があります。usuallyなど。

・強勢（ストレス）が本来のものと異なる単語があります。universityなど。

⊃男性Cのリスニングポイント

・イギリスで教育を受けていたこともあり、イギリス英語を話す話者です。

・アクセントが少なく、聞き取りやすい英語で、英語を母国語としない人のお手本となる英語です。

・一方、英語母語話者とは異なり、非常に注意して英語を話している印象を受けます。たとえば、I worked in a bank. という文章ですが、英語母語話者の場合、worked inにおいては通常、音が連結して、「ワークティン」となりますが、別々に発音しています。

このように、英語は今や世界におけるコミュニケーションツールなので、さまざまな英語の方言が世界にはあります。
この音声は筆者が勤務する大学の学生と教員のものなのですが、筆者の身近でもさまざまな英語があることがわかるでしょう。

これ以外にもさまざまな英語があるので、詳しくは第8章「世界の英語」（p.394～）を参考にしてください。
「英語を母語とする人たちの英語」や「英語を母語としない人たちの英語」について書かれています。

発音練習と一緒にリスニング力を伸ばすのが近道

▶ 発音とリスニングの関係性はない？

「リスニング力を上げたければ、リスニングの練習をすれば良い」、「発音がうまくなりたければ、発音の練習をすれば良い」と思っていませんか。

もちろんそのスキルだけを集中的に勉強することも重要ですが、リスニング力を上げたい場合、「**発音**」の練習を共に行うと、**相乗効果でリスニング力が格段に向上する**ことを心にとめておいてください。

●──話しながら調整する機能を利用する

人間は話をするときに、音のボリューム調整をしたり、自分の出した音が正確だったか振り返ったりと、「**音の調整**」を行いながら話します。つまり、一瞬のうちに発した音を聞き、フィードバックしているわけです。発した音が間違っていたり、場違いに大きな声を出したりした場合、これを修正することができます。こうしたループのことを聴覚的な「**フィードバック機構** (feedback mechanism)」と言います。

これがうまくいかないと、リスニングに影響を与えることがあります。たとえば、お年を召して耳が遠くなった方が、無用に大きな声で話してしまうのはフィードバック機構がうまく働かなかった結果です。つまり耳が悪くなったため、声の大きさがよくわからなくなっているのです。

このフィードバック機構を外国語学習に応用することが可能です。

自分が話した発音を冷静に正確にフィードバックすることができれば、リスニング力も上がるというわけです。

　たとえば、[l] と [r] の発音がうまくできるようになると、ring と ling といった単語の違いも聞き取りやすくなるという具合です。

　ですから ring と ling のような**ミニマルペア**で練習を重ね、その後、文単位で練習するとリスニング力が上がるのです。特に、日本語にない音[※1]に注意して学びましょう。

🏰 valuable information

ミニマルペアとは、ある言語において、語の意味を生む音の最小単位である音素をわかりやすく際立たせるために、単語のうちの１つだけ音素を変えた２つの単語のペアのこと。たとえば、sit/sɪt/ と sat/sæt/ はそれぞれ３つの音素からできていますが、中央の音素のみが異なることによって、それが意味の対立を生み出していることがわかります。こうしたペアをミニマルペアと言い、発音訓練でしばしば使われます。ちなみに音素は音声学では / / で、発音は [ ] で示しますが、本書では、便宜上、両方とも [ ] で示します。

▶ **リスニング力を鍛えたければ、発音も一緒に鍛えると効果的。**

▶ Practice Listening （4）　🔊6

以下のミニマルペアを聞き取って、単語をそれぞれ書き取ってみましょう。

(1) ....　(2) ....

(3) ....　(4) ....

(5) ....

次に(1)〜(5)にある単語を使った短文を聞いて書き取ってみましょう。

(6) ....

(7) ....

(8) ....

(9) ....

(10) ....

※1　第２章「日本語にない音、注意すべき音：母音編」p.52 〜、第３章「日本語にない音、注意すべき音：子音編」p.134 〜参照

(1) cat, cut　　　　　　[kæt] [kʌt]
(2) lock, rock　　　　　[lɑːk] [rɑːk]
(3) hot, hut　　　　　　[hɑːt] [hʌt]
(4) pig, big　　　　　　[pɪg] [bɪg]
(5) ship, sheep　　　　[ʃɪp] [ʃiːp]
(6) Tom has four cats. (トムは猫を4匹飼っています。)
(7) I usually locked the door at night. (たいてい夜はドアにカギをかけました。)
(8) Have you ever been to the hut in the forest?
　　(森にある小屋に行ったことはありますか？)
(9) I have a big dog called Jimmy. (ジミーという大きな犬を飼っています。)
(10) My grandparents keep a lot of sheep.
　　(祖父母はたくさんの羊を飼っています。)

Listening Point

� (1) catの母音[æ]の方が長く聞こえます。短母音といっても、音質の違いだ
　　けでなく、長さにも違いがある点に注意しましょう。

➔ (2) [l]と[r]を比べると、前者の方が明るい音に聞こえます。音の印象も聞
　　き分ける際には重要です。ここでの発音は標準アメリカ英語 🇺🇸 GA です。

➔ (3) hotは標準アメリカ英語 🇺🇸 GA では「ハアートゥ」、標準イギリス英語
　　🇬🇧 RP では「ホットゥ」に近い発音になりますので、日本人にはイギリス英
　　語の方が親しみやすい発音になります。

➔ (4) pig, big [pɪg][bɪg]においては、日本語の「ピッグ」「ビッグ」ほど明確に
　　「ピ」「ビ」とは聞こえません。

➔ (5) ship, sheep [ʃɪp][ʃiːp]において、母音の違いは長短だけではありません。

第1章

→ その後、(1)〜(10)を発音練習しましょう。正確に言えるまで何度も練習し
てみてください。フィードバックをするために、スマートフォンなどの録
音機能を使うことをお勧めします。それから、またディクテーションをし
てみても良いでしょう。

第2章

第3章

(1) cat, cut　[æ][ʌ]、(3) hot, hut　[ɑː][ʌ]、(5) ship, sheep [ɪ][iː]
における母音の違いは第2章「日本語にない音、注意すべき音：
母音編」(p.52 〜) で丁寧に学びましょう。

第4章

(4) pig, big　[pɪg][bɪg] の違いに関しては、第3章「日本語にない
音、注意すべき音：子音編」(p.134 〜) に目を通してください。

第5章

(2) lock, rock [l][r] の違いは第3章「日本語にない音、注意す
べき音：子音編」の Must 46 〜 48(p.214 〜) で詳しく解説して
います。

第6章

第7章

第8章

「聞こえない」音を科学して
「聞こえる」ようにする

▶ 音はつながって、消える？

　「音」と言うと、前項 **Must** 4「発音練習と一緒にリスニング力を伸ばすのが近道」で紹介した「音素」のことを指すことが多いでしょう。

　簡単に言うと、個々の音素は**母音**と**子音**などに分けられます。これはあくまで意味の違いを生み出す音の最小単位のことなのですが、**音はつながる**と変化することが知られています。これはどういうことでしょうか？

　たとえば、would の後に you がくると、「ウッドユー」ではなく、「ウジュ」となります。これは [d] の後に [j] がくると、[dʒ] になるという英語特有のルールです。これを「**音の連結（linking）**」と言います。

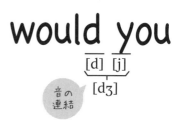

would you
[d] [j]
　　[dʒ]

音の連結

　詳しくは第5章「音はつながる、だから難しい」(p.260 ～) で取り扱っていますので、そこで学習していきましょう。

●──書き言葉と違うから難しい

　ではこの「音の連結」がリスニングの際に、なぜ難しいのでしょうか。

　それはリスニングの際に、「書き言葉」と「聞こえてくる音声」が異なることが原因です。上記の例で言うと、書き言葉では Would you ～? のように2語からできていますが、聞こえてくるときには1語のように聞こえるからです。

　次に、日本人英語学習者がリスニングの際に問題となるのが、「**音の脱落 (deletion)**」です。

　たとえば、What?（何？）と言う場合、「ウァット」ではなく、「ウァッ」と聞こえます。これは最後の [t] が脱落しているように聞こえるからです[※1]。

　両方の特徴を攻略するための共通のルールは、同じようなパターンをたくさん聞いて、特徴をつかみ、その後、その音声を意味理解につなげることです。

> 音は、場所によってつながったり、消えたりする。
> パターン練習を行い、耳を慣らして、意味理解につなげよう。

▶ **Practice Listening** （5）　　　　　　　　7

「音の連結」に注意して、短文を書き取ってみましょう。

(1) ....

(2) ....

(3) ....

「音の脱落」に注意して、短文を書き取ってみましょう。

(4) ....

(5) ....

(6) ....

※1　参照　Must 51「人は楽して発音する：音の脱落」(p.240 〜)

(1) Could you send me the document?　（文書を送ってもらえますか？）

(2) I told you not to do it again.　（同じことをしないでと言ったでしょう。）

(3) My father gave me an apple.　（父がリンゴを1つくれました。）

(4) What did you do yesterday?　（昨日何していたの？）

(5) What kind of dogs do you have?　（どんな犬を飼っているの？）

(6) I want something hot.　（何か温かいものをください。）

Listening Point

➔ (1)、(2)　[d]と[j]がくっつくと[dʒ]つまり「ジュ」となります。

➔ (3)　前の語の最後の音が子音（an[n]）で、後ろの語の最初の音が母音（apple[æ]）の際には、音はくっついて発音されます。

➔ (4)didとyouにおいて「音の連結」が見られますので「ディジュ」と聞こえます。

➔ (1)〜(4)「音の連結」に関しては第5章「音はつながる、だから難しい」(p.260〜)で詳しく学びましょう。

➔ (4)〜(6) 語末の[t]は明確に発音されず、音が消えているように感じることが多いものです。この点に関しては、第4章「音は変化する」(p.236〜)を参考にしてください。

リスニングの難しさは、「文字媒体」と「音声媒体」が結びつかないところです。

なぜなら、**人間は本人が思うよりも、文字依存**なのです。

できる限り、音声を書き取る訓練をするようにすると、どこの部分が聞き取れないのかがわかります。

聞き取れるようになったら、聞いた音声が、意味理解につながるのかを確認しながら、学習を進めましょう。

日本語と英語のイントネーションには共通点も多い

▶ イントネーションで意味が変わる？

　これまで大まかに母音や子音といった個々の音に焦点を当てて説明しましたが、それ以外にも英語を理解するさまざまな要素があります。

　たとえば、同じ言葉でも**声のトーンやイントネーション**によって、意味が異なってきます。特にイントネーションは意味を判断するうえで、重要な要素になります。

●──イントネーションで気持ちを表す

　イントネーションに関しては、第7章「イントネーションと文強勢」（p.362～）で詳述しますが、日本語と英語のイントネーションでは違いもあるものの、大まかなルールは同じです。

　たとえば、日本語で「これは鉛筆↘」とイントネーションを下げたら、鉛筆であると断言しているのですが、「これは鉛筆↗」とイントネーションを上げたら、「これは鉛筆ですか？」と相手に尋ねている、あるいは鉛筆であるか疑問をもっているときだと判断します。

　英語においても This is a pencil. ↘ と言ったら、それは日本語と同様に「これは鉛筆です。」という意味ですが、This is a pencil? ↗ と言ったら、これも日本語と同様に「これは鉛筆ですか？」と尋ねている、あるいは疑問をもっているという意味になります。

　イントネーションが上がるものを**上昇調**[※1]と言い、下がるものを**下降調**[※2]と呼びます。

※1　参照 Must 85「5つのイントネーション②上昇調は問いかける」（p.372～）
※2　参照 Must 84「5つのイントネーション①下降調は言い切る」（p.370～）

●──英語のイントネーションは大きなうねり

　ここで注意が必要なのは、イントネーションは語より大きなまとまりや文全体に付されるということです。したがって、日本語のように語の中で高低があり、意味を分ける言語とは異なります。標準日本語では、箸↘、橋↗と語の中で音の高低（これを専門用語ではピッチアクセントと呼びます）をつけて、意味の違いを生み出しています。日本語のような言語をその特徴から、**ピッチアクセント言語**と呼ぶことがあります。

　しかし英語では、イントネーションは語よりも大きな単位、あるいは文全体に付されます。たとえば、Do you like dogs?（犬は好きですか）と言ったら、個人差もありますが、Do が一番低く、そこから徐々に声が高くなり、dogs で一気に声の高さが上がるといった具合になります。こうした特徴から、英語を**イントネーション言語**と呼ぶことがあります。

　もちろん日本語にもイントネーションがありますが、英語ほどイントネーションで使われる声の音域の幅は大きくありません。

> イントネーションの基本形である上昇調と下降調に関しては、基本的用法は両言語共通。
> イントネーションに注意して文を理解する。

以下の文を聞き、イントネーションの形 ⌒＼ を平行線の中に書き取ってみましょう。また、それぞれどのような意味か考えてみましょう。

高

(1)

低

> ↑上の線が声が高いことを、↓下の線が声が低いことを表します

My father has three sisters.

高

(2)

低

I know John.

高

(3)

低

The student majors in math.

> イントネーションの波の中でもっとも振幅の大きなところが、文の中でもっとも重要な意味をもっていることが多いと覚えておきましょう。
> この Must 6 では上昇調と下降調の2種類しか紹介していませんが、そのほかのイントネーション型などに関しては第7章「イントネーションと文強勢」(p.362 ～) を参考にしてください。

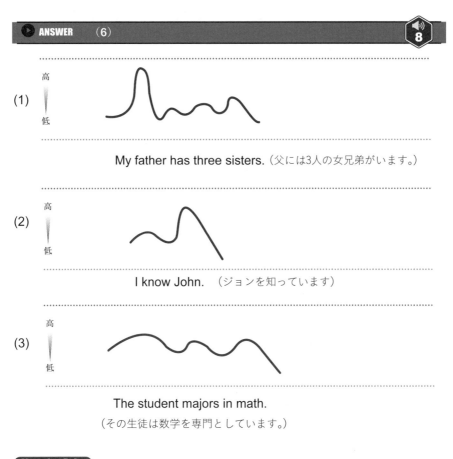

ANSWER （6）

(1) 高／低

My father has three sisters. （父には3人の女兄弟がいます。）

(2) 高／低

I know John. （ジョンを知っています）

(3) 高／低

The student majors in math.
（その生徒は数学を専門としています。）

Listening Point

➔ (1)father、three、sistersの下線部の母音にイントネーションのピーク（一番高いところ）がきています。

➔ (2)文における最後の名詞に、イントネーションの一番大きなピークがくることは多々あるので、この点を覚えておきましょう。この部分でイントネーションが上がっているか、下がっているかを聞き取って、それが平叙文か、疑問文か、その後に何かが続くかなどを判断します。

➔ (3) イントネーションのピークはstudent やmathといった**名詞**やmajorsといった**動詞**にくることが多いことがわかります。

イントネーションのピークを
聞き取れれば話は大体わかる

▶ 内容語を聞けば、聞き取れるのか？

　前項 Must 6 でイントネーションについて簡単に説明しましたが、リスニングの際にイントネーションの**波のピークを聞き取る**ことは重要なことです。なぜならば、そこが意味理解で重要な部分に当たるからです。

●──波のピークは「内容語」

　たとえば、前項の **Practice Listening**（6）で波のピークに当たる語は、(1)では father（名詞）, has（動詞）, three（形容詞）, sisters（名詞）で、(2)では know（動詞）と John（名詞）で、(3)では student（名詞）, majors（動詞）, math（名詞）です。ここには共通点があり、それはそれらが**内容語**であるということです。

　一方、波のピークでない語は、(1)では my（代名詞）で、(2)では I（代名詞）、(3)では the（定冠詞）, in（前置詞）であることがわかります。これらは**機能語**と言われます。

内容語と機能語

内容語 be 動詞以外の動詞、名詞、形容詞など、文法的な機能を持たないが、語彙的な意味を持つ語のこと

機能語 be 動詞、前置詞、冠詞など、文法的な機能を持ち、語彙的な意味を持たない語のこと

　このようにリスニングをするときのコツは、イントネーションの波のピークに通常くる**内容語**をいかにたくさん、正確に聞き取るかがポイントになります。それができるようになったら、文意のニュアンスを変える前置詞などを聞き取るようにすると、効率的なリスニングができるようになります。

ピークきたー！

> ▶ リスニングのコツは、イントネーションの波のピークを聞き取ること。
> それは、基本的には内容語である。

▶ Practice Listening（7）　

まず、短文を書き取りましょう。次にどこにイントネーションのピークがあるかを聞き取ってみましょう。
ピークには、単語の上部に黒丸●をつけてみてください。
またそのピークの語の品詞を書いてみましょう。

(1) ....

(2) ....

(3) ....

●   ●   ●

(1) My mother was a math teacher. （母は数学の先生でした。）

   名詞   名詞   名詞

● ●   ●   ● ●

(2) Joe lived in London for three years.

  名詞 動詞   名詞   形容詞 名詞

（ジョーはロンドンに３年住んでいました。）

●   ●   ●   ●   ●   ●   ●   ●

(3) I can buy four bottles of beer and three bags of potato chips.

     動詞 形容詞 名詞   名詞   形容詞 名詞   名詞   名詞

（ビールを４本とポテトチップスを３袋買いました。）

Listening Point

➔ (1) mother(名詞)、math(名詞、ここでは形容詞的に使われています)、teacher(名詞)にイントネーションの波のピークがきています。これらは**内容語**です。一方、my(代名詞)、was(be動詞)、a(不定冠詞)にはピークがきません。これらは**機能語**です。

➔ (2) Joe (名詞)、lived (動詞)、London (名詞)、three (形容詞)、years (名詞)にイントネーションの波のピークがきています。これらは**内容語**です。一方、in (前置詞)、for (前置詞)にはピークがきません。これらは**機能語**です。

➔ (3) buy (動詞)、four (形容詞)、bottles (名詞)、beer (名詞)、three (形容詞)、bags (名詞)、potato (名詞)、chips (名詞)にイントネーションの波のピークがきています。これらは**内容語**です。一方、can (助動詞)、of (前置詞)、and (接続詞)にはピークがきません。これらは**機能語**です。

Pronunciation Tips

リスニングの際に内容語をしっかりと聞き取ること！

機能語の中には、can や and のように、明確に発音されないものもあります。

それを**弱形**と呼びますが、弱形に関しては、第6章「発音は場所によって変化する」(p.296 〜) でしっかりと学んでください。

リスニングの鬼コーチからの
お悩みアドバイス①

Q どうすればリスニング力が上がりますか？

A ディクテーションをしましょう
：アクティブリスニングをすることがおすすめです

初級・中級・上級

　英語を教えていると「どうやったらリスニング力が上がりますか？」という質問をされることが、日常茶飯事です。そのようなとき、筆者は「逆にどうやって勉強していますか？」と質問することにしています。そうすると、「好きな英語の音楽を聴いています」、「好きな英語のドラマや映画を見ています」といった答えが大半を占めることがあります。確かにそういった方法は「やらないよりはまし」でしょう。

　しかし、これらは効果的な方法ではありません。というのも、上記の行為に共通しているのは、「音を聞いている」「映像を見ている」ということが中心なので、「理解」をするという「能動的な（アクティブな）リスニング」ではないからです。リスニング力を上げるには、**「能動的なリスニング」**が欠かせません。というのも、「音を聞いている」のは、言い換えれば「音を聞き流している」のであり、「映像を見ている」のは、言い換えれば「映像がないと理解できない」ということです。しかし、たとえば、大学入試や語学試験において高得点を目指したい、ひいては外国人とビジネスの場などでコミュニケーションをスムーズにとりたいと思う場合、**内容を理解しながら、聞き取る**ことが重要だからです。

　とはいえ、いきなり「内容を理解する」のは難しいですよね。音声と意味を結び付けるような訓練をすることが重要ですが、その第一歩として、**「音声を文字化すること」**から始めることをおすすめします。

本書でもルール（ Must ）ごとに **Practice Listening** などで**ディクテーショ**
ンをする訓練がたくさんありますので、それを活用してください。文
字に書き起こせないということは、聞き取れていないので、内容理解
にまでつながることは実際には困難です。

　現在、筆者は大学で英語専攻ではない学生に英語を指導していますが、以前、ある経験をしました。それは、大学入学時に TOEIC540
点だった学生・R君が、2年次の夏に 915 点という高得点を記録した
のです。これは驚異的な伸びです。授業中にクラス全員に対して「と
にかく英語力が上がるから、ディクテーションをしなさい！ もって
いる教科書についている CD を使って、あるいは音声をダウンロード
して、また時間があったら、e-learning の音声をディクテーションし
てごらんなさい」と指導しましたが、その中で、もっとも勤勉に続け
たのが R 君でした。R 君は、ディクテーションによって、非常に楽
に英語が聞けるようになったとともに、TOEIC の文法問題にも読解
問題でも英語力が上がったと言っていました。

　このようにディクテーションはオーソドックスな勉強法ですが、地
道に続ければ、かなりの効果があるようです。ディクテーションをす
るときのポイントは以下の通りです。

●──ディクテーションのポイント

(1)毎日少しずつこなしてください。無理な場合でも、数日ごとには行
　うようにしてください。

(2)スクリプトのあるものをディクテーション教材とすることが好ま
　しいでしょう。

(3)ディクテーションをして、わからなかったところ、間違ったところ
　は訂正して、音声で確認することが大切です。

(4)わからなかったところ、間違ったところは、口に出して練習しまし
　ょう。

リスニ
の
鬼100

第2章

日本語にない音、注意すべき音：母音編

●───日本語の４倍はある英語の母音

　第１章では、日本人英語学習者がリスニングにおいてつまずくポイントをまとめました。

　簡単に言うと、「英語の音の構造」と「日本語の音の構造」が大きく異なるので、日本人英語学習者が英語をリスニングするのは難しいのは当然なのです。

　この章では、「英語の母音」を中心に聞き取りのポイントを紹介していきます。

　日本語は短母音「あ」「い」「う」「え」「お」のみですが、**英語は短母音、長母音、二重母音の３種類**があり、それぞれのカテゴリーの中に複数の母音があります。簡単に言えば、日本語の母音５つに対して、英語ではその４倍以上の数の母音[※1]があるので、その聞き分けはとても難しいのです。言い換えれば、母音が少ない言語を母語とする日本人英語学習者は、母音の数が多い英語の母音は習得が難しいというわけです。

　でも、心配する必要はありません。

　この章では、日本語と英語の母音を比較しながら、どのように聞こえるかという点に着目するとともに、どのように発音するかを通して、つまり「フィードバック機構[※2]」を最大限利用して、英語の母音を攻略していきます。

　ポイントは、「**聞くだけでなく、発音練習をしながら学習する**」という点です。こうすることによって、しっかりとその音の定着を図れます。

※１　英語の母音の数があいまいなのは、方言によっても、🇺🇸 **米** と 🇬🇧 **英** によっても、異なるからです。
※２　参照　 Must ４「発音練習と一緒にリスニング力を伸ばすのが近道」（p.34 ～）

●──発音記号の勉強で、急がば回れ

本書では、発音記号を使っていきますが、英語の発音記号に関しては、巻頭の p.7 を参考にしてください。

発音記号が異なると「音質が違う」と知っておくことは重要です。なぜなら、先にも書いたように、日本人英語学習者は母語の母音の数が少ないので、細かな音質の相違には耳が慣れていないのです。それを目で見てわかりやすく、スムーズな学習をするために、本書では発音記号を随所に使っていきます。

発音記号の習得は面倒と考えるかもしれませんが、発音記号は音符と同じです。

音符は一度習得すると、楽譜が読めるようになり、知らない曲が再現できますよね。それと一緒で、**発音記号が読めると、知らない単語も文も発音記号が添付されていれば、すらすら読めるようになります。**ぜひこの際、一緒に勉強しましょう。リスニング力もさることながら、発音も向上して、一石二鳥です。

この章では、まず日本語の「あ」「い」「う」に当たる英語の母音を扱います。というのも、これらの３つに相当する母音の数が英語では多いので、日本人英語学習者にとっては弱点となるからです。

ところで、各ルール（Must）で、つづり字と発音の関係が書いてある箇所がありますが、これはあくまで一般的なルール程度にとどまります。というのも英語においてつづり字と発音の関係は複雑で例外も多いからです。こうしたことを心にとめて学習を進めてください。

「あ」を攻略する！①
[æ]は「うひゃ〜」の「ア〜」

▶ c<u>a</u>t の [æ] は 「あ」 と 「え」 の中間の音？

●——— 6つの「ア」

日本語の 「あ」 に対して、**英語の 「ア」 は 6種類あります**。

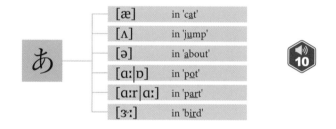

	[æ]	in 'c<u>a</u>t'
	[ʌ]	in 'j<u>u</u>mp'
あ	[ə]	in '<u>a</u>bout'
	[ɑ:|ɒ]	in 'p<u>o</u>t'
	[ɑ:r|ɑ:]	in 'p<u>ar</u>t'
	[ɜ˞:]	in 'b<u>ir</u>d'

　ということは、6種類の 「ア」 それぞれに慣れていないと、英語のいずれかの母音を聞いても、すべてが日本語の 「あ」 に聞こえてしまうのです。

　表の上から 4 〜 6つ目の発音記号にある [:] は 「長い」「伸ばす」 という補助記号 (以下、**長音記号**と呼びます) なので、場合によっては、母音の音質ではなく、長さで母音を判断してしまいますが、それでは正しく聞き取りができません。

　加えて、正確に母音の音質を聞き分けられないと、単語を別の単語と聞き違えたり、意味理解につながらなかったりするのです。もちろん前後関係でどの単語を話者が発音するかを理解することもできますが、それでは頭の中で処理するには時間がかかってしまいます。それよりも、発音練習を通してそれらの発音に慣れ、聞き取れるようになる方が、意味理解に力を注げるので、リスニング力が上がるというわけです。それを攻略するには、発音練習も行いながら、学習していくことが得策です。

●―― [æ] を科学する

まず、日本人英語学習者にとって、もっとも難しい「ア」が cat の母音である [æ] です。

この [æ] はつづり字の点からいうと、cat や hat、bad のように 'a' であることが多いのです。しかしなが

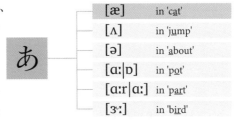

[æ]	in 'cat'
[ʌ]	in 'jump'
[ə]	in 'about'
[ɑ:|ɒ]	in 'pot'
[ɑ:r|ɑ:]	in 'part'
[ɜ:]	in 'bird'

ら、つづり字が 'a' だからと言って、[æ] と発音されるわけではありません。

では、どのように聞こえるのでしょうか？

発音記号を見るとわかりますが、**a「あ」と e「え」の要素をもっています**。ということは、発音をする際には、**「え」の口で、「あ」を発する**のがポイントです。写真を参考にしてください。

[æ]

「え」の口で「あ」

それから、2つ目のポイントは、この母音は「短母音」に分類されるのですが、**長めに発音する**という特徴があります。発音するときにも長めに発音し、聞き取りの際にも「「あ」と「え」の要素が入った少し長めの母音」と認識すると良いでしょう。

加えて、🇺🇸 米 では [æ] で、🇬🇧 英 では [ɑ:] になるものがあり、たとえば bath、after、ask、example がそれに当たります。

> ▶「え」の要素が入った「あ」であることを発音練習を通して実感するとともに、少し長めという点がポイント。

次の単語をディクテーションしてみましょう。

(1) ....

(2) ....

(3) ....

次に(1)～(3)の単語を使った短文をディクテーションしてみましょう。

(4) ....

(5) ....

(6) ....

次の英文の[æ]が含まれる単語を□で囲んでみましょう。

(7) Hi, Mary. Let me introduce my cats. Their names are Patty, Sam and Mike. I found them on the avenue. When I found them, I put them into a big bag and brought them home. My dad was so happy to see them.

▶ **ANSWER** （8）

(1) pat, Pat

(2) cattle

(3) campus

(4) My brother goes to the campus every day.

　　（兄（弟）は毎日キャンパスに行きます。）

(5) Pat is my aunt. （パットは私のおばです。）

(6) I have some cattle on my farm. （農場には牛を何匹か飼っています。）

　　　注；cattle は集合名詞です。

(7) Hi, Mary. Let me introduce my cats. Their names are Patty, Sam and Mike. I found them on the avenue. When I found them, I put them into a big bag and brought them home. My dad was so happy to see them.

　　（やあ、メアリー。猫を紹介するね。名前はパティー、サム、マイク。大通りで見つけたんだ。見つけて、大きな袋に入れて、家に連れて帰ったんだよ。父がすごくうれしがってね。）

Listening Point

➔ [æ]は「「あ」と「え」の要素が入った少し長めの母音」です。どちらかというと、「あ」ベースに「え」が加わった音というとわかりやすいかもしれません。

➔ また、この母音はかなり「はっきりとした音」という印象があります。

➔ **Practice Listening**（8）のリスニングが終わったら、発音練習をして、発音の定着化を図りましょう。

Pronunciation Tips

発音がうまくできない場合、「うひゃー」と言ったときに「ひゃー」のところで、口を横に引っ張って発音するときの「あ」の音と理解すると発音しやすいでしょう。

▶ **Pronunciation Practice**（8）

以下の単語を発音練習してみましょう。特に下線の母音[æ]に注意してください。

(1) c<u>a</u>p

(2) c<u>a</u>b

(3) b<u>a</u>ck

(4) b<u>a</u>g

(5) m<u>a</u>t

(6) m<u>a</u>d

「あ」を攻略する！②
[ʌ]はシャープな「ア」

▶ jump の [ʌ] は「あ」でもっとも短い？

次に学習するのは、図の上から2つ目の jump の「ア」です。

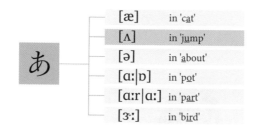

	[æ]	in 'cat'
	[ʌ]	in 'jump'
あ	[ə]	in 'about'
	[ɑː|ɒ]	in 'pot'
	[ɑːr|ɑː]	in 'part'
	[ɜː]	in 'bird'

　まず、音の特徴ですが、この母音は**短母音**に分類され、**「ア」の中でもっともシャープで、もっとも短く聞こえる音**と表現すれば良いでしょう。具体的に前項 Must 8 の [æ] と比べると、その長さの相違は明らかです。また「あ」というよりは、口の奥で発音するので、深い印象の「ア」といった感じです。

　次につづり字との関係を見ましょう。Jump, cut, hut など、この音のつづりは 'u' であるものが多いのですが、love, blood, double, won など例外もあります。

　では、この母音の生成方法を説明しましょう。写真のように、口をあまり開けずにリラックスさせて、のどの奥の方から「ア」と言う感じで、鋭く発音しましょう。少し暗い感じがすると思います。そのまま、スタッカートを効かせるような感じで、[ʌ, ʌ, ʌ, ʌ, ʌ....] と発音練習してみましょう。

[ʌ]

口をあまり
開けずにリラックス

のどの奥の方から
鋭く発音

鋭い「ア」の音になれるように練習を重ねてください。

▶ 英語の「ア」の中でもっともシャープで、もっとも短く聞こえる音。
日本語の「あ」よりも少し奥まった感じの音。

● **Practice Listening** (9)

次の単語をディクテーションしてみましょう。

(1) ....

(2) ....

(3) ....

次に(1)〜(3)の単語を使った短文をディクテーションしてみましょう。

(4) ....

(5) ....

(6) ....

次に読む英文の中で[ʌ]が含まれる単語を□で囲んでみましょう。

(7) The rainy season has come. I need to buy a new umbrella for my mother. What color should I buy? She likes something colorful. She loves polka dots with green, blue, yellow and blush. I will go to a luxurious department store to select one tomorrow.

(1) love

(2) puppy

(3) culture

(4) My family has five puppies. （家族は５匹の子犬を飼っています。）

(5) It is important to respect other cultures.

（ほかの文化に敬意を払うことは重要です。）

(6) I love to dance with music. （音楽に合わせて踊るのが好きです。）

(7) The rainy season has come. I need to buy a new umbrella for my mother. What color should I buy? She likes something colorful. She loves polka dots with green, blue, yellow and blush. I will go to a luxurious department store to select one tomorrow.

（梅雨がやってきました。母のために新しい傘を買わなくてはなりません。何色を買おうかな。母はカラフルなものが好きです。緑、青、黄色、紅色の水玉が好きです。明日、豪華なデパートに行って買う予定です）

Listening Point

⊖ (1)〜(3)を聞くと、[ʌ]は短く、鋭い感じで、少し暗い音質の「あ」といった印象を持つと思います。

⊖ (4)では、puppiesの[ʌ]とfamilyの[æ]、(6)では、loveの[ʌ]とdanceの[æ]の音の長さを聞き比べましょう。

⊖ (7)のwhatは[ɑ:]※1で発音する人もいます。

※1 参照 **Must** 11「「あ」を攻略する！④[ɑ:r]は深みのある「アー」」(p.68~)

Pronunciation Tips

口をリラックスさせて、ため息を鋭く「アッ」と言ってみましょう。一気に、普段体に溜まっている悪い気を体の外に出すようなイメージで言ってみてください。

▶ **Pronunciation Practice** （9）　　14

以下の単語を発音練習してみましょう。特に下線の母音[ʌ]に注意してください。

(1) bus

(2) buzz

(3) cup

(4) cub

(5) duck

(6) dug

「あ」を攻略する！③
[ə]は疲れてため息をついた
ときの「ア」

▶ <u>a</u>bout の [ə] は「あ」？

3つ目の「ア」は、<u>a</u>bout の最初の母音 [ə] で、日本名では「**あいまい母音**」と呼ばれます。

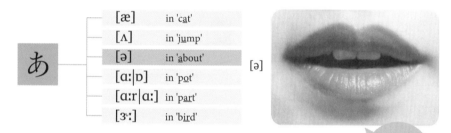

[æ]	in 'c<u>a</u>t'	
[ʌ]	in 'j<u>u</u>mp'	
あ	[ə]	in '<u>a</u>bout'	[ə]
[ɑ:|ɒ]	in 'p<u>o</u>t'	
[ɑ:r|ɑ:]	in 'p<u>a</u>rt'	
[ɜ:]	in 'b<u>ir</u>d'	

リラックスして、どこにも力を入れない

「あいまい母音」はその名の通り、**「あいまいに聞こえる」**ことから、その名がつけられています。あいまいという理由は「あ」「い」「う」「え」「お」、すべての母音の要素が入っているからと言われます。入っているというよりは、**どの母音にも判別しがたい**というのが正しいかもしれません。

したがって、この母音は、リラックスして、どこにも力を入れずに、発音します。イメージとしては、「疲れて帰ってきたときに、声を出しながら、ため息をついたときの音」というとわかりやすいかもしれません。

口の写真を見ると、そう表現する理由がわかるでしょう。リラックスした感じですね。この口のポジションで [ə, ə, ə, ə, ə, ə ...] と言ってみましょう。

この「あいまい母音」は、英語でもっともよく出てくる重要な母音です。ab<u>ó</u>ut、<u>É</u>ngland、c<u>ó</u>mm<u>o</u>n といった**強勢**（ストレス、一般にはアクセントと言われま

す）が置かれない音節の母音（下線部）が「あいまい母音」になるからです。

　日本語では、このあいまい母音はないので、日本人英語学習者にとっては聞き取りが難しい場合が多いのです。

　たとえば、about が bout に聞こえるなど、特に語頭にあいまい母音がきた場合、その音が明確に聞き取れないことがよくあるので、注意してください。また語中や語末にくる場合、その部分が短く縮まって聞こえることがあり、England は「イングランド」ではなく「イングルンドゥ」のように聞こえますので、そこも注意する必要があります。

　場所によって、このあいまい母音が**脱落**することもあります[※1]。

> あいまい母音はその名の通り、「あいまい」です。日本語にはない母音ですが、英語でもっともよく使われる母音なので、要注意です。

▶ Practice Listening（10）

次の単語をディクテーションしてみましょう。

(1) ....

(2) ....

(3) ....

次に(1)～(3)の単語を使った短文をディクテーションしてみましょう。最初は🇺🇸 ⃞、その後が🇬🇧 ⃞ で発音されています。

(4) ....

(5) ....

(6) ....

次に読む英文の中で[ə]が含まれる単語を□で囲んでみましょう。

(7) My family is planning to go to England this summer for five days. First, we will stay in London for three days. I am excited about visiting the Tower of London and Buckingham Palace. After that, we will move to Cambridge and stay in a small cottage for two days.

※1　参照　Must 57「音の区切りも増減する」（p.256～）

ANSWER （10）

15

(1) carrot (2) mountain (3) pencil

(4) Do you like carrot cakes? （人参ケーキは好きですか？）

(5) I prefer pens to pencils. （鉛筆よりもペンを好みます。）

(6) My hobby is climbing mountains. （趣味は山登りです。）

(7) My family is planning to go to England this summer for five days. First, we will stay in London for three days. I am excited about visiting the Tower of London and Buckingham Palace. After that, we will move to Cambridge and stay in a small cottage for two days.

（家族でこの夏、5日間イギリスに行こうと計画しています。まず、ロンドンに３日間滞在します。ロンドン塔やバッキンガム宮殿に行くことを楽しみにしています。その後、ケンブリッジに移動して、２日間を小さなコテージで過ごす予定です。）

Listening Point

- (5)のtoも「あいまい母音」で発音されています。これは弱形と呼ばれます。
- 弱形に関して、詳しくは第６章「発音は場所によって変化する」(p.296～)を参照してください。この弱形は日本人英語学習者がリスニング力を上げるうえで、重要課題です。というのも、弱形は、明確に聞こえないことが多いので、意味理解につながりにくく、厄介なのです。
- (7)の□で囲まれているものは、**機能語**[※1]で、ここでは弱形が使われています。ただし、afterに弱形はありません。forの弱形の母音とafterのうしろの母音[ɚ]は、GA と RP とでは発音が異なります。GA では「あいまい母音」に[r]の音色がかかっている感じになります。これは **r 音化**という現象です[※2]。詳しくは Must 12 (p.72～) を参照のこと。
- (7) の□で囲まれているものは**内容語**の名詞ですが、GA と RP では発音が異なります。これも **r 音化**という現象です[※3]。

※1 参照 Must 7「イントネーションのピークを聞き取れれば話は大体わかる」(p.46~)

※2 参照 Must 47「そのほかの子音② r 音化はあくまでオプション 」(p.218~)

※3 参照 Must 47 同上

→ Buckinghamの発音が GA と BP で異なっています。 GA では下線部の[h]を発音していますが、 BP では発音していません。 GA ではつづり字通りに発音する傾向があり、その特徴がここでも見られます。

　「あいまい母音」は、英語でもっとも頻繁に出てくる母音ですので、この母音を攻略することが、英語リスニングを強化することにつながるということを覚えておいてください。しかし、**日本語には基本的にあいまい母音がないので、耳なじみがなく聞き慣れない**のです。

　「あいまい母音」は「**弱母音**」と言われることもあり、その名前の通り、弱い音ですので、聞き逃さないようにしましょう。十分慣れ親しみ、「あいまい母音」の定着化を図ってください。特にaboutのように、語頭にくる場合は聞き逃さないようにしないと、聞き取りの際に意味が取れなくなってしまいますので、注意が必要です。

Pronunciation Tips

[ə] は、仕事から疲れて帰ってきて、ソファに座り、短くため息をつく感じで「ア」と発音します。リラックスして発音することがポイントです。

▶ **Pronunciation Practice**（10）　🔊16

以下の単語を発音練習してみましょう。特に下線の母音[ə]に注意してください。

(1) today

(2) famous

(3) Russia

(4) autumn

(5) sofa

(6) banana

11

「あ」を攻略する！④ [ɑːr]は深みのある「アー」

▶ part の [ɑːr] は「あー」？

表の4つ目と5つ目にある pot の [ɑː] と part の [ɑːr] を見てみましょう。

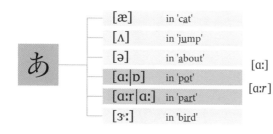

[æ]	in 'cat'	
[ʌ]	in 'jump'	
[ə]	in 'about'	
[ɑː|ɒ]	in 'pot'	[ɑː]
[ɑːr|ɑː]	in 'part'	[ɑːr]
[ɜː]	in 'bird'	

日本語の「あ」より 縦に口が開く

　最初のポイントは、この母音 [ɑː] は日本語の「あ」よりも口の中の奥で発音しますので、深みのある「あ」といった具合です。また長音を示す [ː] の補助記号がついているので、**長母音**になります。

　次に、音の生成の仕方では、日本語よりも口の開きが大きいのが特徴です。写真を見ると、日本語の「あ」より縦に口が開いているのがわかるのではないでしょうか。

　3つ目ポイントは、表の上から4つ目の pot[ɑː|ɒ] についてです。この場合、つづり字は 'o' か、[w] の後の 'a'（ quality など）が一般的です。[ ] 内は、縦の棒線 [|] を隔てて、左が 🇺🇸 GA で右が 🇬🇧 RP です。具体的には、🇺🇸 GA では pot, hot, rock で [ɑː] を使うので、pot は「パーットゥ」、hot は「ハーットゥ」、rock は「ラーック」と聞こえます。一方、🇬🇧 RP では日本語の「お」に近い [ɒ] を使うので、hot は「ホットゥ」になります。

　それでは、🇺🇸 GA と 🇬🇧 RP を聞き比べてみましょう。

pot	🇺🇸 GA	[pɑːt]	🇬🇧 RP	[pɒt]	17
hot	🇺🇸 GA	[hɑːt]	🇬🇧 RP	[hɒt]	
rock	🇺🇸 GA	[rɑːk]	🇬🇧 RP	[rɒk]	

　4つ目のポイントは、表の上から5つ目に関してで、part に見られる [ɑːr] です。基本的にこの発音が出てくるつづり字は 'ar' ですが、heart のように例外もあります。左記の表では [ɑːr|ɑː] となっており、この場合も縦の棒線 [|] を隔てて、左が 🇺🇸 GA で、右が 🇬🇧 RP になります。[r] はこれまでにも言及した「**r 音化**」※1 を指しています。辞書やテキストによっては、スペースの関係から縦の傍線で区切らず [ɑːr] と [r] が斜体(イタリック体とも言います)になっていることがあります。斜体になっているのは、それが「オプション」ということを意味し、基本的には 🇺🇸 GA では発音し、🇬🇧 RP では発音しません。したがって、🇺🇸 GA の方が深い音色に聞こえます。人によっては、曇った感じの「あ」に聞こえる場合もあります。

　以下、🇺🇸 GA と 🇬🇧 RP の聞き比べをしましょう。🇬🇧 RP の方が日本語に近い感じがするのではないでしょうか。

part	🇺🇸 GA	[pɑːrt]	🇬🇧 RP	[pɑːt]	18
cart	🇺🇸 GA	[kɑːrt]	🇬🇧 RP	[kɑːt]	
park	🇺🇸 GA	[pɑːrk]	🇬🇧 RP	[pɑːk]	

　5つ目に、この母音 [ɑː] は father など、一定の母音の後に [r] がないところ(=r音化のないところ)でも使われますが、この場合は基本的に 🇺🇸 GA でも 🇬🇧 RP でも発音は同じになります。

　このように [ɑː] は 🇺🇸 GA では異なった3種類の環境で使用されていることがわかります。

▶ **[ɑːr]は日本語の「あ」より、深みのある「あ」。**
GA と RP で発音が異なるケースがあるので、その点には注意。

※1　参照 **Must** 47「そのほかの子音② r 音化はあくまでオプション」(p.218~)

次の単語をディクテーションしてみましょう。
(1) ....
(2) ....
(3) ....

次に(1)～(3)の単語を使った短文をディクテーションしてみましょう。
(4) ....
(5) ....
(6) ....

次に読む英文の中で[ɑːr]が含まれる単語を□で囲んでみましょう。
(7) Welcome to my home. I will introduce my family. My father, John, is a
professional car driver. My mother, Sandra, is a part-time nurse. We have
two cats. They are ragdolls. The one with a salmon pink ribbon is Marsha
and the other with an almond green ribbon is Mike.

▶ **ANSWER** （11）

(1) park   (2) card   (3) spa
(4) Do you pay with cash or credit card?
　（支払いは現金ですか、カードですか？）
(5) Can I park in the street in New York City?
　（ニューヨークシティでは道に駐車することはできますか？）
(6) Hakone is one of the most popular spa centers in Japan.
　（箱根は日本でもっとも人気のある温泉地の１つです。）
(7) Welcome to my home. I will introduce my family. My father, John, is a
professional car driver. My mother, Sandra, is a part-time nurse. We have
two cats. They are ragdolls. The one with a salmon pink ribbon is Marsha
and the other with an almond green ribbon is Mike.

　（わが家へようこそ。家族を紹介します。父は、ジョンで、プロのカードライバーを
　　しています。母は、サンドラで、パートの看護婦をしています。２匹猫を飼ってい
　　て、両方ともラグドールです。サーモンピンクのリボンをつけているのがマーシャ
　　で、アーモンドグリーンのリボンをつけているのがマイクです）

Listening Point

⊖ (1)と(2)の[ɑːr]と(3)の[ɑː]の聞き分けができるようになりましょう。

⊖ (6)のpopularの下線部は GA と 🇬🇧 RP では発音が異なり、🇬🇧 RP では「お」に近い音になりますので、🇬🇧 RP が「ポピュラ」、 GA が「パピュラ」と聞こえます。

⊖ (7)のJohnとragdollsの下線部は GA と 🇬🇧 RP では発音が異なり、 GA では「ジャーン」「ラグダールズ」に近く、🇬🇧 RP では「ジョン」「ラグドールズ」という風に発音されます。🇬🇧 RP の発音は日本語に近いです。

⊖ (7)のcar, part, Marshaは GA では r 音化がありますが、🇬🇧 RP では r 音化がありませんので注意しましょう。

Pronunciation Tips

3種類の [ɑːr] があることを確認しましょう。

1つ目は、hot などのように、 GA では長母音 [ɑː] になるが、🇬🇧 RP では短母音 [ɒ] になるものです。

2つ目は、card などのように GA と 🇬🇧 RP で r 音化があるものとそうでないものです。

3つ目は、father などのように GA と 🇬🇧 RP で発音が変わらないものです。

いずれの場合でも、口を大きめに開けて「アー」と発音しましょう。

Pronunciation Practice（11）

🔊 20

(1)と(2)は下線の母音[ɑːr]に注意してください。(3)～(6)は、 GA と 🇬🇧 RP で発音が異なるので、その違いも聞き取ってみましょう。それができたら、発音練習をしてみてください。

(1) sharp	GA	[ʃɑːrp]	RP	[ʃɑːp]
(2) tart	GA	[tɑːrt]	RP	[tɑːt]
(3) mop	GA	[mɑːp]	RP	[mɒp]
(4) mob	GA	[mɑːb]	RP	[mɒb]
(5) Bob	GA	[bɑːb]	RP	[bɒb]
(6) pop	GA	[pɑːp]	RP	[pɒp]

「あ」を攻略する！⑤ [ɜːʳ]は曇った「アー」

▶ b<u>ir</u>d の [ɜː] も「あー」？

最後の「ア」は表の一番下の b<u>ir</u>d の [ɜː] です。この母音がくるのは、つづり字では s<u>ir</u> のような 'ir' のとき、t<u>er</u>m のような 'er' のとき、n<u>ur</u>se のような 'ur' のとき、<u>ear</u>th のような 'ear' のとき、w<u>or</u>d のように [w] の後の 'or' のときが一般的です。

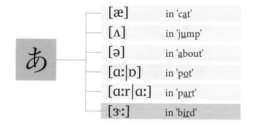

	[æ]	in 'c<u>a</u>t'
	[ʌ]	in 'j<u>u</u>mp'
あ	[ə]	in '<u>a</u>bout'
	[ɑː|ɒ]	in 'p<u>o</u>t'
	[ɑːr|ɑː]	in 'p<u>ar</u>t'
	[ɜːʳ]	in 'b<u>ir</u>d'

まず、この音は日本語にはありませんので、非常に「あいまいな母音」に聞こえます。というのも、この母音は Must 10（P.64〜）で紹介した「あいまい母音」[ə] と基本的には同じ音ととらえてかまいません。

しかし、写真を見るとわかりますが、「あいまい母音」の写真（P.64）よりは少し口が開いています。

[ɜː]

[ə] より少し口が開く

　というのも、口の中で舌が [r] のために丸められているためです。前から見ると、舌先を下前歯の後ろに沿わすように丸めていて、中央部が一番盛り上がっているので、あいまい母音よりも口が少し開いているということです。

　加えて、あいまい母音 [ə] との違いは、（1）**長音を表す** [ː] がついているので、長母音であることと、（2）母音の右上に [˞] **フック**がついていることです。このフックは前項 Must 11 でも紹介した **r 音化**を示しています。[ɑːr] のように母音の後ろに [r] を書くものもありますが、ここではフックになっています。辞書やテキストによっては [ɚ][ɝː] と表しているものもありますが、基本的には同じと考えて良いでしょう。

　したがって、bird の母音 [ɝː] は、あいまい母音が長くなり、🇺🇸GA では r 音化があり、🇬🇧RP では r 音化がないととらえましょう。🇺🇸GA はあいまいな母音に r の音がかかっているので、曇って暗い感じの「あー」と聞こえます。

　一方で、この母音は、soldier のように長母音でないものもあります。その場合は、[ɚ] という記号を使います。長母音の際には [ɝː] で、短母音の場合は [ɚ] とするものが慣習的に多いようですので、その点も注意してください。

　日本人英語学習者にとって、この母音 [ɝː] は発音しづらいですし、聞き取りづらいので、特に注意を払う必要があります。この母音 [ɝː] を [ɑːr][1] と間違えたり、逆に [ɑːr] と発音すべきところを [ɝː] と発音してしまうのです。具体例をあげると、🇺🇸GA　birk / 🇬🇧RP　berk [bɝːk]（馬鹿者、あほ）を bark [bɑːrk]（木の皮、犬などの吠え声）と間違えたり、その逆で bark を birk と言ってしまうのです。特に後者の間違いは頻繁に起こる事例です。これは r 音化にとらわれすぎた結果、口を閉じ気味にして発音してしまうため、音がつぶれて、[ɝː] となるのです。

　発音が区別できないということは、聞き取りも容易でないということですので、発音訓練をして、発音の定着を図りましょう。

▶ bird の [ɝː] は曇った感じの暗い「アー」。
日本語にはないので、あいまい母音 [ə] とともに攻略すべき母音。

※1　参照 Must 11 「「あ」を攻略する！④ [ɑːr] は深みのある「アー」」（p.68〜）

(1)～(7)は最初は 🏴 **GA** 、その後が 🇬🇧 **BP** で発音されています。
次の単語をディクテーションしてみましょう。

(1) ....

(2) ....

(3) ....

次に(1)～(3)の単語を使った短文をディクテーションしてみましょう。

(4) ....

(5) ....

(6) ....

次に読む英文の中で[ɜː]や[ɚ]が含まれる単語を□で囲んでみましょう。

(7) My boss asked me to visit Bath and Birmingham in England. I will meet the manager of ABC corporation and members of her team. We will work together for a week in Perth, Scotland.

(1) purse

(2) surfing

(3) serve

(4) I lost my purse yesterday. （昨日、財布をなくしました。）

(5) I served him a cup of tea. （彼に１杯の紅茶をふるまいました。）

(6) My hobby is surfing. （趣味はサーフィンです。）

(7) My boss asked me to visit Bath and Birmingham in England. I will meet the manager of ABC corporation and members of her team. We will work together for a week in Perth, Scotland.

（ボスは私に、イギリスのバースとバーミンガムに行くように言いました。ABC社の
マネージャーとそのチームのメンバーに会う予定です。１週間スコットランドのパ
ースでも共に働きます。）

Listening Point

- [ɜː]と[ɚ]をしっかり聞き取りましょう。どのように聞こえるのか、何度も聞いてみてください。
- 🇺🇸GA と🇬🇧RP では、r 音化が🇺🇸GA ではあり、🇬🇧RP ではないので、注意してください。
- (5)では、a cup of が音がつながっているため、「アカッパ」と聞こえます。「**音の連結**」に関しては、第5章「音はつながる、だから難しい」(p.260〜)を参照してください。
- (7)Birminghamの発音が🇺🇸GA と🇬🇧RP で異なっています。🇺🇸GA では[h]を発音していますが、🇬🇧RP では発音していません。
- (7)forは弱形で発音されて、[fɚ]になっています。強形の[fɔːr]ではありません。

Pronunciation Tips

日本人英語学習者にとって、[ɜː]と[ɑːr]は間違えやすいので、**Pronunciation Practice**(12)でもしっかりと音の違いを確認しましょう。前者の方が暗い音調です。口をあまり開けずに🇺🇸GA なら舌を折るようにして「アー」と発音します。

▶ **Pronunciation Practice（12）**

以下のミニマルペア※1を発音練習してみましょう。特に下線の母音[ɜː]（左の単語）[ɑːr]（右の単語）に注意してください。🇺🇸GAと🇬🇧RPも聞き比べましょう。最初の音声は、🇺🇸GA による録音ですので、母音の相違[ɜː]と[ɑːr]を聞き比べてください。次の音声は、🇺🇸GA で発音されたのちに、🇬🇧RP が同じ単語を発音しています。

(1) curt vs. cart
(2) hurt vs. heart
(3) purse vs. parse
(4) tern vs. tarn
(5) bird vs. bard

（注）parse は🇬🇧RPでは [pɑːz] とも発音します。

※1　参照 Must 4「発音練習と一緒にリスニング力を伸ばすのが近道」(p.34〜)

「い」を攻略する！①
[iː]は鋭い「イー」

▶peak の [iː] ははっきりした「い」？

●──3つの「イ」

次に、日本語の「い」に相当する英語の「イ」を攻略しましょう。まず、英語の「イ」には、以下の表にあるように3種類あります。

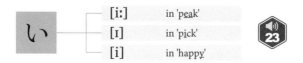

い ── [iː]　　in 'peak'
　　[ɪ]　　in 'pick'
　　[i]　　in 'happy'

●── [iː] を科学する

その中でまず、peak の [iː] は**英語でもっとも緊張感のある母音**です。

すなわち、英語の「イ」の中でもっとも緊張感があるので、はっきりした「イ」と言うことができます。

写真を見てください。しっかりと口が横に広がり、緊張感をもって「イー」と言っているのがわかります。日本語の「い」と比べると、その違いがわかります。この母音を緊張度から**「緊張母音」**と言うことがあります。

[iː]

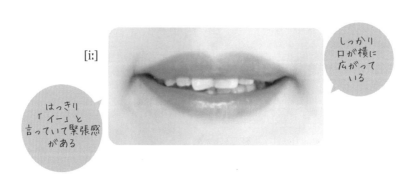

はっきり「イー」と言っていて緊張感がある

しっかり口が横に広がっている

　長音記号 [ː] がついているので、緊張感のある長い母音です。この音はしっかりと「イー」と聞こえます。同じ唇の形を保って、[iː, iː, iː, iː,...] と繰り返してみましょう。

　この母音がくるのは、つづり字で theme のように **'e'** のとき、see のように **'ee'** のとき、tea のように **'ea'** のとき、piece のように **'ie'** のときが一般的です。

　ポイントは、次の Must 14 で紹介する [ɪ] との違いが、「長さ」によるものだけでなく、「音質の違い」によって聞き取れるかということです。長さに頼ってしまうと、会話のスピードが速くなった場合に、対応できなくなるというデメリットがありますので、注意したいところです。

▶ [iː]は緊張感のある長い「イー」。鋭い音と認識する。

▶ **Practice Listening** （13）

次の単語をディクテーションしてみましょう。
(1) ....
(2) ....
(3) ....

次に(1)～(3)の単語を使った短文をディクテーションしてみましょう。
(4) ....
(5) ....
(6) ....

次に読む英文の中で[iː]が含まれる単語を□で囲んでみましょう。
(7) I love Japanese culture. When I visit Japan next week, I will enjoy the tea ceremony. A Japanese friend of mine warned me that I should not wear jeans when I visit shrines and their gardens as I need to show deep respect. I want to see deep green mosses in the old gardens.

(1) d<u>ee</u>p

(2) p<u>ea</u>ce

(3) gr<u>ee</u>n

(4) Do you like d<u>ee</u>p blue?（深い青は好きですか？）

(5) Have you ever tried gr<u>ee</u>n tea?（抹茶〔緑茶〕を試したことはありますか？）

(6) We always pray for p<u>ea</u>ce.（私たちは平和を願っています。）

(7) I love Japan<u>e</u>se culture. When I visit Japan next w<u>ee</u>k, I will enjoy the t<u>ea</u> ceremony. A Japan<u>e</u>se friend of mine warned me that I should not wear j<u>ea</u>ns when I visit shrines and their gardens as I n<u>ee</u>d to show d<u>ee</u>p respect. I want to s<u>ee</u> d<u>ee</u>p gr<u>ee</u>n mosses in the old gardens.

（日本の文化が好きです。来週、日本を訪れるとき、茶道をするのが楽しみです。日本人の友人が、深い尊敬の念を示すために、寺やその庭を訪れるときは、ジーンズはやめた方が良いよとアドバイスしてくれました。古い庭の深緑のコケを見たいです。）

Listening Point

⊖ (1)〜(3)を単語で聞くと、[iː]はとてもはっきり聞こえますが、次項の Must 14の[ɪ]と聞き間違えないようにしましょう。

⊖ (7)においてJapan<u>e</u>se、w<u>ee</u>k、t<u>ea</u>、j<u>ea</u>ns、n<u>ee</u>d、d<u>ee</u>p、s<u>ee</u>、gr<u>ee</u>nの[iː]と、v<u>i</u>sit、w<u>i</u>ll、resp<u>e</u>ct、<u>i</u>nの[ɪ]の発音の違いに注意してみましょう。

⊖ [iː]と Must 14の[ɪ]の相違は、 Must 14の**Pronunciation Practice**（14）(p.83)で訓練しましょう。

　この音はとても明確にはっきりとした「イー」といった感じですので、聞き取りは難しくないでしょう。

　日本語の「い」と比べても、かなりはっきりと聞こえます。

　ただし、次項 Must 14 の [ɪ] とは、音の長さだけではなく、音質の違いもポイントになります。(7) で [iː] と [ɪ] の違いを聞き取ってみましょう。

Pronunciation Tips

子どもが何かに嫌悪感を持った際に「イーッ」と言うことがありますが、そんな感じをイメージして発音しましょう。

その場合、眉間にシワを寄せないようにしてください。

 Pronunciation Practice （13）

以下の単語を発音練習してみましょう。口の構えの写真(p.76)のようにしっかりと緊張感をもって発音するのがポイントです。

(1) see

(2) thief

(3) seat

(4) seed

(5) leave

(6) feel

「い」を攻略する！②
[ɪ]は「イ」に「エ」の要素が
加わった音

▶ p<u>ea</u>k[iː] と p<u>i</u>ck[ɪ] の違いは長さだけ？

　次の「イ」は、表の上から2つ目の [ɪ] です。ここで重要なのは前項の　Must 13 で見た [iː] とは発音記号が異なる点です。　Must 13 の方は小文字のような [i] ですが、　Must 14 の方は大文字のような [ɪ] が使われています。「ような」と書いたのは、<u>発音記号はそもそもアルファベットではなく、どの言語にも基づかない記号であると規定されているためです。</u>

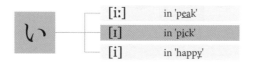

い	[iː]	in 'peak'
	[ɪ]	in 'pick'
	[i]	in 'happy'

　この発音はしばしば**「イ」と「エ」の中間の音**と言われますが、その理由は、この母音 [ɪ] は　Must 13 で扱った [iː] と比べると、緊張感のない母音だからです。それゆえ、この母音 [ɪ] がその性質から**弛緩母音**（しかん）と言われることがあります。その理由は写真を見るとわかります。

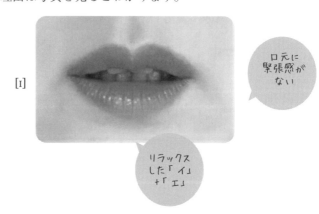

[ɪ]

口元に緊張感がない

リラックスした「イ」+「エ」

　　Must 13 の [iː] と比べると、口元に緊張感がないため、横に口が引っ張られていないのがわかります。

　リラックスして、何度か [ɪ, ɪ, ɪ, ɪ, ɪ, ...] と繰り返してみましょう。口が横にそれほど引っ張られていないことから、「エ」の要素が加わっていると言えるわけです。このことから、この [ɪ] を日本語の「え」と間違えてしまうことがありますので、聞き取りの際には注意が必要です。

---

peakの[iː]とpickの[ɪ]では音質も異なる。
[i]は緊張母音ではっきりとした母音、[ɪ]は弛緩母音であいまいな母音。

▶ **Practice Listening** （14）

26

次の単語をディクテーションしてみましょう。

(1) ....

(2) ....

(3) ....

次に(1)〜(3)の単語を使った短文をディクテーションしてみましょう。

(4) ....

(5) ....

(6) ....

次に読む英文の中で[ɪ]が含まれる単語を□で囲んでみましょう。

(7) My colleague and I will visit California for six days. We will attend a motor show. Car companies from different countries will get together in a big hall. We made appointments with eight companies. We hope the negotiations will go smoothly.

(1) <u>E</u>nglish

(2) b<u>ui</u>ld

(3) <u>s</u>ymbolize

(4) <u>E</u>nglish is my favorite subject. （英語は大好きな科目です。）

(5) We b<u>ui</u>ld a house <u>i</u>n India. （インドに家を建てます。）

(6) The flag <u>s</u>ymbol<u>i</u>zes the sun. （その旗は太陽を象徴しています。）

(7) My colleague and I w<u>i</u>ll v<u>i</u>s<u>i</u>t Cal<u>i</u>fornia for s<u>i</u>x days. We w<u>i</u>ll attend a motor show. Car companies from d<u>i</u>fferent countries w<u>i</u>ll get together <u>i</u>n a b<u>i</u>g hall. We made appointments w<u>i</u>th eight companies. We hope the n<u>e</u>gotiations w<u>i</u>ll go smoothly.

（同僚と私は6日間、カリフォルニアを訪れます。モーターショーに出席します。さまざまな国の自動車会社が大きなホールに集まります。私たちは8社と約束を取り付けました。交渉がうまくいくことを願っています）

Listening Point

⊙ [ɪ]を単語レベル、次に短文レベルでしっかり聞き取れるようにしましょう。

⊙ (4)では、favoriteの下線部は[ɪ]で発音する人と、[ə]で発音する人がいます。録音の音声では前者の[ɪ]が使われています。

⊙ (7) colleagueの下線部は通常[iː]ですが、人によっては[ɪ]で発音する人がいます。録音の音声では前者の[iː]が使われています。

⊙ (7) visitの下線部は通常[ə]ですが、人によっては[ɪ]で発音する人もいます。録音の音声では前者の[ə]が使われています。

⊙ (7)Californiaの下線部は通常[ə]ですが、人によっては[ɪ]で発音する人もいます。録音の音声は前者の[ə]が使われています。よって、□で囲まなくても良いです。

⊙ (7)negotiationの下線部は通常[ɪ]ですが、人によっては[ə]で発音する人も

います。録音の音声では前者の[ɪ]が使われています。

⊖ [iː]と比べると、あいまいな感じがするので、注意しましょう。場合によっては、「え」の音の要素のある「イ」に聞こえるでしょう。

⊖ (4)のfavoriteや(7)のnegotiationの[ɪ]は、あいまい母音[ə]で置き換えられることが多々あります。ということは、[ɪ]はかなりあいまいな音ということなので、ゆえにあいまい母音[ə]で置き換えが可能というわけです。

Pronunciation Tips

リラックスしてあいまいな感じで「イ」と短く発音しましょう。「イ」に少しだけ「エ」の要素が入っているかなといった感じを意識すると良いでしょう。

「今日はどんな日だった？」と聞かれたときに、ものすごく疲れていて「イヤ、もうクタクタ」と言うときの「イ」だとイメージしてください。

▶ **Pronunciation Practice（14）**

以下のミニマルペアを発音練習してみましょう。特に下線の母音[iː]（左の単語）と[ɪ]（以下、右の単語）に注意してください。

(1) p<u>ea</u>k vs. p<u>i</u>ck

(2) s<u>ea</u>t vs. s<u>i</u>t

(3) k<u>ee</u>p vs. k<u>i</u>p

(4) b<u>ea</u>t vs. b<u>i</u>t

(5) d<u>ee</u>p vs. d<u>i</u>p

(6) s<u>ee</u>k vs. s<u>i</u>ck

音の長さで区別するのではなく、音質にも注意を払いましょう

「い」を攻略する！③
[i]はハッピーな「イ」

▶happy の [i] は短い「い」？

3つ目の「イ」は happy の [i] です。

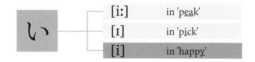

はじめに緊張母音として Must 13 (p.76〜) で [i:] を見ましたが、この母音 [i] は、その発音の短い母音ととらえてかまいません。ですから、前項 Must 14 の [ɪ] よりかなりはっきりと「イ」と聞こえます。しかし、**弱母音**に分類されるため、[i:] よりはやや弱い母音になるので、[i:] よりは少しだけ弱く聞こえるでしょう。

[i:] とは、長さとともに、舌の緊張度がやや異なります。口を横に引っ張って発音するところは [i:] と同じですが、舌に緊張感をそれほど持たないで生成します。

この母音 [i] は、"happy vowel（happy 母音）" と言われることもありますが、それは happy の y に当たる母音だからです。

この母音が現れるのは、

（1）happyのyのように**y**、moneyなどの**ey**、movieなどの**ie**

（2）preciousなどの母音の前の**i**、cerealなどの母音の前の**e**

が多いです。

　このように日本語の「い」に相当する英語の「イ」は３種類あるので、それが明確に聞き取れるようになると、リスニングが容易になり、意味理解につながりやすくなります。

▶**happy**の[i]は、緊張度は[iː]よりは低いが、[ɪ]よりは明確な「イ」。

▶ **Practice Listening** （15）

次の単語をディクテーションしてみましょう。

(1)

(2)

(3)

次に(1)〜(3)の単語を使った短文をディクテーションしてみましょう。

(4)

(5)

(6)

次に読む英文の中で[i]が含まれる単語を□で囲んでみましょう。

(7) I was so lucky that I was able to enter this university. I met happy-go-lucky friends on campus. We get together very often and usually have a party after lectures. We had a Halloween party last week and will hold a luxurious Christmas party next month.

(1) luck<u>y</u>

(2) cit<u>y</u>

(3) cer<u>ea</u>l

(4) My mother was so luck<u>y</u>. （母はとても幸運でした。）

(5) Does your sister live in the cit<u>y</u> center?

　　（あなたの姉（妹）は都心に住んでいますか？）

(6) I usuall<u>y</u> eat cer<u>ea</u>ls in the morning. （朝、たいてい、シリアルを食べます。）

(7) I was so luck<u>y</u> that I was able to enter this un<u>i</u>versity. I met happ<u>y</u>-go-
　　luck<u>y</u> friends on campus. We get together ver<u>y</u> often and usuall<u>y</u> have a
　　part<u>y</u> after lectures. We had a Halloween part<u>y</u> last week and will hold a
　　lux<u>u</u>rious Christmas part<u>y</u> next month.

　　（この大学には入れて、とても幸せでした。キャンパスで楽天的な〔のんきな〕友人に
　　会いました。とても頻繁に会い、講義の後、たいていパーティーをします。先週は
　　ハロウィーンパーティーをしました。来月、豪華なクリスマスパーティーをする予
　　定です。）

Listening Point

⊝ (2)では２種類の「イ」が使われています。cit<u>y</u>の強勢（ストレス）が置かれて
　いる部分は[ɪ]※1が、強勢（ストレス）がないcit<u>y</u>の部分は[i]がきています。こ
　の音質の相違を確認してみましょう。

⊝ (6) usuall<u>y</u>の下線部も[i]です。

⊝ (7)では３種類の「イ」が使われています。その点を注意して聞いてみまし
　ょう。

　[iː] Halloween
　　　　　　　‾‾‾
　[ɪ] this, un<u>i</u>versity, will, Christmas
　　　‾　　‾　　　　　　‾　　　‾
　[i] luck<u>y</u>, un<u>i</u>versit<u>y</u>, happ<u>y</u>, ver<u>y</u>, usuall<u>y</u>, part<u>y</u>, lux<u>u</u>rious

---

※1　参照 **Must** 14「「い」を攻略する！②[ɪ]は「イ」に「エ」の要素が加わった音」（p.80〜）

86

Pronunciation Tips

3番目の [i] は「イッ」とすばやく短く発音しましょう。

写真を撮るときにスマイルをしっかり作るところをイメージして発音し

ましょう。

とびきりの笑顔で「イッ」です。

「イー」ではありません。

▶ **Pronunciation Practice**（15）

以下の下線部[i]に注意して、発音練習してみましょう。

(1) happ<u>y</u>

(2) glor<u>i</u>ous

(3) monk<u>ey</u>

(4) carr<u>y</u>

(5) vall<u>ey</u>

(6) prev<u>i</u>ous

「う」を攻略する！①
[uː]は緊張感をもって「ウー」

▶pool の [uː] は「うー」？

●──3つの「ウ」

　3つ目の母音は日本語の「う」に当たるもので、「い」と同じように、3種類あります。それぞれの母音を詳しく見ていきましょう。

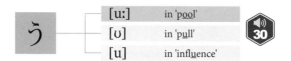

う ── [uː]　in 'pool'
　　 [ʊ]　in 'pull'
　　 [u]　in 'influence'

●── [uː] を科学する

　最初に pool の [uː] を見ましょう。

　この母音が出てくるのは、つづり字では、pool のように **'oo'** のとき、June のように **'u'** のとき、crew のように **'ew'** のとき、suit のように **'ui'** のとき、group のように **'ou'** のときが一般的です。

　この母音 [uː] は [iː]※1 と同じで**緊張母音**と言われます。日本語の「う」よりもかなり唇を丸めて（すぼめて）、緊張感をもって、「ウー」と言います。写真で見るとしっかりと唇をすぼめていることがわかります。唇は突き出しながら、舌の前部でなく、舌の後部に力を入れて、後ろに引くような感じで言うと、**暗い印象のする正しい [uː]** が発音できます。

[uː]

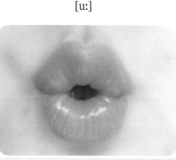

唇は
突き出す

舌は
後ろの方に
力を入れる

※1　参照 Must 13「「い」を攻略する！①[iː] は鋭い「イー」」(p.76~)

次に、この母音には**長音記号 [ː]** がついているので、しっかりと伸ばしましょう。この点も Must 13 の [iː] と同じです。

この２つの特徴から、この母音 [uː] は**明確に「ウー」と聞こえます。**

しかし、日本語の「う」よりも環境によっては、さらに暗い音調に聞こえることがあります。以下の単語における母音を聞き比べてみましょう。

pool vs. Poo

pool と Poo を比べると、前者の方がかなり暗い「ウー」になっていると思います。このように、この発音は前後にくる音の影響によって音調が変わる場合がありますので、注意しましょう。この母音は特に後ろにくる音に影響を受けやすいという特徴があります。

---

poolの[uː]は日本語の「う」よりもかなり緊張度の高い母音。
前後の音によって、特に後ろの音によって音調が変わる場合がある。

▶ **Practice Listening** （16）

次の単語をディクテーションしてみましょう。
(1) ....
(2) ....
(3) ....

次に(1)〜(3)の単語を使った短文をディクテーションしてみましょう。
(4) ....
(5) ....
(6) ....

次に読む英文の中で[uː]が含まれる単語を□で囲んでみましょう。
(7) Hot and humid summer has come. Lucas and I went to the swimming pool at the school. We are happy we could wear our new swimming suits. On the way home, we ate shaved ice with various fruits on top to cool ourselves down.

(1) c<u>oo</u>l

(2) gr<u>ou</u>p

(3) cr<u>ew</u>

(4) You should c<u>oo</u>l down. （落ち着いてください。）

(5) My sister is a cabin cr<u>ew</u>. （私の姉（妹）は客室乗務員です。）

(6) I was told to work in gr<u>ou</u>p. （グループで行うように言われました。）

(7) Hot and h<u>u</u>mid summer has come. L<u>u</u>cas and I went to the swimming p<u>oo</u>l at the sch<u>oo</u>l. We were happy we could wear our new swimming s<u>ui</u>ts. On the way home, we ate shaved ice with various fr<u>ui</u>ts on top to c<u>oo</u>l ourselves down.

（蒸し暑い夏がきました。ルーカスとわたしは学校のプールにいきました。新しい水着を着るのがうれしかったです。帰り道に、体を冷やすために、さまざまなフルーツがのったかき氷を食べました。）

Listening Point

→ (1)〜(3)を聞くと、[uː]がとても暗い音であることがわかります。特にcoolの[l]の前ではかなり暗い音調になります。

→ (4)のshouldの[ʊ]との違いを聞き比べてみると良いでしょう。

→ (7)のhumidの下線部は[juː]です。

→ [uː]と次項 **Must** 17の[ʊ]の違いをしっかりと把握しましょう。

Pronunciation Tips

発音のポイントは唇をしっかりと丸めて（すぼめて）、舌の奥に力を入れるようにして「ウー」と言うことです。

タコになった気分で言うとうまく発音できます。

違いを次項 Must 17 の **Pronunciation Practice**（17）（P.95）でさらに訓練しましょう。

▶ **Pronunciation Practice**（16）

33

以下の[uː]を発音練習してみましょう。

(1) proof
(2) prove
(3) boots
(4) choose
(5) two
(6) shoes

口の構えの写真
（P.88）のように
しっかりと緊張感を
もって発音するのが
ポイントです

「う」を攻略する！②
[ʊ]はゆるんであいまいな「ウ」

▶ p<u>u</u>ll の [ʊ] は短い「う」？

　2つ目の「ウ」は p<u>u</u>ll の母音である [ʊ] です。

　この母音が出てくるのは、つづり字では、p<u>u</u>ll のように 'u' か、book のように 'oo' が一般的です。

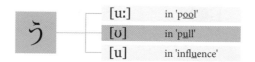

　前項 Must 16 の [uː] と発音記号が異なるということは、第2章の冒頭で記したように発音も異なるのです。簡単に言うと、[uː] と [ʊ] の違いは、[iː]※1 と [ɪ]※2 の関係に似ています。

　まず、[ʊ] はその緊張度から弛緩母音（しかん）と言われますので、Must 16 の [uː] ほど唇を丸めて発音する必要はありません。写真を見てみましょう。

[ʊ]

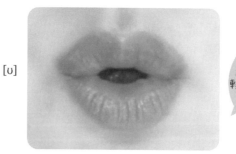

唇は
あまり突き出さず
軽くすぼめる程度に
丸くする

※1　参照 Must 13「「い」を攻略する！①[iː]は鋭い「イー」」(p.76~)
※2　参照 Must 14「「い」を攻略する！②[ɪ]は「イ」に「エ」の要素が加わった音」(p.80~)

　唇の丸め方が [uː] と比べると弱く、突き出していないのがわかります。唇をすぼめて丸くして（＝円唇）、[ʊ, ʊ, ʊ, ʊ, ʊ, ʊ...] と言ってみましょう。

　また長音記号 [ː] がついていないので、**短母音**に分類されます。
　人によっては、この [ʊ] が日本語の「お」に聞こえることがあるので、注意してください。

> ▶ pullの[ʊ]は緩くあいまいな感じの「う」。
> 日本語の「お」と聞き間違えることがあるので注意。

▶ Practice Listening　（17）

次の単語をディクテーションしてみましょう。
(1) ....
(2) ....
(3) ....

次に(1)〜(3)の単語を使った短文をディクテーションしてみましょう。
(4) ....
(5) ....
(6) ....

次に読む英文の中で[ʊ]が含まれる単語を□で囲んでみましょう。
(7) John is a mischievous child. He likes to pull the tail of our dog Sindy and push him into a pond. We told him not to do that. He looked as though he would cry.

(1) f<u>oo</u>t

(2) p<u>u</u>t

(3) p<u>u</u>dding

(4) Do you like custard p<u>u</u>dding?（カスタードプリンは好きですか？）

(5) I will go to the campus on f<u>oo</u>t.　（キャンパスには歩いていきます。）

(6) I p<u>u</u>t the document into your mailbox.

　　（書類はあなたのメールボックスに入れました。）

(7) John is a mischievous child. He likes to <mark>p<u>u</u>ll</mark> the tail of our dog Sindy and <mark>p<u>u</u>sh</mark> him into a pond. We told him not to do that. He <mark>l<u>oo</u>ked</mark> as though he <mark>w<u>ou</u>ld</mark> cry.

　　（ジョンはいたずら好きの子供です。犬のシンディーのしっぽを引っ張ったり、
　　池に落としたりするのが好きです。そのようなことはしないように言いました。
　　彼は泣きそうに見えました。）

Listening Point

⊖ (1)〜(3)で[ʊ]があいまいな「う」という感じがする点を音声で確認しまし
　ょう。

⊖ (7)pudding は🇺🇸🇬🇧 では[d]が[r]のようになります。これは、日本語の「ら
　行の音」のように舌で口の中の上部をたたくようにして音を作ることから
　「たたき音」と呼びます※1。だから、日本語ではpuddingが「プディング」で
　はなく「プリン」となるのです。

⊖ 文脈を考えればわかることも多いのですが、[uː]と[ʊ]の違いを聞き分けら
　れるようになりましょう。

⊖ [uː]※2との音質の違いを聞き取りましょう。[ʊ]の方があいまいな感じの
　「う」に聞こえます。

・・・

※1　参照 Must 29「破裂音を攻略する！③「ら行」に変わる [t]」(p.146~)
※2　参照 Must 16「「う」を攻略する！① [uː] は緊張感を持って「ウー」」(p.88~)

Pronunciation Tips

[ʊ] はリラックスして、「ウ」と発音しましょう。

唇をそれほどすぼめなくてかまいません。

疲れているときに更に仕事を頼まれて、「ウザッ」と言う「ウ」の

感じを思い浮かべましょう。

無表情の「ウ」です。

▶ **Pronunciation Practice**（**17**）

以下のミニマルペアを発音練習してみましょう。特に下線の母音 [uː]（以下、左の単語）[ʊ]（以下、右の単語）にそれぞれ注意してください。

(1) pool vs. pull

(2) fool vs. full

(3) Luke vs. look

(4) suit vs. soot

※ (4) soot すす

「う」を攻略する！③
はっきりした「ウ」の[u]

▶ influence の [u] は「うー」と同じ？

「ウ」の最後は表の上から3番目の [u] です。

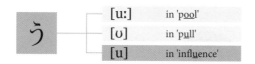

$$う \begin{cases} [u:] & \text{in 'pool'} \\ [\upsilon] & \text{in 'pull'} \\ [u] & \text{in 'influence'} \end{cases}$$

[u:] と [u] の関係は、[i:]※1 と [i]※2 との関係に似ています。大まかに言えば、[u:]※3 の短い母音がこの [u] ということができるでしょう。ただし、[u:] ほど、唇を突き出さなくてもかまいません。

この母音 [u] はほかの母音と比べると、使われる場所が限られています。

たとえば、February、graduate、educate などにおいて現れ、つづり字は 'u' で、ストレスの置かれない音節にくることが一般的です。

したがって、専門書によっては、この母音を英語の母音としてカウントしていないものもあります。

はっきりした短い「ウ」が [u] です。[u:] とは長さの違いで判断し、[ʊ] とは音質の違いで判断しましょう。[ʊ] はあいまいな「ウ」で、人によっては「お」に聞こえることがあります。

※1　参照 Must 13「「い」を攻略する！①[i:] は鋭い「イー」」(p.76~)
※2　参照 Must 15「「い」を攻略する！③[i] はハッピーな「イ」」(p.84~)
※3　参照 Must 16「「う」を攻略する！①[u:] は緊張感をもって「ウー」」(p.88~)

　この [u] ですが、particular、manual、popular といった語において [ju] のように [j] との組み合わせでも使われます。

　[j] に関しては、 Must 50（p.230～）を参考にしてください。

▶influenceの[u]は[uː]よりは短いが、はっきりと「ウ」と聞こえる。

▶ **Practice Listening** （18）

次の単語をディクテーションしてみましょう。

(1) ....

(2) ....

(3) ....

次に(1)～(3)の単語を使った短文をディクテーションしてみましょう。

(4) ....

(5) ....

(6) ....

次に読む英文の中で[u]が含まれる単語を□で囲んでみましょう。

(7) My brother is in a serious situation at the moment. He has leukemia. However, he met a wonderful doctor and this doctor is having a good influence on him. We hope my brother will get better soon.

(1) influence

(2) situation

(3) ritual

(4) Can you tell me about a ritual dance in your country?

（あなたの国の儀式的な踊りを教えてくれませんか？）

(5) My father had a strong influence on me.

（わたしは父から強い影響を受けました。）

(6) Henry, tell me your situation. （ヘンリー、あなたの状況を教えなさい。）

(7) My brother is in a serious situation at the moment. He has leukemia. However, he met a wonderful doctor and this doctor is having a good influence on him. We hope my brother will get better soon.

（兄（弟）は現在、深刻な状況に直面しています。白血病に罹患しているのです。しかし、素晴らしい医者に出会い、良い影響をその先生から受けています。兄（弟）には早く良くなってほしいものです。）

Listening Point

⊖ [uː]同様にはっきりした「ウ」と言えるでしょう。

⊖ [uː]と違って、[ʊ]は短母音ですので、聞き逃すと、すぐに次の音に移行してしまう感じがするときもあるので、注意が必要です。

⊖ (7)では３種類の「ウ」が使われています。その点を注意して聞いてみましょう。

[uː]　soon

[ʊ]　wonderful, good

[u]　situation, leukemia, influence

Pronunciation Tips

発音のポイントですが、[u] は鋭く短い「ウ」です。

「ウ」の中でもっとも出現がレアです。

イメージとしては、体育会系の学生が先輩に用事を頼まれて「ウッ
ス」と言うときの「ウ」です。

だらしない「ウ」では先輩に怒られるかもしれませんので、気合
いを入れて「ウ」と言いましょう。

▶ **Pronunciation Practice** （18）

以下の単語を発音練習してみましょう。特に下線の母音[u]に注意してくだ
さい。

(1) situation

(2) actual

(3) factual

(4) affluence

(5) valuation

二重母音を攻略する！①
なめらかに流れる「アィ」の[aɪ]

▶「愛」とⅠは同じ音？

●──二重母音は１つの母音

これまで、短母音、長母音を見てきましたが、次に見る母音は、**二重母音**です。二重母音には [ɪ][ʊ][ɚ] で終わる３種類がありますが、その３種類がさらに以下のように細かく分かれます。すべての二重母音が少しあいまいな母音で終わっていることがわかるでしょう。

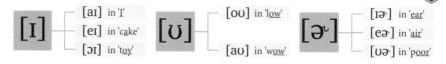

[ɪ]	[aɪ] in 'I'
	[eɪ] in 'c<u>a</u>ke'
	[ɔɪ] in 't<u>oy</u>'

| [ʊ] | [oʊ] in '<u>low</u>' |
| | [aʊ] in 'w<u>ow</u>' |

[ɚ]	[ɪɚ] in '<u>ear</u>'
	[eɚ] in '<u>air</u>'
	[ʊɚ] in '<u>poor</u>'

●── [aɪ] を科学する

ところで、日本語の「愛」と英語のⅠは、同じ音でしょうか。

その答えは、No です。日本語は「あ」と「い」は短母音が２つ並んでいますが、**英語の二重母音は１つの母音**なのです。

二重母音には、主な特徴が３つあります。それぞれ見ていきましょう。

第１の特徴は、二重母音では２つの要素 [ここではあえて「要素」と呼びます] が並んでいますが、１つの母音なので、<u>１つ目の要素から２つ目の要素に非常になめらかに移行する</u>ということです。

なめらかに移行する！

日本語の場合 (左図)、「あ」と「い」が明確に分かれています。一方で、

英語の "I, eye"（右図）は「ア」から「イ」にグラデーション状に移行します。

　第2の特徴は、[aɪ] において、最初の要素 [a] が長く、後ろの要素 [ɪ] が短いのです。英語の二重母音は最初の要素が強く長く、後ろの要素が弱く短くなるという特徴があります。

　これらの2点は、どの二重母音でも共通です。

　第3の特徴は、この [aɪ] は [ɪ] で終わっている点で、[ɪ] で終わる母音は3つあります。これは弛緩母音の [ɪ]※1 と同じ音で、言い換えれば、緊張感のない母音で終わっているので、後ろの要素が弱く短いのです。

[aɪ] の [a] は口の中において舌の前の方に力を入れて発音していますので、明るい感じの「ア」です。そこから「イ」へなめらかに移行します。

　[aɪ] がくるつづり字は、fly のように 'y' であったり、pie のように 'ie' であったり、five のように 'i' が多いのですが、eye のように例外もあります。

$$[\mathbf{I}] \begin{cases} [\text{aɪ}] & \text{in 'I'} \\ [\text{eɪ}] & \text{in 'cake'} \\ [\text{ɔɪ}] & \text{in 'toy'} \end{cases}$$

▶ **Practice Listening** （19）　　　🔊 **39**

次の単語をディクテーションしてみましょう。

(1) _____

(2) _____

(3) _____

次に(1)～(3)の単語を使った短文をディクテーションしてみましょう。

(4) _____

(5) _____

(6) _____

次に読む英文の中で[aɪ]が含まれる単語を□で囲んでみましょう。

(7) I have been living in Dubai for five years. I am the vice president of a financial company. The workplace is in the famous skyscraper called Burj Khalifa. It is 828 meters high. Our office is on the 125th floor. Can you imagine how high that is? The lower floors are occupied by a hotel.

※1　参照 Must 14「「い」を攻略する！②[ɪ] は「イ」に「エ」の要素が加わった音」（p.80~）

(1) pie

(2) buy

(3) ice

(4) Did you buy a new car? （新しい車を買いましたか？）

(5) I love pineapple ice cream. （パイナップルアイスクリームが好きです。）

(6) My mother is good at baking an apple pie.

（母はアップルパイを焼くのが上手です。）

(7) I have been living in Dubai for five years. I am the vice president of a financial company. The workplace is in the famous skyscraper called Burj Khalifa. It is 828 meters high. Our office is on the 125th floor. Can you imagine how high that is? The lower floors are occupied by a hotel.

（ドバイで５年間住んでいます。金融会社の副社長をしています。ブルジ・ハリファという名前の有名な高層ビルが職場です。建物は 828 メートルの高さです。オフィスは 125 階にあります。どれほど高いか想像できますか？　低層階はホテルになっています。）

Listening Point

⊜ (1)〜(3)の音声を聞くと、母音[aɪ]がとてもなめらかに発音されていることがわかります。

⊜ (1)〜(3)で出てくる単語以外に、(5)では pineapple でも [aɪ]が出てきます。

⊜ (1)〜(3)で出てくる単語以外に、(6)では My でも [aɪ]が出てきます。

⊜ ほかの二重母音同様に[aɪ]は後ろの要素[ɪ]の要素が弱いので、聞き取る際には注意が必要です。

▶ 「愛」と [aɪ]は同じではない。
日本語の「愛」は短母音２つからなっているが、英語の'I'は[aɪ]という１つの母音。

Pronunciation Tips

発音する際には、[a] から [ɪ] になめらかに移行しましょう。

[ɪ] はあいまいな感じの「イ」です。

イメージとしては、街で友人にすれ違って、明るく「ハーイ」とあいさつする感じです。

もちろん「ハ」は [ha] なので、[h] は抜きます。

ハーイ

▶ Pronunciation Practice（19）

以下の単語を発音練習してみましょう。特に下線の母音[aɪ]に注意してください。

(1) sight

(2) side

(3) height

(4) life

(5) kite

(6) knife

二重母音を攻略する！②
なめらかな「エィ」の[eɪ]

▶「(魚の) えい」と [eɪ] は同じ？

次の二重母音は [eɪ] です。[ɪ] で終わる二重母音の2つ目です。

この母音がくるのは、つづり字では、face のように 'a' のとき、rain の 'ai' のとき、stay の 'ay' のとき、eight のように 'ei' のとき、they のように 'ey' のときが一般的です。

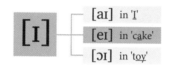

$$[ɪ] \quad \begin{array}{l} [aɪ] \text{ in 'I'} \\ [eɪ] \text{ in 'cake'} \\ [ɔɪ] \text{ in 'toy'} \end{array}$$

まず注意しなくてはならない点は、この二重母音 [eɪ] は、**日本語では長音「えー」ととらえられることが多いこと**です。そのため、日本人英語学習者はかなり注意が必要です。

たとえば、cake の発音記号は [keɪk] ですので、「ケィク」が正しい発音です。しかし、日本語で表記し、発音した場合には、「ケーキ」になります。したがって、cake が「ケーキ」だと思っていると、聞き取りの際に cake と「ケーキ」が同じものだと認識できなくなるので、注意してください。

cake?

ケーキ？

　2番目のポイントは、発音の仕方にあります。

　この母音 [eɪ] も前項 Must 19 の [aɪ][1] と同じで、
（1）**最初の要素から後ろの要素になめらかに移行す**
ること、（2）**最初の要素が強く長く、後ろの要素が**
弱く短く発音することを心がけてください。グラデーションをイメージして
なめらかに発音します。

　聞き取りの際には、[ɪ] の部分が弱いので短母音と聞き間違えないように
しましょう。

▶ 「（魚の）えい」と [eɪ] は違う。
日本語の「えい」は短母音2つからなっているが、英語では [eɪ] という1つの母音。

▶ **Practice Listening**　（20）

次の単語をディクテーションしてみましょう。
(1) ....
(2) ....
(3) ....

次に(1)〜(3)の単語を使った短文をディクテーションしてみましょう。
(4) ....
(5) ....
(6) ....

次に読む英文の中で [eɪ] が含まれる単語を□で囲んでみましょう。
(7) My girlfriend's birthday is coming soon. I need to save money because
I will buy a necklace for her. I will also buy a birthday cake and a
bouquet. I will take her to a restaurant in the evening.

※1　参照 Must 19「二重母音を攻略する！①なめらかに流れる「アィ」の [aɪ]」（p.100〜）

(1) p<u>ai</u>n

(2) p<u>a</u>ce

(3) w<u>a</u>ste

(4) Don't w<u>a</u>ste your time!（時間を無駄にしないの！）

(5) You should keep up your p<u>a</u>ce.（自分のペースを保って。）

(6) I have a bad p<u>ai</u>n in my back.（背中に痛みがあります。）

(7) My girlfriend's <u>birthday</u> is coming soon. I need to <u>save</u> money because I will buy a necklace for her. I will also buy a <u>birthday</u> <u>cake</u> and a bouquet. I will <u>take</u> her to a restaurant in the evening.

（彼女の誕生日が近く、ネックレスを買ってあげるので、お金をためなければいけません。誕生日ケーキとブーケも買ってあげます。夕方にはレストランに連れていきます）

Listening Point

⊕ (2)と(5)のpaceは、日本語では「ペース」と長音が使われるのですが、英語では二重母音[eɪ]が使われる点に注意しましょう。

⊕ (7) birthdayは「バースデー」のように、cake は「ケーキ」と長音ではない点に注意しながら、音声をもう一度確認してください。

⊕ (7) bouquetですが、日本語では「ブーケ」の「ブ」が際立ちますが、英語では第2音節の'ue'に強勢（ストレス）が置かれるので、注意しましょう。フランス語源なので、このような特殊な強勢ですが、英語話者の中には、英語特有の強勢で'ou'を強く発音する人も一定数いることも事実です。

⊕ この[eɪ]は日本語では「えー」として変換されることが多いので注意しましょう。

Pronunciation Tips

発音のポイントですが、なめらかに「エィ」と発音しましょう。

[I] はあいまいな「イ」なので、注意してください。

イメージとして、ボールを投げるときに「エィ」と言う場面を思い
浮かべるといいでしょう。

スポーツ万能な人ではなく、スポーツが少し苦手でボール投げも
うまくない人が「エーィ」と投げる感じを思い浮かべてみてください。

Pronunciation Practice（20）

以下の単語を発音練習してみましょう。特に下線の母音[eɪ]に注意してくだ
さい。

(1) eight

(2) bacon

(3) sailing

(4) taste

(5) pace

(6) pay

二重母音を攻略する！③
「オーィ」の[ɔɪ]

▶「おい」は [ɔɪ] と同じ？

ここでは [ɔɪ] を扱います。[ɪ] で終わる二重母音の３つ目です。

この母音がくるのはつづり字では、toy のように 'oy' であったり、voice のように 'oi' であったりすることが一般的です。

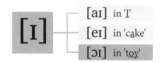

$$[\text{ɪ}] \quad \begin{cases} [\text{aɪ}] \text{ in 'I'} \\ [\text{eɪ}] \text{ in 'cake'} \\ [\text{ɔɪ}] \text{ in 'toy'} \end{cases}$$

ここで出てくる記号 [ɔ] は、初めて見た記号ではないでしょうか。本書でも初めて扱いますので、少し説明しましょう。

これは日本語の**「お」よりも口を縦に少し開いた音**です。したがって、口を開け気味の音から始まるというわけです。その後は、スムーズに [ɪ] に移行します。[aɪ]※1 と同じように、**グラデーション状に発音**すると上手に発音できます。

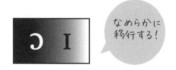

なめらかに
移行する！

次に、聞こえ方を見てみましょう。「オーィ」といった感じですが、[ɪ] の部分は Must 19 の [ɪ] で説明したように、あいまいな「イ」※2 なので、人によっては「オーェ」に聞こえることもあります。

※1　参照 Must 19「二重母音を攻略する！①なめらかに流れる「アィ」の [aɪ]」（p.100~）
※2　参照 Must 14「「い」を攻略する！②[ɪ] は「イ」に「エ」の要素が加わった音」（p.80~）

Practice Listening（21）の音声を注意深く聞いてみてください。具体的に言うと、toy が「トーィ」ではなく、「トーェ」に聞こえたというのは、日本人英語学習者では珍しいことではありません。

さらに注意しなくてはいけない点は、語の音の区切り方です。日本語では、toy は「トイ」となります。つまり、「ト 'to'」と「イ 'y'」で音が区切られますが、英語では、[ɔɪ] で区切りは入らず、[tɔɪ] でひとまとまりなのです（この区切りを**音節**と言います）。語の切れ方にも日本語と英語で相違があるので、注意を払いましょう。

▶ 「おい」は[ɔɪ]は違う。
　日本語の「おい」は短母音２つからなっているが、英語は[ɔɪ]という１つの母音。

▶ **Practice Listening** （21）

次の単語をディクテーションしてみましょう。
(1) ....
(2) ....
(3) ....

次に(1)〜(3)の単語を使った短文をディクテーションしてみましょう。
(4) ....
(5) ....
(6) ....

次に読む英文の中で[ɔɪ]が含まれる単語を□で囲んでみましょう。
(7) We went to a toy shop to buy a present for my nephew. I didn't know what to buy for a boy. Then, the shop employer advised us to buy a toy digital camera. She said children usually enjoy playing with such toys.

(1) voice

(2) join

(3) noisy

(4) The room was very noisy with music.

(その部屋は音楽でとてもうるさかった。)

(5) Did you join any club? （どこかのクラブに属しましたか？）

(6) His voice was too loud. （彼の声は大きすぎた。）

(7) We went to a toy shop to buy a present for my nephew. I didn't know what to buy for a boy. Then, the shop employer advised us to buy a toy digital camera. She said children usually enjoy playing with such toys.

（甥にプレゼントを買うために、私たちはおもちゃ屋に行きました。男の子に何を買えば良いかわかりませんでした。そうすると、店の社長がおもちゃのデジカメはどうかとアドバイスしてくれました。彼女によると、子供はそれで遊ぶのがたいてい楽しいと思うとのことでした。）

Listening Point

⊖ (1)〜(3)の単語レベルと(4)〜(6)の短文レベルにおいて、[ɔ]の後ろの要素[ɪ]が少し弱く聞こえることがあるので注意が必要です。

⊖ 二重母音は１つの母音なので、(7) boyは１つの音の集合体、つまり一音節になるため、一気になめらかに発音されています。したがって、日本語のように「ボーイ」と３つの音に分かれるのではありませんので、注意が必要です。

⊖ [ɪ]で終わる３つの二重母音、[aɪ]※1、[eɪ]※2、[ɔɪ]※3の中では、比較的聞き取りやすい二重母音ですので、聞き逃さないようにしましょう。

※1 参照 Must 19「二重母音を攻略する！①なめらかに流れる「アィ」の [aɪ]」（p.100〜）
※2 参照 Must 20「二重母音を攻略する！②なめらかな「エィ」の [eɪ]」（p.104〜）
※3 参照 Must 21「二重母音を攻略する！③「オーィ」の [ɔɪ]」（p.108〜）

Pronunciation Tips

発音のポイントは、日本語よりも少し口を開けた「オ」から、なめらかに「イ」に移行することです。

イメージとしては、人にツッコむときに「オィオィ」と言いますが、そのような感じで発音してみましょう。

▶ **Pronunciation Practice（21）**　

以下の単語を発音練習してみましょう。特に下線の母音[ɔɪ]に注意してください。

(1) j<u>oi</u>nt

(2) empl<u>oy</u>er

(3) ch<u>oi</u>ce

(4) n<u>oi</u>se

(5) av<u>oi</u>d

(6) ann<u>oy</u>

二重母音を攻略する！④
「オゥ！」の[oʊ]

▶ <u>low</u> は「ロ<u>ー</u>」それとも「ロ<u>ウ</u>」？

　次に見るのは、[oʊ] です。[ʊ] で終わる母音は以下の２種類です。この母音がくるつづり字は、low のように ‘**ow**’ のとき、g<u>o</u> のように ‘**o**’ のとき、b<u>oa</u>t のように ‘**oa**’ のときが多いです。

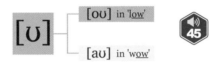

　まず、最初の要素 [o] について見ていきましょう。この [o] は、これまで見たことのない母音だと思いますが、その記号から「お」に近い母音だと予想できるでしょう。

　「お」に近い音としては、[ɔɪ] の最初の記号 [ɔ] も習いましたね[※1]。[ɔ] と [o] では、どのように違うかといえば、それは口の開け方が異なるのです。

　前者 [ɔ] の方が、後者 [o] よりも口を広く開けます。したがって、前者の方がはっきりと「オ」と聞こえます。一方で後者は「ウ」の要素が入った「オ」といった感じですので、人によっては、[oʊ] を「音色の変化の少ない二重母音」という風に認識することがあります。

　母音 [o] の後、ほかの二重母音同様に、後ろの要素 [ʊ] にスムーズに移行します。[ʊ][※2] は「あいまいなウ」ですので、[oʊ] の発音ははっきりしない「オゥ」のように聞こえます。

※1　参照 **Must** 21「二重母音を攻略する！③「オーィ」の [ɔɪ]」（p.108~）
※2　参照 **Must** 17「「う」を攻略する！②[ʊ] はゆるんであいまいな「ウ」」（p.92~）

　もう1つの注意点としては、この二重母音 [oʊ] も [eɪ]※1 と同じように、日本人英語学習者は**長母音に変換してしまう**ことがあります。具体的に例をあげると、low が「ロー」になってしまうので、注意しなくてはなりません。

　low の発音ですが、正しくは [loʊ] で、二重母音が正解です。しかしながら、low が「ロー」だと思っていると、low [loʊ] と law [🇺🇸 GA lɑː, 🇬🇧 RP lɔː] の区別がつきにくくなってしまうので注意を払わなければなりません。

▶**low**は二重母音[oʊ]を使う。したがって、「ロー」でも「ロウ」でもない。

▶ **Practice Listening** （22） 🔊 **46**

次の単語をディクテーションしてみましょう。
(1) ....
(2) ....
(3) ....

次に(1)〜(3)の単語を使った短文をディクテーションしてみましょう。
(4) ....
(5) ....
(6) ....

次に読む英文の中で[oʊ]が含まれる単語を□で囲んでみましょう。
(7) It was so cold yesterday. I had to wear a thick warm overcoat to go to work. This black coat is a brand-new one. The brown coat which I wore last year is old, so I will throw it away tomorrow.

※1　参照 **Must** 20「二重母音を攻略する！②なめらかな「エィ」の [eɪ]」(p.104〜)

(1) n<u>o</u>te

(2) b<u>oa</u>t

(3) p<u>o</u>st

(4) Have you ever tried riding a banana b<u>oa</u>t?

（バナナボートに乗ったことはありますか？）

(5) Your opinion has been n<u>o</u>ted. （ご意見は承りました。）

(6) I have p<u>o</u>sted a picture on SNS. （SNSに写真を投稿しました。）

(7) It was <mark>so</mark> <mark>cold</mark> yesterday. I had to wear a thick warm <mark>overc<u>oa</u>t</mark> to <mark>go</mark> to work. This black <mark>c<u>oa</u>t</mark> is a brand-new one. The brown <mark>c<u>oa</u>t</mark> which I wore last year is <u>old</u>, <u>so</u> I will thr<u>ow</u> it away tomorr<u>ow</u>.

（昨日はとても寒かったです。仕事に行くときに、温かくて厚いオーバーコート を着なくてはいけませんでした。この黒いコートは新しいものです。昨年使っ ていた茶色のコートは古くなってしまったので、明日捨てる予定です）

Listening Point

➔ (1)noteと(2)boatは、日本語ではそれぞれ「ノート」「ボート」となり、長音 になりますが、英語では二重母音である点に注意しましょう。

➔ (7)においても、coldは「コールド」、coatは「コート」、goは「ゴー」、oldは 「オールド」、throwは「スロー」、tomorrowは「トゥモロー」と日本語では発 音してしまう点にも注意が必要です。

➔ 日本語では長音「ー」になり、英語では二重母音になる単語には注意が必 要です。

Pronunciation Tips

発音するときのポイントは、あまり口を開けない「オ」から、あいまいな「ウ」に移行してください。

イメージとしては、男子学生がキャンパスですれ違って軽くあいさつするときの「オゥ」です。

本文でも書きましたが、日本人英語学習者は low [loʊ] と law [ɑː, ɔː] において混同してしまうことが多いので、注意が必要です。この点に関しては、次の **Pronunciation Practice**(22) で練習して、定着を図りましょう。

▶ **Pronunciation Practice** (22)

以下のミニマルペアを発音練習してみましょう。特に下線の母音[oʊ]（左の単語）と[ɑː, ɔː]（右の単語）の発音の違いに注意してください。 では[oʊ]は[ʊ]になり、あいまいに聞こえます。

(1) l<u>ow</u> vs. l<u>aw</u>

(2) b<u>oa</u>t vs. b<u>ough</u>t

(3) ch<u>o</u>ke vs. ch<u>al</u>k

(4) h<u>o</u>le, wh<u>o</u>le vs. h<u>al</u>l

(5) b<u>ow</u>l vs. b<u>al</u>l

二重母音を攻略する！⑤
驚き喜ぶWow!!の[aʊ]

▶ [aʊ] は Wow! に出てくる母音？

　5番目の二重母音は [aʊ] です。日本人になじみが深いフレーズ Wow! の母音と言えばわかりやすいでしょう。この母音が出てくるつづり字は、<u>wow</u> のように 'ow' のときと、<u>south</u> のように 'ou' であることが多いです。

　最初の要素 [a] について見ていきましょう。この章の初めに日本語の「あ」に相当する5種類の「ア」について学びましたが、この二重母音 [aʊ] の最初の要素の [a] は、これまで学んだ以下の「ア」とは異なります。

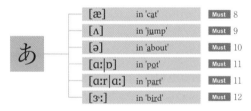

あ	[æ]	in 'c<u>a</u>t'	Must 8
	[ʌ]	in 'j<u>u</u>mp'	Must 9
	[ə]	in '<u>a</u>bout'	Must 10
	[ɑː|ɒ]	in 'p<u>o</u>t'	Must 11
	[ɑːr|ɑː]	in 'p<u>ar</u>t'	Must 11
	[ɜː]	in 'b<u>ir</u>d'	Must 12

　この中に [aʊ] の最初の要素 [a] は入っていません。では、これまでの母音とどのように異なるのか、[ɑ] と比べてみましょう。

　[ɑː] は口の中において、舌を後ろに引くような感じで奥で発音しているので、深い「ア」といった感じがするのですが、[aʊ] の [a] は口の中において舌の前の方に力を入れて発音していますので、**明るい感じの「ア」**です。そこから [ʊ]※1 **のあいまいな「ウ」へなめらかに移行**します。驚き喜ぶときに言う W<u>ow</u>! のように、[a] を長く [ʊ] を短く発音しています。

※1　参照 Must 17「「う」を攻略する！②[ʊ]はゆるんであいまいな「ウ」」（p.92~）

ところで二重母音は、大まかに分けて [ɪ][ʊ][ɚ] で終わる3種類に大別できます。

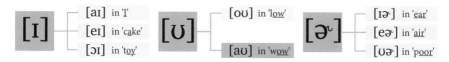

最後の要素にくるすべての母音に共通していることは、これらはリラックスした母音であるということです。ということは、二重母音はすべてリラックスした母音で終わっているということを意識して発音したり、リスニングしたりしましょう。

▶ [aʊ]の最初の要素は強く長く、後ろの要素は弱く短い。
それを意識して、気持ちを込めてW<u>ow</u>!と言ってみよう。
素晴らしいもの、大好きなものを目の前にして、感動の気持ちを込めたW<u>ow</u>!だ。

▶ **Practice Listening** （23）

次の単語をディクテーションしてみましょう。
(1) ....
(2) ....
(3) ....

次に(1)〜(3)の単語を使った短文をディクテーションしてみましょう。
(4) ....
(5) ....
(6) ....

次に読む英文の中で[aʊ]が含まれる単語を□で囲んでみましょう。

(7) I have a large house in a small town on the South Coast. I like to go out for a walk with my wife. After I bought the house, I found that it comes with a farm where there are many cows. I counted the number of cows, and there were eleven cows.

(1) al<u>ou</u>d

(2) b<u>ow</u>

(3) b<u>ou</u>nce

(4) Can you see the ball is b<u>ou</u>ncing up and d<u>ow</u>n?
（ボールが上下にはずんでいるのが見えますか？）

(5) James b<u>ow</u>ed and walked away.（ジェームズは一礼して、歩き去りました。）

(6) Read this sentence al<u>ou</u>d. （この文を音読しなさい。）

(7) I have a large h<u>ou</u>se in a small t<u>ow</u>n on the S<u>ou</u>th Coast. I like to go <u>ou</u>t for a walk with my wife. After I bought the h<u>ou</u>se, I f<u>ou</u>nd that it comes with a farm where there are many c<u>ow</u>s. I c<u>ou</u>nted the number of c<u>ow</u>s, and there were eleven c<u>ow</u>s.

（サウスコーストの小さな町に大きな家をもっています。妻と出かけるのが好き
です。家を購入した後、たくさん牛がいる農場がついていることがわかりまし
た。牛の数を数えると、11匹いることがわかりました。）

Listening Point

➔ [aʊ]の後半の要素[ʊ]が弱く聞こえるので注意が必要です。

➔ よって、[aʊ]は場合によっては、[ɑː]と長母音で発音してしまう場合がある
ので、注意してください。

➔ [aʊ]は比較的聞き取りやすい二重母音ですが、**Practice Listening**（23）で間違
えた問題がある場合には、そこを重点的に練習しましょう。[aʊ]の[ʊ]が聞
き取りづらいことがあります。

Pronunciation Tips

[aʊ] の発音のポイントは、明るい感じの「ア」からあいまいな「ウ」
になめらかに移行することです。

驚いて喜んだときの Wow! の「ワゥ！」や（ただし [w] はいりません）
足の小指を机にぶつけて痛いときに「アゥ！」と言うことがありま
すが、そのようなイメージで発音してみましょう。

アゥ

▶ **Pronunciation Practice**（23）

49

以下の単語を発音練習してみましょう。特に下線の母音[aʊ]に注意してくだ
さい。

(1) c<u>ou</u>nt

(2) sc<u>ou</u>t

(3) all<u>ow</u>

(4) h<u>ow</u>

(5) b<u>ou</u>nce

(6) b<u>ow</u>

※（6）bow お辞儀をする

二重母音を攻略する！⑥
あいまいな「イァ」の[ɪə˞]

▶ ear [ɪə˞] は「イヤー」？

6番目に見ていくのは [ɪə] です。

この母音が出てくるつづり字は、ear のように　‘**ear**’ のとき、here のように　‘**ere**’ のとき（最後の ‘**e**’ は**サイレント e** と言って発音しない e です。第2章では便宜上、サイレント e に下線を引いてあります）、beer のように ‘**eer**’ のとき、pierce のように　‘**ier**’ であることが一般的です。

まず、[ɪ] というややあいまいな「イ」から始まり[1]、その後、あいまい母音 [ə][2] に移行します。前項 Must 23[aʊ] で、**二重母音はすべてあいまいな感じのする母音** [ɪ] [ʊ] [ə] のいずれか**で終わっている**と述べましたが、あいまい母音 [ə] で終わる二重母音は合計で3つあります。その1つがこの [ɪə] です。あいまい母音の r 音化したものが [ə˞] です。

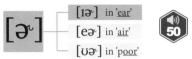

次に注意する点は、[aɪ][3] の2つ目のルールで述べましたが、**二重母音は最初の要素が強く長く、後ろの要素は弱く短く**なります。だからこそ、後半ははっきりとした母音ではなく、聞き取りづらい場合があるので、注意が必要です。

※1　参照 Must 14「「い」を攻略する！②[ɪ] は「イ」に「エ」の要素が加わった音」(p.80~)
※2　参照 Must 10「「あ」を攻略する！③[ə] は疲れてため息をついたときの「ア」」(p.64~)
※3　参照 Must 19「二重母音を攻略する！①なめらかに流れる「アィ」の [aɪ]」(p.100~)

　3つ目の注意点として、普通のあいまい母音 [ə] ではなく、右上に**フック**[˞] がついていることがあります。このフックは [ɝː] で説明しました[※1]が、**r 音化**[※2] を示しています。

　r 音化はあくまで「オプション」です。ここで注意しなければならないのは、一定の母音の後に 'r' がつづりである際に では r 音化しますが（<u>ear</u> など）、つづりに 'r' がない場合には r 音化はしないということです。具体例をあげると、idea にはつづり字で 'r' がありませんので、r 音化はしません。しかし、日本人英語学習者の場合、つい [r] をつけ足してしまうので、注意が必要です。自分の発音が間違っていると、正しい発音を聞いても、それが別の単語に聞こえてしまうことがあります。

▶ earはつづりにrがあるので、アメリカ英語では[ɪɚ]。しかし、ideaはつづりにrがないので、アメリカ英語でもイギリス英語でも両方とも[aɪˈdɪə]の[ɪə]。注意が必要！

▶ **Practice Listening** （24）　**51**

次の単語をディクテーションしてみましょう。
(1) ....
(2) ....
(3) ....

次に(1)〜(3)の単語を使った短文をディクテーションしてみましょう。
(4) ....
(5) ....
(6) ....

次に読む英文の中で[ɪɚ]が含まれる単語を□で囲んでみましょう。
(7) I became a high school student this year, so I decided to wear pierced earrings. At first, I was afraid of the piercing, but now I am used to it. I found a pretty accessory shop near here. I bought three pierced earrings there.

※1　参照 Must 12「「あ」を攻略する！⑤ [ɝː] は曇った「アー」」（p.72~）
※2　参照 Must 47「そのほかの子音②r 音化はあくまでオプション」（p.218~）

(1) b<u>ear</u>d

(2) b<u>ee</u>r

(3) <u>year</u>

(4) What is your goal this <u>year</u>? （今年のゴールは何ですか？）

(5) I want to drink b<u>ee</u>r tonight. （今晩ビールが飲みたい。）

(6) Santa Claus has a b<u>ear</u>d. （サンタクロースにはあごひげがある。）

(7) I became a high school student this <u>year</u>, so I decided to wear <u>pierced</u> <u>earrings</u>. At first, I was afraid of the <u>piercing</u>, but now I am used to it. I found a pretty accessory shop <u>near</u> <u>here</u>. I bought three <u>pierced</u> <u>earrings</u> there.

（今年、高校生になりました。ピアスを開けることにしました。最初は、ピアスをすることが怖かったのですが、それに慣れました。近所で、かわいいアクセサリーショップを見つけました。そこでピアスを３つ買いました。）

Listening Point

⊖ (1)beardの発音は間違えやすく、「ベアード」だと思っている人がいるので注意が必要な単語です。自分の発音が間違っていると、聞き取ったときに意味理解につながりません。

⊖ ear [ɪɚ]とyear [jɪɚ]の相違を聞き取ることが重要です。この違いは文脈で判断できますが、音声的な特徴をとらえて、聞き分けられるようにしましょう。後者には、earの前に頭に軽く「ゆ」がついているような印象になりますので、「ゆ」の有無で聞き分けましょう。詳しくは、 Must 67 (p.291～) を参照してください。

Pronunciation Tips

ear と year の違いについては、以下の **Pronunciation Practice** (24) で練習しましょう。

何度も音声を聞いて、何度も発音を繰り返してください。

year [jɪɚ] の [j] は、[ɪ] を言うときよりも、口の中の後ろを上下でつぶす（圧縮する）ようにして、狭めるような感じで発音してから、[ɪ] に移行すると良いでしょう。

[ɪɚ] の発音のポイントは、あいまいな「イ」からあいまい母音になめらかに移行することです。

イメージとしては、疲労困憊して帰宅し、「イァ、疲れた」と言ったときの「イァ」です。疲れ切ったときの「イァ」は非常にあいまいな「イァ」のはずです。

 GA の場合はその「イァ」の後に [r] を付け加えましょう。

▶ Pronunciation Practice（24）

52

以下の単語を発音練習してみましょう。特に下線の母音[ɪɚ]に注意してください。

(1) ear

(2) year

(3) fear

(4) idea

(5) engineer

(6) appear

> (4)には
> r音化は
> ありませんので
> 注意が必要
> です

二重母音を攻略する！⑦
思いのほか短い「エァ」の[eɚ]

▶ air [eɚ] は「エアー」？

あいまい母音 [ə] で終わる2つ目の二重母音は [eɚ] です。

この母音が出てくるのは、つづり字では fair のように '**air**' のとき、care のように '**are**' のとき、pear のように '**ear**' が一般的です。

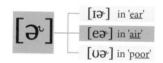

$$[ɚ] \begin{cases} [ɪɚ] \text{ in 'ear'} \\ [eɚ] \text{ in 'air'} \\ [ʊɚ] \text{ in 'poor'} \end{cases}$$

発音の仕方に関しては、この二重母音の最初の要素 [e] は日本語の「え」よりも少し大きく縦に口を開けてから、次の要素であるあいまい母音に移行します。その結果、**「エァ」といった感じに聞こえます。** Must 19 [aɪ]※1 で記したように、二重母音は1つの母音なので、**最初の要素から後ろの要素になめらかに移行**することがポイントです。

聞き取りの際の注意点としては、1つ目に、日本語では、「エアー」のように、後半部に長音記号「ー」がつきますが、英語では2つ目の要素は実際にはそれほど長くないという点です。

2つ目に、ほかの二重母音と同様に、最初の要素が強く長いのですが、後ろの要素は弱く短いので聞き逃さないようにすることが重要です。

聞き取りの際のもう1つのポイントは、方言によっては、[eə] が [e:] と長

※1　参照 Must 19「二重母音を攻略する！①なめらかに流れる「アィ」の [aɪ]」(p.100~)

母音になることです。たとえば、🇬🇧 話者の中には、<u>fair</u> [feə]「フェア」を [feː]「フェー」と発音する人がいますので、これはかなり注意が必要です。慣れていないと、理解ができません。

▶ airの[eɚ]は「エアー」ではなく、「エァ」に近い発音。
　アクセントによっては長母音[eː]になることがある。

▶ **Practice Listening** （25）　

次の単語をディクテーションしてみましょう。

(1) ....

(2) ....

(3) ....

次に(1)〜(3)の単語を使った短文をディクテーションしてみましょう。

(4) ....

(5) ....

(6) ....

次に読む英文の中で[eə]が含まれる単語を□で囲んでみましょう。

(7) The air is becoming cooler and cooler. My wife and I sit on a chair and enjoy the fresh air. We share this precious time together. There are many chestnut trees in my garden.

(1) <u>ca</u>r<u>e</u>

(2) <u>pea</u>r

(3) <u>fai</u>r

(4) My favorite dessert is <u>pea</u>r tart.　（好きなデザートは洋ナシのタルトです。）

(5) I don't <u>ca</u>r<u>e</u> about the complaints.　（苦情は気にしません。）

(6) Don't expect life to be <u>fai</u>r.　（人生が公平だと期待してはいけません。）

(7) The <u>ai</u>r is becoming cooler and cooler. My wife and I sit on a <u>chai</u>r and enjoy the fresh <u>ai</u>r. We <u>sha</u>r<u>e</u> this precious time together. <u>The</u>r<u>e</u> are many chestnut trees in my garden.

> （空気がどんどん涼しくなっています。妻と私は椅子に座り、さわやかな空気を楽しんでいます。ともに素敵な時間を過ごしています。庭には栗の木がたくさんあります。）

Listening Point

➡ 🇺🇸 **GA** では r 音化※1 があるので、2 つ目の要素[ɚ]が少し曇った発音になります。発音記号の[˞]は r 音化を示しています。

➡ 🇬🇧 **RP** 話者の中には、この二重母音[eə]を[eː]と発音する人がいますので、注意しましょう。これを専門用語で「**スムージング**」といいます。詳しくは Must 92の特徴(4) (P.405)を参照してください。

➡ ここでは、<u>ca</u>r<u>e</u>、<u>sha</u>r<u>e</u>などのようにサイレントe (p.120参照) にも下線を引いています。

※1　参照 Must 47「そのほかの子音②r音化はあくまでオプション」(p.218~)

Pronunciation Tips

以下の **Pronunciation Practice** (25) では と の違いが
録音されていますので、聞きくらべてみましょう。

発音するときには、「エ」からあいまい母音になめらかに移行しましょ
う。

背伸びしながら「エァ」と言ってみましょう。

「エ」でストレッチ、「ァ」でゆるめる感じです。

エ
ァ

▶ **Pronunciation Practice** (25)　　　　　　　　　　　54

以下の単語を発音練習してみましょう。特に下線の母音[eə]に注意してくだ
さい。最初が　　で、後に　　の発音がきます。

(1) pair

(2) bear

(3) wear

(4) hair

(5) dare

(6) swear

では
二重母音というよりも
長母音のように発音
されています

語注；(5) dare あえて〜する、(6)swear 誓う

127

二重母音を攻略する！⑧
はっきりしない「ウァ」の[ʊə˞]

▶ p<u>oor</u> の [ʊə˞] は「プア」？

　あいまい母音 [ə] で終わる 3 つ目の二重母音は [ʊə˞] です。[˞] は r 音化を示しています。この母音が出てくるのは、つづり字では p<u>oor</u> のように 'oor' のとき、t<u>our</u> のように 'our' のとき、s<u>ure</u> のように 'ure' が一般的です。

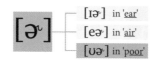

$$[ə˞] \begin{cases} [ɪə˞] \text{ in } '\underline{ear}' \\ [eə˞] \text{ in } '\underline{air}' \\ [ʊə˞] \text{ in } '\underline{poor}' \end{cases}$$

　発音のポイントですが、最初の要素 [ʊ] は Must 17 の [ʊ]^{※1} のあいまいな「ウ」で始まっています。口のポジションは Must 17 にも掲載していた右の写真を参考にしてください。

[ʊ]

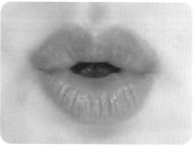

　その**ゆるい母音からあいまい母音に移行**しますので、日本語の「うあ」ほどにははっきりとは聞こえないところが、この母音が入っている単語の聞き取りの難しさです。

　聞き取りの際の最大のポイントは、[ʊə˞] は**アクセントによって異なった発音のバリエーション**があることです。

　たとえば、🇬🇧話者の中には、p<u>oor</u> [pʊə]「プァ」を [pɔː]「ポー」と発

※1　参照 Must 17「「う」を攻略する！②[ʊ]はゆるんであいまいな「ウ」」(p.92~)

音する人がいます。特に年齢が若いほど、後者のように長母音 [ɔː] で発音する人が多い傾向にあります。大まかにですが、イギリス人の約7割が長母音で発音しますので、poor は「ポー」と発音する人が多いのです。

また、話者の中には、つづり字通り [oʊr] と発音する人もいますので、poor が「ポゥァ」になります。したがって、[ʊɚ] の代わりに [ɔːr] や [oʊr] といった発音をする人もいるということを知っておくと良いでしょう。

ただし、この母音 [ʊɚ] は、頻度の点であいまい母音 [ə]※1 と対極にあり、もっとも英語で出てくる頻度が低い母音です。

▶ poorの[ʊɚ]は、アクセントや年齢によっては、[ɔːr]と長母音になったり、[oʊr]になったりすることもある。

▶ **Practice Listening**　（26）　🔊55

次の単語をディクテーションしてみましょう。
(1) ....
(2) ....
(3) ....

次に(1)～(3)の単語を使った短文をディクテーションしてみましょう。
(4) ....
(5) ....
(6) ....

次に読む英文の中で[ʊɚ]が含まれる単語を□で囲んでみましょう。
(7) Michael will go on a tour around Europe. He will play for tourists. He is worried about communicating with them because he is poor at English. However, he is sure that his performance will make them happy.

※1　参照 **Must** 10「「あ」を攻略する！③[ə]は疲れてため息をついたときの「ア」」（p.64～）

(1) p<u>oor</u>

(2) s<u>ure</u>

(3) c<u>ure</u>

(4) My sister is p<u>oor</u> at math. （姉（妹）は数学が苦手です。）

(5) I'm s<u>ure</u> he will not come on time.

　　（彼は時間通りには絶対来ないと思いますよ。）

(6) Time is a c<u>ure</u>. （時間が解決してくれます。）

(7) Michael will go on a <u>tour</u> around Europe. He will play for <u>tourists</u>. He is worried about communicating with them because he is p<u>oor</u> at English. However, he is s<u>ure</u> that his performance will make them happy.

　　（マイケルはヨーロッパにツアーに行きます。旅行者に演奏する予定です。マイケルは旅行者とコミュニケーションをとることを心配しています。というのも彼は英語が得意ではないからです。でも、彼の演奏が彼らを幸せにすると確信しています。）

Listening Point

⊖ (1)と(2),(3)では多少発音が異なります。録音の音声では、(1)の[ʊɚ]は、[oʊr]に近い発音です。つまり、🇺🇸 では poor の母音は[ʊɚ]、[oʊr]、[ɔːr]の3種類の母音が使われることがあります。(2)と(3)の sure と cure において最後の e にも下線を引いてありますが、これはサイレント e と言って発音しない e です。

⊖ (1)poor においては特に、二重母音[ʊɚ]は[oʊr]や[ɔːr]になることがありますので、注意しましょう。これは年齢やアクセント（方言）などによって異なります。どの発音で読まれても、p<u>oor</u>だと理解できるようにしましょう。

Pronunciation Tips

あいまいな「ウ」からあいまい母音になめらかに移行しましょう。
イメージとしては、さっきも水をこぼしたのに、またやってしまったと
いうときに「ウァ、またやった」と声が出るときの「ウァ」です。
「あきれ気味に発音する」とイメージすると良いでしょう。

▶ **Pronunciation Practice**（26）

以下の単語を発音練習してみましょう。特に下線の母音[ʊɚ]に注意してくだ
さい。最初が🇺🇸 GA で、2番目が🇬🇧 RP です。聞き比べてみましょう。

(1) p<u>oor</u>

(2) s<u>ure</u>

(3) t<u>our</u>

(4) l<u>ure</u>

(5) j<u>ur</u>y

(6) c<u>ure</u>

語注：(4) lure 誘惑する、おびき出す

 早い音声が聞き取れないのですが、どうすれば良いですか？

 シャドーイングをして、英語の音声に慣れましょう

初級・中級・上級

　英語についてよくされる相談の1つが、**「英語が早くて聞き取れないのですが、どうすれば良いのですか」**というものです。

　英語がかなりできる人でも、この傾向が見られますので、読解力・文法力とリスニング力が必ずしもイコールではないことがわかります。読解力と文法力を向上させることに特化した従来の日本の英語教育では、リスニングの能力向上には十分な対応ができていないのです。

　この原因は、**「英語の音声との接触が極端に少ないこと」**にあります。音声に触れていなければ、その音声を理解するのが難しいのは当たり前のことなのです。本書では、日本人が苦手とする聞き取りポイントを集中的に訓練できるように工夫していますので、まずそこで「音の基本」をしっかりと学んでください。その後は、長い音声を利用して**シャドーイング（shadowing）**すると良いでしょう。シャドーイングをすることによって、音声との触れ合いを圧倒的に増やすのが狙いというわけです。

　シャドーイングとは、「音声を流したままにし、影（shadow）のように、聞いた音声を一語一句、そのまま再生する訓練法」のことです。通訳者の訓練ではよく用いられるのですが、一般の英語学習者でも効果があることがわかっています。最近ではスマートフォン（スマホ）にイヤホンがあれば、簡単にシャドーイングができます。スマホでシャドーイングするメリットは、速度調節ができたり、自分の興味のある内容を選べたりすることです。

おすすめの無料アプリや無料サイトは「TED」「VOA(Voice of America)」「CNN」「BBC」です。「BBC」のサイトの中には、語学教育に特化した「BBC Learning English」[※1]というものもあり、これらは英語学習に非常に適した教材で、初級から中級の英語学習者にも適しています。「リスニングの鬼コーチからのお悩みアドバイス⑥」[※2]も参考にしてください。

●──シャドーイングに適した音声教材の選び方

(1)自分の英語力よりは少し低いものを選ぶ

①意味が気になると音声に集中できないこともあるので、その場合、訳を先に読んでからシャドーイングするとか、簡単に英語が理解できる音声を選ぶとか工夫しましょう。

②一般的に、日本人英語学習者は、リーディングのレベルとリスニングのレベルを比べると、後者のレベルの方が低いため、音声は自分の英語のレベルよりも低いレベルのものを選んだ方が良いでしょう。

③リスニング力の方が高い場合、自分の英語力にあったものが良いでしょう。難しいものを選んでもかまいませんが、意味が気にならないものを選んでください。

(2)スクリプトがある教材

再現できなかったところ、詰まって言えなかったところを確認するために必要です。

(3)標準アメリカ英語、または標準イギリス英語の教材

ただし、アクセント(方言)対策の場合や英語力が高い場合には、この限りではありません。

(4)一般人による会話よりは、話すことに慣れている政治家や話すことを仕事としているアナウンサーなどの音声

英語力が高い場合は、一般人による会話を多く扱いましょう。

●──シャドーイングを行うモデルプラン

(1)毎日5分くらいで良いので、「継続して」行いましょう。

(2)使用する音声の長さにもよりますが、同じ教材をしばらく(数週間〜2か月)使うと、音声が耳に定着するので効果的です。

(3)電車などに乗っていて音声を出せない場合や大きな声を出せない場合には、マンブリング(mumbling, ぶつぶつ言うこと)や脳内シャドーイングでもかまいません。

Advice for learning English

リスニ
の
鬼100

第 3 章

日本語にない音、注意すべき音：子音編

●──調音様式で分ける

　第2章「日本語にない音、注意すべき音：母音編」では、日本人英語学習者が聞き取りづらい母音を扱いました。特に、2つの点に着目しました。

（1）日本語の「あ」「い」「う」に相当する英語の母音が複数存在するので、聞き取りの際にも、発音の際にも困難が生じること
（2）日本語は短母音しかありませんが、英語には短母音・長母音・二重母音の三種類があり、それぞれに特徴があること

　この章では、子音を扱っていきますが、便宜上、種類ごとに説明します。以下のように6種類あり、名称は一見すると難しい専門用語と思われがちですが、実は「**音の作り方**（これを調音方法と言います）」の特徴をよく表しているので、覚えなくてかまいませんが、専門用語を使って説明していきます。

破裂音　　　　　Must 27 〜 33
摩擦音　　　　　Must 34 〜 42
鼻音　　　　　　Must 43 〜 45
その他の音：**流音**（**接近音 [r]** と**側面音 [l]**）、**破擦音**、**半母音**（**接近音の一種**）Must 46 〜 50

● ── 調音位置で分ける

　調音様式以外の、英語の子音を分別する際のもう1つ重要な概念は、**無声音**と**有声音**です。

　たとえば、pack と back の最初の子音 [p] と [b] を比べてみましょう。[p] も [b] も同じように唇をパッと放して、軽く「破裂」させて作る音、すなわち**破裂音**（英語の場合、その特徴から**閉鎖音**とも言います）です。これを言い換えると、「**音を作る場所**（これを調音位置と言います）」も、「**作り方**」も同じですが、異なるのが、「**声を出すか出さないか**」です。

　どういうことかというと、[p] は無声音と言って、声帯の振動を伴わない音です。[b] は有声音と言って、声帯の振動を伴う音です。声帯※1とは男性で言うと、のどぼとけの内側にあるところです。

　首ののどぼとけの周辺に軽く手を覆うように添え、[b, b, b, b, b] と言ってみましょう。そうすると、小刻みに手に振動が伝わってくるのがわかると思います。手を添える代わりに両耳を指でふさぐと、より振動が伝わってきます。これを有声音と言います。一方で、[p, p, p, p, p] と言ってみましょう。手に振動が伝わりません。これは声帯が振動していないから、つまり無声音だからです。

　このように子音には無声音と有声音の相違が基本的にはありますが、言語によって、無声音しかないもの、有声音しかないものがあります。たとえば、英語では [h] (hat など) は無声音ですが、その有声音はありません。

　それでは次の項から、それぞれの音の特徴を学んでいきましょう。

※1　参照　**Must** 27「破裂音を攻略する！①一瞬で息を吐く [p]」(p.138~)

破裂音を攻略する！①
一瞬で息を吐く [p]

▶ pie と「パイ」の [p] は同じ音？

● ──破裂音が作られる3ステップ

まず見るのが破裂音です。その大まかなメカニズムは3ステップあります。

step1	閉鎖：唇から声帯までのいずれか（この一帯を口腔（こうくう）と言います）を狭めます。
step2	持続： step1 をしばらく持続させると、肺からの空気が閉鎖の部分に集まって空気が圧縮されます。
step3	開放：（破裂） step2 で高まった空気が、外にポンと出て音が作られます。

鼻腔（びくう）　口腔（こうくう）　舌（した）　声帯（せいたい）　気管（きかん）　食道（しょくどう）

英語の破裂音は全部で6つあります。[p], [t], [k], [b], [d], [g] です。では、それぞれ見ていきましょう。

● ──無声破裂音 [p] を科学する

最初に学ぶ破裂音は、pie の [p] です。

まず、この [p] の発音方法は、上で見た3つのステップで音を作ります。

この3ステップは、一瞬のうちに終わってしまいます。また、**無声音**※1 なので、声帯の振動がありません。したがって、一瞬で音が終わってしまうので、注意が必要です。この Must 27 [p] から Must 30 [k]（ p.150 ～）までは、無

※1　参照 第3章「日本語にない音、注意すべき音：子音編」p.136～）

声破裂音を取り上げます。

　次に、英語の場合、無声破裂音が一瞬で終わってしまうので、そもそも聞き取りづらいのですが、さらに聞き取りづらくするポイントがもう1つあります。それは「気音」という特徴で、強い母音（＝弱母音ではない母音）の前で、無声破裂音の開放（破裂）**step3** が起こった後に強い息が漏れることです。

　たとえば、par と言う際に、'p' の後、'ar' の前に息が漏れるという感じです。息を吐きながら、「パー」と言ってみてください。[p] の後に「ハー」と息が長く漏れる感じがありますが、簡単に言うとこれが「気音」です。

　これがリスニングの際に問題となります。というのも、これは「息」なので、慣れていないと音として認識されないのです。しかし、この「気音」は、英語の破裂音の特徴の1つで、**語頭や音節のはじめで、無声破裂音が強い母音の前にくる場合**に生じます。したがって、日本語の「パイ」の [p] では「気音」がほとんど生じませんが、英語の [p] には「気音」が生じるというわけです。

　「気音」は [ʰ] で表しますので、pie は [pʰaɪ] と発音記号で表せます。

▶ pieと「パイ」の[p]は同じ音かというと
　英語の[p]には「気音」があるので、日本語の[p]とは異なる。

▶ **Practice Listening** （27）　　　

次の単語をディクテーションしてみましょう。

(1) ....

(2) ....

(3) ....

次に(1)〜(3)の単語を使った短文をディクテーションしてみましょう。

(4) ....

(5) ....

(6) ....

次に読む英文の中で[pʰ]が含まれる単語を□で囲んでみましょう。

(7) My favorite dessert is peach pie. I like to use fresh peaches rather than canned ones. My mother advised me to use syrup made with 30 percent sugar. This syrup keeps the peaches fresh.

(1) peak

(2) parcel

(3) repeat

(4) My dad always repeats the same thing. （父は同じことを繰り返します。）

(5) Have you received a parcel? （小包を受け取りましたか？）

(6) We reached the peak of the mountain.（私たちは山の頂上に到達しました。）

(7) My favorite dessert is peach pie. I like to use fresh peaches rather than canned ones. My mother advised me to use syrup made with 30 percent sugar. This syrup keeps the peaches fresh.

（好きなデザートはピーチバイです。缶詰の桃よりもフレッシュな桃を使う方が好きです。母は30％の砂糖で作ったシロップを使うと良いと教えてくれました。そのシロップが桃を新鮮に保ちます。）

Listening Point

➔ (1)と(2)において[p]が語頭にくる際には「気音」を伴います。録音の音声に注意深く耳を傾けると、[p]の後に息が聞こえます。

➔ (3)は音節の最初なので、「気音」を伴います。

➔ (7)のsyrupの語末の[p]は「気音」を伴いません。むしろ音が脱落している感じがあります※1。

➔ [p]でもその音が現れる場所によって、「気音」を伴う場合と、伴わない場合があります。伴う場合は、息が聞こえ、その息が音の聞き取りを困難にする場合があるので注意が必要です。

※1　参照 Must 51「人は楽して発音する：音の脱落」（p.240~）

Pronunciation Tips

「気音」を伴う [pʰ] の発音イメージとしては、じゃんけんで負けて、「パー…」とがっかりしながら言ったときの「パー」です。

▶ **Pronunciation Practice**（27）

以下の単語を発音練習してみましょう。特に下線の子音[pʰ]に注意してください。

(1) <u>p</u>encil

(2) <u>p</u>ick

(3) <u>p</u>eanut

(4) <u>p</u>epper

(5) com<u>p</u>ose

(6) <u>p</u>enguin

口元に
ティッシュをかざして
発音してみて、
ティッシュがふわっと浮
いたら、[pʰ] が正しく
できています。

ティッシュ

141

破裂音を攻略する！②
場所によって
聞きやすさが異なる[t]

▶ tea と「ティー」の [t] は同じ音？

　2つ目の破裂音は tea の [t] です。

　この [t] は、舌先を前歯の後ろの歯茎につけて閉鎖を作って、それをぱっと放して音を作ります。

　日本語の「た行」との違いは、日本語は舌先を前歯につけて発音します。したがって、調音位置[※1]が日本語と英語では若干異なります。しかし、基本的に聞こえ方に大きな差はありません。よって、以下の「気音」の方が聞き取りの際には重要です。

　この [t] が語頭や音節の始まりで強くはっきりした母音（強母音）の前にきた場合には、前項 [p][※2] で説明したように**「気音」を伴います**。しかし、息の量には相違があります。というのも、[p] は唇で音を作りますが、[t] は口の中なので、「気音」の量は [p] よりも少なくなります。

　ただし、**[s] の後ろにきた際にはこの「気音」がなくなります**。前項 [p] の **Pronunciation Practice**（27）で行ったように、ティッシュや薄紙を口の前にかざして、以下の単語を比べてみましょう。

ティッシュ

tart vs. start

59

※1　第3章「日本語にない音、注意すべき音：子音編」p.136
※2　参照 **Must** 27「破裂音を攻略する！①一瞬で息を吐く [p]」（p.138~）

　tart が上手に発音できていれば、ティッシュや薄紙がふわっと浮きますが、start ではティッシュはほとんど動きません（これに関しては **Pronunciation Practice**(28) でしっかりと練習しましょう）。

　ということは、気音を伴わない場合は、日本語の音に近いので聞き取りやすいのですが、伴う場合には注意が必要というわけです。

　もう1つの特徴として、[t] は環境によって、音が変化します。たとえば、[t] が「ら行の音」に聞こえたり[※1]、[t] が語末の場合（eat など）**音がないように発音されたり**[※2] することがあります。

> teaと「ティー」の[t]は同じ音？
> 英語には「気音」があるので、日本語の「ティー」とは少し異なる。

▶ **Practice Listening** （28）

次の単語をディクテーションしてみましょう。
(1) ....
(2) ....
(3) ....

次に(1)～(3)の単語を使った短文をディクテーションしてみましょう。
(4) ....
(5) ....
(6) ....

次に読む英文の中で[tʰ]が含まれる単語を□で囲んでみましょう。
(7) I will have a tea party this afternoon with my teammates. We will prepare tea, soft drinks, sandwiches, cakes and tarts. Ten people are invited. Do you remember what time the party starts? It starts at 3:00 pm.

※1　参照 Must 29「破裂音を攻略する！③「ら行」に変わる [t]」(p.146~)
※2　参照 Must 51「人は楽して発音する：音の脱落」(p.240~)

(1) tough

(2) tool

(3) take

(4) What kind of tool do we need to repair it?

　（修復するのにどのような道具[工具]が必要ですか？）

(5) Would you take me to the station?（駅まで送ってくれますか？）

(6) It was a tough job for me. （それは骨の折れる仕事でした。）

(7) I will have a tea party this afternoon with my teammates. We will prepare tea, soft drinks, sandwiches, cakes and tarts. Ten people are invited. Do you remember what time the party starts? It starts at 3:00 pm.

　（チームメイトと午後にティーパーティーをします。お茶、ソフトドリンク、サンドイッチ、ケーキ、タルトを用意します。10人招いています。何時にパーティーが始まるか覚えていますか？午後3時ですよ）

Listening Point

➔ (1)〜(3)においては、「気音」を伴っていることがわかります。録音の音声に耳を澄ますと、[t]の後に強い息を感じます。

➔ (4)と(5)では気音を伴う[t]（たとえばtoolやto）と気音を伴わない[t]があります。

➔ (7)では[t]が出てくる場所は複数ありますが、tea, teammate, tarts, ten, timeでは「気音」を伴います。

➔ 一方で、partyやinvitedの[t]は「ら行の音」に聞こえるのではないでしょうか。これを専門用語で「**たたき音**」と言います※1。

➔ [t]の音には、[t]と聞こえるものもあれば、「ら行の音」に聞こえるものなど、いろいろなバリエーションがあることを知っておくと良いでしょう。

....

※1　参照 Must 29「破裂音を攻略する！③「ら行」に変わる[t]」（p.146~）

Pronunciation Tips

[t] の音は場所によって、特徴が異なります。

Pronunciation Practice (28) では、語頭や音節のはじめの [t] は気音を伴うので [t] を発音した後、
息を吐いて発音します。
机の角に足の小指をぶつけて、
「イターーッ」のときの「ターッ」です。
息を吐きながら発音します。
ただし「ターッ」は [tʰɑː] なので、母音は英語では省きましょう。

イターーッ

▶ **Pronunciation Practice**（28）　🔊 **61**

以下の単語を発音練習してみましょう。特に下線の子音[tʰ]に注意してください。

(1) time

(2) toy

(3) tin

(4) tackle

(5) tennis

(6) retain

> 口元に
> ティッシュをかざし
> て発音し、ティッシュ
> がふわっと浮けば
> [tʰ] が正しくできて
> います

> しかし
> [pʰ]よりはティッシュ
> が浮かない点に
> 注意が必要です

次に、語頭にきて気音がある場合と、[s]の後ろで気音がない場合を比べてみましょう。左の単語には気音があり、右は気音がありません。

(7) pin vs. spin

(8) pie vs. spy

(9) tile vs. style

(10) tick vs. stick

語注：(3) tin すず、(英) 缶、(4) tackle (問題などに) 取り組む、(6) retain 〜を保っている、(10) tick　ちくたくという音

破裂音を攻略する！③
「ら行」に変わる[t]

▶water は「ウォーター」or「ワーラ」？

　発音にまつわる笑い話で、昔、武士がアメリカのレストラン（カフェ）に行き、水が欲しくて、「ウォーター」と言ったら通じず、怒った武士が「わりゃ、ふざけているのか」と言ったところ、水が出てきたという小話があります。これは誇張でしょうが、まったくあり得ないことではありません。

　アメリカ英語 🇺🇸 GA では、[t] が water のように**前後が母音に挟まれた場合**や、little のように **[l] の前にきた際**に、**日本語の「ら行の音」になる**ことがあります。具体的に言うと water が「ワーラ」、little が「リル」になるといったことです。このような音をそのメカニズムから「たたき音」と呼びます。「たたき音」は有声音の [d] でも起こります[※1]。

　では、この「たたき音」はどのように発音するのでしょうか。

　日本語の「ら行」を発音してみましょう。「ら、り、る、れ、ろ」と、すべての音は舌先で口の中の上部をたたくようにして音を作ります。たたき音はこの「ら行」の音をイメージして、**舌先で上前歯の後ろあたりを軽くたたく**ように発音します。

　この「たたき音」は発音できることが望ましいのですが、それよりも「ら行の音」が [t] の代わりに使われていても、聞

口腔

こうくう

舌

した

声帯

せいたい

※1　参照 Must 32「破裂音を攻略する！⑥「ッ」で始まる [d]、終わる [d]、ら行の [d]」（p.158~）

き取りの際にきちんと対応できることが求められます。

　またこの「たたき音」ですが、基本的には GA で出てくるもので、イギリス英語 🇬🇧 BP ではつづり字通りの発音になりますので、water は「ウォータ」といった感じが 🇬🇧 BP では主流です。

　ただし、極めて保守的な 🇬🇧 BP では、この「たたき音」が使われることがありますが、最近では年配のかなり保守的な 🇬🇧 BP 話者以外は聞かれなくなりました。

▶water の [t] が「ワーラ」という「たたき音」になるのは、GA（アメリカ英語）の特徴。

▶ **Practice Listening** （29） 🔊 **62**

次の単語をディクテーションしてみましょう。最初が 🇺🇸 GA でその後 🇬🇧 BP で発音されています。

(1) ....

(2) ....

(3) ....

次に(1)〜(3)の単語を使った短文をディクテーションしてみましょう。

(4) ....

(5) ....

(6) ....

次に読む英文の中で「たたき音」が含まれる単語を□で囲んでみましょう。

(7) If you want to become a better English speaker, you should speak English more. It's a pity that you don't speak English more often. In order to improve your English ability, you should expose yourself to English more.

(1) bu<u>t</u>ter

(2) wa<u>t</u>er

(3) la<u>t</u>er

(4) Would you like mineral wa<u>t</u>er or tap wa<u>t</u>er?

　（ミネラルウォーターにしますか、水道水にしますか？）

(5) I will visit la<u>t</u>er. 　（後できます。）

(6) I will spread bu<u>t</u>ter on toast. 　（トーストにバターを塗ります。）

(7) If you want to become a <mark>be<u>tt</u>er</mark> English speaker, you should speak English more. It's a <mark>pi<u>t</u>y</mark> that you don't speak English more often. In order to improve your English <mark>abili<u>t</u>y</mark>, you should expose yourself to English more.

　（英語がより上手になりたければ、英語をもっと話すべきです。英語をほとんど話さないなんて残念です。英語力を向上させるには、英語に触れるべきです。）

Listening Point

⊖ (1)～(3)の単語ですが、🐊 **GA** の「たたき音」はつづり字が 't' で、その代わりに使われていることを確認しましょう。一方、🇬🇧 **BP** では「たたき音」ではなく、[t] を明確に発音しています。

⊖ (7)においては🐊 **GA** で「たたき音」になるもの better, pity, li<u>tt</u>le, abilityと、「たたき音」にならないもの wan<u>t</u> to, tha<u>t</u>を聞き比べてみましょう。その後🇬🇧 **BP** と聞き比べましょう。

⊖ リスニングをした際に、「たたき音」が[t]の代わりであると認識できるようにしましょう。

Pronunciation Tips

たたき音は、日本語の「ら行の音」をイメージして、舌先で口の
中の上側にある前歯の後ろあたりを軽くたたくように発音しましょう。
water のときには、「ワーラ」と発音し、「ラ」は日本語よりも素
早く天井部をたたくのもポイントです。

▶ **Pronunciation Practice**（29）

以下の単語において、下線部は「たたき音」で発音してみましょう。最初は
🇺🇸BA、その後が🇬🇧BP で発音されています。

(1) water

(2) cutter

(3) shutter

(4) petal

(5) matter

(6) beautiful

語注：(2) cutter カッターナイフ、(3) shutter シャッター、(4) petal 花びら

破裂音を攻略する！④
息と生まれる明確でない[k]

▶<u>c</u>at と「<u>キ</u>ャット」の [k] は同じ？

　3つ目の英語の無声破裂音は、<u>c</u>at の [k] です。

これは日本語の「か行の音」と同じです。

　簡単に [k] の発音のメカニズムを説明すると、舌
の後ろが口の中の天井後部に向かって盛り上がるこ
とによって発音されます。

口腔

舌

　次に、日本語との違いですが、まず「気音」です。

[p]^{※1} と [t] ^{※2} でも説明しましたが、一定の環境下では、英語の場合、「気
音」[ʰ] が発生する点です。英語では、この [k] でも**語頭や音節のはじめで強
い母音の前に [k] がきた場合には、「気音」**が現れます。この [k] は、前の段
落で説明しましたが、口の中の奥で音を作るので、口先からは距離がありま
す。よって、口元の前にティッシュや薄紙をかざしても [pʰ] よりは大きく揺
れません。

　ただし、この [k] は、その後ろにどのような母音がくるかによっても「気
音」の量が変わってきます。具体例をあげれば、<u>k</u>eep と <u>c</u>ool を比べてみる
と、前者は [i:]^{※3} という母音が使われ、後者では [u:]^{※4} という母音が使われ

[i:]

[u:]

※1　参照 Must 28「破裂音を攻略する！②場所によって聞きやすさが異なる [t]」(p.142~)
※2　参照 Must 29「破裂音を攻略する！③「ら行」に変わる [t]」(p.146~)
※3　参照 Must 13「「い」を攻略する！① [i:] は鋭い「イー」」(p.76~)
※4　参照 Must 16「「う」を攻略する！① [u:] は緊張感を持って「ウー」」(p.88~)

ています。[iː] は唇を横にして発音しますが、[uː] は唇を丸くして発音します。唇は丸い方が、肺からの空気が外に向かって通路ができるので出やすくなるため、cool と発音した場合の方が、keep と発音した場合よりもティッシュや薄紙が揺れます。

　2つ目の特徴として、keep と言った場合、[k] の**直後にほんの少し摩擦のような音が生じ**、「キ`ヒ`ープ」といった感じに聞こえるので、注意が必要です。

　前項 [t]^{※1} と同じように、[s] の後では気音がなくなるので、以下の単語を比べてみましょう。

key vs. sky

　key と sky の発音で気音の有無（前者にはあり、後者にはない）を確認すると良いでしょう。リスニングの際の感覚の違いがわかります。

▶ **catの[k]は英語には「気音」があるので、日本語の「キャット」とは異なる。**

▶ **Practice Listening　（30）**

次の単語をディクテーションしてみましょう。

(1) ....

(2) ....

(3) ....

次に(1)～(3)の単語を使った短文をディクテーションしてみましょう。

(4) ....

(5) ....

(6) ....

次に読む英文の中で[kʰ]が含まれる単語を□で囲んでみましょう。

(7) If you want to keep your shape, you should exercise. Although my mother is in her late 60's, she is keen on muscle training. She records what she does every day. Isn't she cool?

※1　参照 Must 29「破裂音を攻略する！③「ら行」に変わる [t]」(p.146~)

(1) cold

(2) curiosity

(3) kindness

(4) Would you like something cold?　（冷たい飲み物はいかがですか？）

(5) Curiosity is a sign of youth.　（好奇心は若さのサインです。）

(6) I will never forget your kindness.　（ご親切は決して忘れません。）

(7) If you want to keep your shape, you should exercise. Although my mother is in her late 60's, she is keen on muscle training. She records what she does every day. Isn't she cool?

（体形を保ちたければ、運動をしなさい。母は 60 代後半ですが、筋トレに夢中です。母は何をしたか毎日記録しています。かっこいいと思いませんか？）

Listening Point

➔ 語頭や音節のはじめで、強い母音の前では、[k]には「気音」が伴います。(1)〜(3)の単語で聞くとより明確にわかります。

➔ (7)において、keep, keenのような[iː]の前の[k]と、coolのような[uː]の前の[k]では少し音が異なります。前者には軽い摩擦の音が[k]の後に聞かれる点に注意して、音声を聞いてみてください。p.150〜151も参考にしてください。

➔ このように[k]は後ろにくる母音によって、多少、音の聞こえ方が異なるので、注意が必要です。

Pronunciation Tips

ここでは [kʰ] の発音の仕方を解説しましょう。

日本語の「か行の音」を作るようにして、[k] の後にため息をつくようにします。

Pronunciation Practice（30）の (4) kindly、(5) catalogue、(6) continent など「ア」の類いの母音が後ろにくる場合、イメージとしては、寒い日に熱い風呂に入るときに「カーアッ」と言うような感じで発音しましょう。

カーアッ

▶ Pronunciation Practice（30）

66

以下の単語を発音練習してみましょう。特に下線の母音[kʰ]に注意してください。

(1) cave

(2) quick

(3) kettle

(4) kindly

(5) catalogue

(6) continent

語注：(1) cave 洞穴、(6) continent 大陸

破裂音を攻略する！⑤
小さな「ッ」から始まる[b]、
終わる[b]

▶ <u>b</u>ag と「<u>バ</u>ッグ」の [b] は同じ？

●── 3つの有声破裂音

Must 31 〜 Must 33 は有声破裂音を学びましょう。

英語では [b], [d], [g] と3つありますが、最初は <u>b</u>ag の [b] です。

●── [b] を科学する

簡単に言うと、この [b] は [p]※1 の有声音※2 で、基本的には**日本語の「ば」の最初の要素 [b] と同じ**です。最初の要素というのは、「ば」は [ba] と子音と母音で成り立っているため、最初の子音 [b] という意味からです。

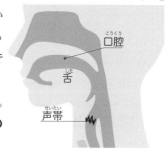

しかし、日本語とは少し違う点があります。それは [b] が**語頭にきた際には、声帯の振動の始まりが英語の場合では、遅い**のです。

これはどういうことかというと、日本語は「ば」を発音するときに、発声と同時に声帯が振動しているのですが、英語で <u>b</u>ag と発音する際には、[b] の途中から声帯の振動が始まるのです。

これを理解するために、のどぼとけの周辺に手を当てたり、耳の穴に指を入れたりして、日本語で「<u>バ</u>ッグ」と言ってみましょう。声帯の振動が最初から最後まで続いていることがわかると思います。

一方で、英語の場合は、**小さな「ッ」から始まっている**感じがします。発

※1　参照 Must 27「破裂音を攻略する！①一瞬で息を吐く [p]」(p.138〜)
※2　参照　第3章「日本語にない音、注意すべき音：子音編」(p.132)

音するときには、小さな「ッ」を入れるような感じで、ひと呼吸を入れてか
ら、と言ってもほんの一瞬ですが、bag と言うと上手に発音できます。

　ということは、リスニングをする際には、英語の bag の場合は、**小さい
「ッ」のような一瞬の間があってから、[b] が始まります**ので、日本語の
「バッグ」よりも急に発音される感じがあります。

　一方で、[b] が**語末にくる際**には、[b] の後半あるいは全部において、**声帯
の振動が止まっています**ので、たとえば club と発音する場合、「クラブ」で
はなく「クラッ_ブッ_」といった感じになります。「ブ」が場合によっては、
「プ」に聞こえる人もいるようですので、注意が必要です。

> ▶ **bagと「バッグ」の[b]は基本的には同じだが、[b]の前に小さな「ッ」が入っているような感じがする。**

▶ Practice Listening　(31)　

次の単語をディクテーションしてみましょう。
(1) ....
(2) ....
(3) ....

次に(1)〜(3)の単語を使った短文をディクテーションしてみましょう。
(4) ....
(5) ....
(6) ....

以下では[p]か[b]のどちらを発音しているでしょうか。正しい方の単語を□で
囲んでみましょう。
(7) pen vs. Ben
(8) park vs. bark
(9) pest vs. best
(10) rope vs. robe

録音の音声は(7)から(10)まで解答を発音した後、両方の単語を左、右の順番で交互に読
んでいますので、確認してください。

(1) b̲reak

(2) rub̲ber

(3) tub̲e

(4) The sub̲way is called the 'tube' in England.

　　（地下鉄はイギリスではチューブと呼ばれます。）

(5) George always b̲reaks his promises.

　　（ジョージはいつも約束を破ります。）

(6) Do you have a rub̲ber b̲and?　（輪ゴムもっていますか？）

(7) p̲en

(8) b̲ark

(9) p̲est

(10) rob̲e

Listening Point

➔ [b]は、(1)のように語頭にくる場合と(3)のように語末にくる際に、音の感じが少々異なって聞こえるかもしれません。具体的には、語頭の場合には[b]の前半の方が、語末の場合には[b]の後半の方が、小さな「ッ」に聞こえることがあります。また、語末にくる方が[b]は聞こえづらいと感じるでしょう。

➔ 英語の[b]は日本人英語学習者が思うほど、「ブ」と明確ではありません。場合によっては、[p]と間違えることもあるので、注意が必要です。

Pronunciation Tips

以下の **Pronunciation Practice**（31）では、(1)〜(3)は語頭にくる[p]と[b]のミニマルペアを練習します。

[p]が語頭にくる際には、[p]の直後に息を吐きながら発音します。

(1) pig の場合、「ピーヒーグ」といった具合です。

[b]が語頭にくる際には、「ッ」で始めます。

(1) big の場合、「ッビーグ」といった具合です。

一方で、(4)〜(5)は[p]と[b]が語末にくる場合です。

(4) cup の場合、[p]を明確に発音しないように、(4) cub の場合、[b]を少し飲み込むような感じで発音します。

▶ **Pronunciation Practice**（31）　 **68**

[p]と[b]に注意して、以下のミニマルペアを発音練習しましょう。

(1) pig vs. big

(2) pie vs. buy

(3) pay vs. bay

(4) cup vs. cub

(5) tripe vs. tribe

語注：(4) cub（狼やクマなどの）子、(5) tripe（反すう動物の食用としての）胃袋、tribe 部族、種族

破裂音を攻略する！⑥
「ッ」で始まる[d]、終わる[d]、
ら行の[d]

▶soda は「ソーダ」で dog の [d] と同じ？

　2つ目の有声破裂音は dog の [d] です。

　この [d] は、簡単に言うと、**[t]**[1] **の有声音**[2] です。

　[t] と同様に、舌先を前歯の後ろの歯茎につけて閉鎖を作って、それをぱっと放して音を作ります。日本語との違いは、日本語は舌先を前歯につけて発音する点です。つまり、調音位置[3] が少し異なるということです。

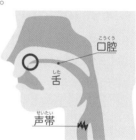

　[d] の2つ目の特徴は、前項 Must 31 の [b] と同じように、**語頭にきた場合、前半が小さな「ッ」のようになり、語末にきた場合には、後半が小さな「ッ」のようになります。**

　以下のミニマルペアを英語と日本語で比べてみましょう。dog の [d] の前には小さな「ッ」が、kid の [d] の後ろの方には小さな「ッ」が入っている感じがします。

> dog vs. kid
> ドッグ　キッド　

　3つ目の特徴は、🇺🇸 GA の場合、この [d] にも**「たたき音」**[4] **がある**とい

※1　参照 Must 28「破裂音を攻略する！②場所によって聞きやすさが異なる [t]」(p.142~)
※2　参照 第3章「日本語にない音、注意すべき音：子音編」(p.132)
※3　参照 第3章「日本語にない音、注意すべき音：子音編」(p.133)
※4　参照 Must 29「破裂音を攻略する！③「ら行」に変わる [t]」(p.146~)

うことです。

　この「たたき音」は、[t] だけでなく、同じような環境に出てくる [d] でも起きます。たとえば、soda の場合には「ソゥラ」、ladder の場合には「ララ」と聞こえます。**前後に母音がきた際や、後ろに [l] がくるとき**には、この**「たたき音」が現れる**のです。

　[t] の「たたき音」と同様に、[d] が「ら行の音」に聞こえることがあるということも覚えておきましょう。ただし、すべての [d] が「ら行の音」になるわけではありません。

▶ dogのdはいつでも[d]だが、sodaのdのように母音に囲まれる場合に、[d]が日本語の「ら行の音」になることがある。

▶ **Practice Listening** （32）　　　　　　　　　

次の単語をディクテーションしてみましょう。
(1) ....
(2) ....
(3) ....

次に(1)〜(3)の単語を使った短文をディクテーションしてみましょう。
(4) ....
(5) ....
(6) ....

次に読む英文の中で[t]と[d]の「たたき音」が含まれる単語を□で囲んでみましょう。
(7) "Why don't we drop into a café? I love soda with ice cream. It refreshes my body." "Sorry, I have a prior appointment with my leader. I will see you later."

(1) <u>d</u>ig

(2) <u>d</u>rought

(3) <u>d</u>ine

(4) Woul<u>d</u> you like to <u>d</u>ine with us?　（一緒に食事しませんか？）

(5) The Amazon is now suffering a <u>d</u>rought.

　　（アマゾンは干ばつにあえいでいます。）

(6) Our <u>d</u>og always <u>d</u>igs holes in the gar<u>d</u>en.

　　（うちの犬は庭にいつも穴を掘ります。）

(7) "Why don't we drop into a café? I love <mark>so<u>d</u>a</mark> with ice cream. It refreshes my bo<u>d</u>y." "Sorry, I have a prior appointment with my <mark>lea<u>d</u>er</mark>. I will see you la<u>t</u>er."

　　（「カフェでも寄って行かない？クリームソーダが好きなんだ。体をリフレッシュ してくれるからね」「ごめん。リーダーと先約があるんだ。またね」）

Listening Point

⊖ (2)<u>d</u>roughtの[d]はほかの単語の[d]と異なり、[d]と[r]が密接にくっついて いるような感じがあります。[dr]の音の連続に関して、詳しくは Must 56[※1] を参照してください。

⊖ (4)Woul<u>d</u> youでは音の連結が起きるので、「ウッジュ」になるのが普通です が、ここでは少し丁寧に読んでいます[※2]。

⊖ (6)のgar<u>d</u>enの[d]は、場合によっては、音を飲み込むようにして発音する ことがあり、その場合、「ガーウン」のように聞こえるので注意が必要です。 録音の音声では[d]を明確に発音していますが、[d]の後ろにくるあいまい 母音[ə]を発音せずに、すぐに[n]を発音している点に注意しましょう。

⊖ (7)の「たたき音」を何度も聞いて、耳慣れるようにしましょう。sodaは 「ソーラ」、bodyは「バリ」、leaderは「リーラ」、laterは「レーラ」に聞こえま す。

※１　参照 Must 56「[t]や[d]と強く結びつく[r]」（p.254～）
※２　参照 Must 59「[b][d][g]と母音の連結」（p.267～）

⊖「たたき音」は  では起こりますが、 では起こらず、つづり字通りの発音になります。イギリス人の中には、「たたき音」はぞんざいな発音であると考える人もいます。

Pronunciation Tips

Pronunciation Practice（32）では、[t] と [d] がそれぞれ語頭にくる場合と語末にくる場合の発音を練習します。

(1) 〜 (2) が語頭にくる場合です。

(1) town では、「ターウン」のように、[t] の後に息を吐いて発音します。

(1) down では、「ッダゥン」のように、「ッ」で始めます。

(3) 〜 (5) は語末にくる場合です。

(3) bat では、[t] をあまり明確に発音せず、(3) bad では「バードゥッ」のように [d] を少し飲み込むように発音します。

場合によっては、明確に発音されないこともあります。

▶ **Pronunciation Practice**（32）　🔊 **71**

[t] と [d] に注意して、以下のミニマルペアを発音練習しましょう。

(1) town vs. down

(2) train vs. drain

(3) bat vs. bad

(4) write vs. ride

(5) hurt vs. heard

破裂音を攻略する！⑦
[g]は思うほど「ガ行」ではない

▶goal と「ゴール」の [g] は同じ？

　有声破裂音の最後の音は、goal の [g] です。

　まず、注意しなくてはならないのは、**発音記号は [g] であり、'g' ではな**いということです。発音記号は音符のようなもの[※1] と書きましたが、決まった記号なので、注意してください。

　次に、調音位置です。[k][※2] と同じく、舌の後ろが口の中の天井後部に向かって盛り上がることによって発音されるのですが、声帯が振動する点だけが異なります。日本語の「か行の音」の最初の要素とほとんど変わりません。

口腔

舌

声帯

　注意しなくてはならないのは、これまで有声破裂音の [b][※3] と [d][※4] で見てきたように、**語頭と語末に [g] が出てきたら、前者では前半に、後者では後半に小さな「ッ」のような音が入る**ことです。日本語のような明確な「が行の音」ではないということに注意しなくてはなりません。

※1　参照 第2章「日本語にない音、注意すべき音：母音編」(p.55)
※2　参照 Must 30「破裂音を攻略する！④息と生まれる明確でない [k]」(p.150〜)
※3　参照 Must 31「破裂音を攻略する！⑤小さな「ッ」から始まる [b]、終わる [b]」(p.154〜)
※4　参照 Must 32「破裂音を攻略する！⑥「ッ」で始まる [d]、終わる [d]、ら行の [d]」(p.158〜)

> ▶goalと「ゴール」の[g]は同じではなく、日本語ほど、[g]は明確には聞こえない。

▶ **Practice Listening** （33）

次の単語をディクテーションしてみましょう。
(1) ....
(2) ....
(3) ....

次に(1)〜(3)の単語を使った短文をディクテーションしてみましょう。
(4) ....
(5) ....
(6) ....

以下では[k]か[g]のどちらを発音しているでしょうか。正しい方の単語を□で
囲んでみましょう。
(7) came vs. game
(8) cold vs. gold
(9) frock vs. frog
(10) leak vs. league

録音の音声は(7)から(10)まで解答を発音した後、両方の単語を左、右の順番で交互に読んでいますので、確認してください。

(1) g̲oat

(2) exam̲ple

(3) g̲uest

(4) Be my g̲uest.　　（遠慮なくどうぞ。）

(5) Could you g̲ive me an exam̲ple?　　（例をあげてくださいますか？）

(6) Do you eat g̲oat's cheese?　　（ヤギのチーズは食べますか？）

(7) g̲ame

(8) g̲old

(9) froc̲k

(10) leag̲ue

Listening Point

⊕ (1)goatと(3)guestのように語頭に[g]がくる場合、小さな間のようなもの、言い換えれば「ッ」があってから、[g]を発音しているのがわかります。これが英語らしい発音です。

⊕ (2)と(5)のexampleですが、ここでは'x'に[gz]と2つの子音が当てはまります。

⊕ [g]の聞き取りは難しくはありませんので、ミニマルペアの聞き取りでは間違えないようにしましょう。

⊕ 日本語の「が行の音」よりも弱く感じる点を確認してください。したがって、(7)～(10)のような[k]と[g]を使ったミニマルペアの場合の聞き取りに注意してください。

Pronunciation Tips

Pronunciation Practice (33) の (1) clean のように、[k] が語頭にくる場合、「クリーン」のように [k] の直後に息を吐きます。

(1) glean のように、[g] が語頭にくる場合、「ッグリーン」のように「ッ」を入れて始めます。

[k] が語末にくる場合は、明確に発音せず、
[g] が語末にくる場合は、少し音を飲み込むように発音しましょう。

 Pronunciation Practice（33）　🔊 **73**

[k] と [g] に注意して、以下のミニマルペアを発音練習しましょう。

(1) clean vs. glean

(2) coast vs. ghost

(3) clue vs. glue

(4) block vs. blog

(5) Jack vs. jag

語注：(1) glean（落穂などを少しずつ）集める、(3) clue 手がかり、glue 糊（のり）、(5) jag 尖った角、ギザギザ

摩擦音を攻略する！①
摩擦が強く鋭い「フ」の音の [f]

▶<u>f</u>ish と「<u>フ</u>ィッシュ」は同じ音？

●──摩擦音のメカニズム

ここからは**摩擦音**を見ます。

摩擦音の簡単なメカニズムは、声帯から唇の間（口腔）の間のどこかを**狭くして、そこを肺からの空気が通るときに摩擦が起きる音になる**のです。

たとえば、ストローの先にプラスチックの弁がついたものを想像してみてください。ストローが口腔で、弁が狭まるところと考えてください。

 ←── 息

ストローに口をつけて息を吐くと、プラスチック弁が小刻みに揺れますが、<u>この原理と摩擦音は似ています。この小刻みに揺れる感じは一瞬では起こらず、継続して、息を吐かなくてはなりません。</u>

上記のように、摩擦は一瞬では起こりませんので、**摩擦はしばらく続く**というのがポイントです。言い換えれば、前出の破裂音は一時音なのに対して、摩擦音は継続音です。この「**継続**」という概念が摩擦音では重要なわけです。

プラスチック弁が小刻みに揺れる感じが摩擦になるので、リスニングの際には<u>シュワシュワした摩擦が聞こえることがあります。</u>

英語の摩擦音は [f], [v], [θ], [ð], [s], [z], [ʃ], [ʒ], [h] の9種類です。ただし、[h] は日本人英語学習者にとって難しい音ではないので、本書では割愛します。

●──無声摩擦音 [f]

初めに、fish の [f] を見ていきましょう。

まずは、[f] の音の作り方から解説します。上で説明したように、この [f]

は摩擦音です。日本語の「ふ」との違いは、音を作る場所（調音位置）が異なる点です。調音位置とは狭くなったところのことで、日本語の「ふ」は両唇部分で音を作っています。「ふ、ふ、ふ……」と言ってみると、唇を軽く丸めて、音を作っていることがわかります。

　一方で英語の [f] は**下唇に上の前歯を軽く添えて、音を作ります**。「軽く添えて」というのがポイントです。というのも、日本ではよく「下唇を嚙んで」と教えるのですが、嚙んでしまうと空気の流れが妨害されて、摩擦ができにくくなるのです。この [f] はあくまで摩擦音であることを忘れてはいけません。それから、英語初級者は、下唇を嚙んで、かつそれをパッと放しがちですが、そうすると破裂音になり、別の音になってしまいます。

　聞こえ方としては、柔らかい印象のする日本語の「ふ」とは違い、[f] は**「摩擦が強い鋭い「フ」の音」**として聞こえます。ただし、これは無声音なので、歯の隙間から空気が漏れ出る音というよりも、息が強く漏れ出る感じがするので、注意が必要です。

▶fishと**「フィッシュ」**は別の音。
▶日本語の「ふ」は柔らかいが、英語の[f]は摩擦が鋭い「フ」の音。

▶ **Practice Listening** （34）　　　　　　　　　　　　　**74**

次の単語をディクテーションしてみましょう。
(1) ....
(2) ....
(3) ....

次に(1)〜(3)の単語を使った短文をディクテーションしてみましょう。
(4) ....
(5) ....
(6) ....

次に読む英文の中で[f]が含まれる単語を□で囲んでみましょう。
(7) I went to London this fall for five days. I took a lot of photos of the places I visited. Many people think English people drink a lot of tea, but they drink a lot of coffee now. Some of them feel coffee is more fashionable than tea.

(1) suffer

(2) rough

(3) phone

(4) Mike is suffering from fever. （マイクは熱に苦しんでいます。）

(5) Could you give me a rough estimate for these products?

（これらの製品の概算を出していただけますか？）

(6) Let's talk on the phone. （電話で話しましょう。）

(7) I went to London this fall for five days. I took a lot of photos of the places I visited. Many people think English people drink a lot of tea, but they drink a lot of coffee now. Some of them feel coffee is more fashionable than tea.

（今年の秋にロンドンに５日間行きました。訪れたところでたくさんの写真を撮りました。多くの人は、イギリス人はたくさん紅茶を飲むと思っていますが、今はコーヒーをたくさん飲みます。イギリス人の中には紅茶よりコーヒーの方がおしゃれだと思っている人もいます。）

Listening Point

◯ [f]がどのような環境で出てきても、しっかり聞き取れていたかを確認しましょう。

◯ 日本語の「ふ」との聞こえ方の違いを確認しましょう。日本語の「ふ」よりは鋭く摩擦が感じられる音です。

◯ (2)と(5)のように、語末に出てくる[f]が聞き取れていたかを確認してください。ほかの環境で出てくるよりも、相対的に弱く聞き取りづらい場合が多いのです。

◯ (1)〜(3)のように単語の場合は聞き取りやすくても、(7)のような自然な会話では難しい場合がありますので、しっかりと確認しましょう。

Pronunciation Tips

[f] が語頭にくる場合には、下唇に上前歯を軽く当ててから、歯と歯の隙間から空気をうまく出すようにして発音します。

ポジションを作ってから、空気を出すのがポイントです。

イメージとしては、はにかむように下唇に前歯を当て、「フー」と息を吐きましょう。

また、その際に下唇と上前歯をすぐに放さないことも重要です。

「音」というよりは、歯の隙間から出る「空気の摩擦」を感じることが大切です。

▶ **Pronunciation Practice**（34）

以下の単語を発音練習してみましょう。特に下線の子音[f]に注意してください。

(1) first

(2) surface

(3) tough

(4) fight

(5) phonetics

(6) philosophy

語注：(5) phonetics 音声学、(6) philosophy 哲学

169

摩擦音を攻略する！②
かなり鋭い「ブ」の音[v]

▶wave と「ウェーブ」は同じ「ブ」？

　ここでは、wave の [v] を見ます。

　はじめに、wave と「ウェーブ」では、その音は異なります。日本語の場合、「ブ」の最初の要素は [b] であるのに対して、英語は [v] です。**[b] と [v] は、英語ではそれぞれ別の音素**※1 ですので、しっかりと聞き分けができなくてはなりません。この違いは **Pronunciation Practice** (35) でもしっかりと練習しましょう。では、どのように違うのでしょうか？

　まず、発音の仕方を詳しく見てみましょう。

　wave の [v] は前項 [f] の有声音ですので、**下唇に上の前歯を軽く当てて、摩擦を作り**ます。ここでも「軽く当てて」というのがポイントです。したがって、日本語の「ぶ」の最初の子音 [b] とは異なることがわかります。というのも、日本語の「ぶ」の最初の子音 [b] は、「ふ」同様に、両唇を丸めて作る音（両唇音）です。つまり、調音位置が [v] と日本語の「ぶ」の最初の要素とは異なります。

　それから、[b] と [v] の違いは、[b] は破裂音なので一瞬の音ですが、[v] は摩擦音なので理論的には**息が続く限り音が続く**継続音です。

　次に、聞こえ方を学びましょう。

　リスニングの際には、この音は日本語の「ぶ」よりも**かなり鋭い「ブ」の音**と理解すると聞き取りやすくなるでしょう。

※1　参照 Must 4「発音練習と一緒にリスニング力を伸ばすのが近道」（p.34~）

　しかしながら、英語の [v] は有声音とはいえ、日本語の「ぶ」よりもはっきりしない感じに聞こえることがあります。これは、破裂音の [b]^{※1}、[d]^{※2}、[g]^{※3} でも言及しましたが、この摩擦音でも似たような特徴があり、[v] が**語頭にきた場合**（vase など）には [v] の**前半が無声化**し、**語末にきた場合**（have など）には [v] の**後半が無声化**します。

　無声化というのは、これまで「ッ」のような声帯振動が止まるような現象のことと表現してきましたが、それに当たります。しかし、摩擦ははっきり聞こえることが多いため、日本語の「ぶ」より [v] は鋭い摩擦の聞こえる音というわけです。

▶ wave と「ウェーブ」は、英語は下唇に上部の前歯を添える [v] だが、日本語は両唇で作る「ぶ」なので、同じではない。[v] は鋭い摩擦の聞こえる音。

▶ **Practice Listening**　（35）

次の単語をディクテーションしてみましょう。
(1) ....
(2) ....
(3) ....

次に(1)〜(3)の単語を使った短文をディクテーションしてみましょう。
(4) ....
(5) ....
(6) ....

次に読む英文の中で[v]が含まれる単語を□で囲んでみましょう。
(7) Stephen and Vicky went to the beach to see the boats floating. It was in November, so the air was very chilly. They promised that they would go diving into the sea next summer.

※1　参照 Must 31「破裂音を攻略する！⑤小さな「ッ」から始まる [b]、終わる [b]」（p.154〜）
※2　参照 Must 32「破裂音を攻略する！⑥「ッ」で始まる [d]、終わる [d]、ら行の [d]」（p.158〜）
※3　参照 Must 33「破裂音を攻略する！⑦ [g] は思うほど「ガ行」ではない」（p.162〜）

(1) voice
(2) clever
(3) vote
(4) Evan sang in a low voice. （エヴァンは低い声で歌った。）
(5) Victoria is a very clever person. （ビクトリアはとても賢い人です。）
(6) The parliament voted on a new law. （議会は新法の投票を行いました。）
(7) Stephen and Vicky went to the beach to see the boats floating. It was in November, so the air was very chilly. They promised that they would go diving into the sea next summer.

（スティーブンとビッキーは、船が浮かんでいるのを見るために、ビーチに行きました。11月だったので、空気がとても冷たかったです。彼らは翌年の夏に海に潜ることを約束しました。）

Listening Point

⊖日本語の「ぶ」と英語の[v]の音の聞こえ方の違いを確認しましょう。英語の[v]の方が「鋭い音」という印象を受けるでしょう。

⊖(7)ではStephen、Vicky、November、very、divingのように[v]で発音しているところと、beach、boatsのように[b]で発音しているところの音の聞こえ方を確認しましょう。

⊖[v]は日本語の「ぶ」よりは「鋭い音」なのですが、英語の特徴から、一部が無声化しますので、注意して聞いてください。

🏰 **valuable information**

Stephen は「スティーブン」？

名前の読み方ほど、興味深いものはありません。元々、欧米の名前は聖書由来のものが多いのですが、この Stephen も新約聖書に出てくるキリスト教徒で、原始キリスト教会で最初の殉教者（＝信仰のために自らの命を犠牲にした人）です。Stephen は男性の名前で愛称は Steve です。

Stephen は、ドイツ風のステファン、シュテファンと発音する人もいます。また、つづり字にもバリエーションがあり、発音に近く Steven とも書かれたり、ステファン・シュテファンの場合、Stephan、Stefan などもあります。またこの名前はイタリア語では Stefano（ステファーノ）だったり、フランス語圏では Étienne（エティエンヌ）だったりします。

Pronunciation Tips

Pronunciation Practice（35）では、[b] は両唇を軽く放すようにして発音しますが、[v] ははにかむように、下唇に前歯を当てて「ヴ」と発音します。

ポイントは、[b] は破裂音なので一瞬の音ですが、[v] は摩擦音なので理論上は息が続く限り続く音のため、ぱっと下唇と前歯を放さないようにしましょう。

▶ **Pronunciation Practice**（35）

[b]と[v]に注意して、以下のミニマルペアを発音練習しましょう。

(1) best vs. vest

(2) curb vs. curve

(3) boat vs. vote

(4) berry vs. very

(5) bolt vs. volt

(6) dub vs. dove

語注：(2) curb 歩道の縁石、縁、(5) bolt（工具の）ボルト、volt（電圧の単位の）ボルト、(6) dub ダビングする、録音する

摩擦音を攻略する！③
柔らかく継続した「ス」の [θ]

▶ think と「シンク」は同じ「し」？

ここでは、think の [θ] を見ていきましょう。

笑い話で I think 〜 . と言うと、「沈むの？」と言うものがあります。

こういった笑い話は個人的には好きではありませんが、なぜこうなるのかというと、think と sink を言い間違えた結果なのです。

この例のように think の [θ] は英語にあり、日本語にはない音ですので、日本人英語学習者が音を言い間違えたり、聞き間違えたりするのは仕方のないことなのですが、ここでは「仕方がない」とあきらめずに正確に聞き取れるようになりたいものです。そこで発音と聞き取りのコツを学んでいきましょう。

まず、発音の仕方を簡単に解説します。

この [θ] は**舌先を上下の歯で軽く挟んで、歯の隙間から空気を出す**ことによって、摩擦を作ります。「軽く挟んで」というところがポイントです。決して「噛んで」はいません。噛んでしまうと、空気が外に出にくくなって、摩擦が作りにくくなるからです。

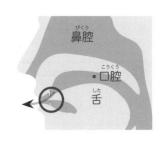

加えて、 Must 34[※1] でも説明しましたが、摩擦音は一瞬の音ではなく、継続音なので、[θ] の発音の際に、舌をすぐに後ろに引っ込めてはいません。引っ込めると破裂音になってしまいます。

※1　参照 Must 34「摩擦音を攻略する！①摩擦が強く鋭い「フ」の音の [f]」（p.166~）

　2つ目に聞こえ方を説明します。

　think の [θ] と sink の [s] を日本人英語学習者は聞き間違えることが多いとこの項の最初で例をあげて述べましたが、英語の [s] [1] の方が、空気の流れが外に勢いよく出ている感じがします。また、[s] の音の方が、[θ] よりも音が高いという印象を持つ人もいます。そういった意味で、この [θ] は「**柔らかい音調の継続した「ス」音**」といった感じで聞こえます。

　[θ] と [s] の違いを聞き取れるようになることは重要なので、この後、重点的に練習しましょう。

▶ thinkのthは「シンク」の「シ」と同じではない。
[θ]は柔らかい音調の継続した「ス」音。
[s]は空気が勢いよく外に出ている「ス」音。[s]の方が高い「ス」音。

▶ **Practice Listening** （36）

次の単語をディクテーションしてみましょう。
(1) ....
(2) ....
(3) ....

次に(1)〜(3)の単語を使った短文をディクテーションしてみましょう。
(4) ....
(5) ....
(6) ....

以下では、[θ]か[s]のどちらを発音しているでしょうか。正しい方の単語を□で囲んでみましょう。
(7) think vs. sink
(8) thick vs. sick
(9) tenth vs. tense
(10) seem vs. theme

録音の音声は(7)から(10)まで解答を発音した後、両方の単語を左、右の順番で交互に読んでいますので、確認してください。

※1　参照　Must 38「摩擦音を攻略する！⑤細かい摩擦がある高い「ス」の [s]」（p.182〜）

(1) brea<u>th</u>
(2) <u>th</u>ank
(3) pa<u>th</u>
(4) I follow the pa<u>th</u> which I believe in. （信じる道を進みます。）
(5) Say <u>th</u>ank you. （ありがとうと言いなさい。）
(6) Hold your brea<u>th</u> and wait. （息をひそめて待ちなさい。）
(7) <u>s</u>ink
(8) <u>th</u>ick
(9) <u>t</u>ense
(10) <u>th</u>eme

Listening Point

➡ (1)〜(3)の[θ]は柔らかい摩擦が聞こえる点を聞き取りましょう。

➡ (7)〜(10)では[s]は強く鋭い感じのする摩擦が、[θ]は柔らかい摩擦が聞こえる点に注目して聞き取ると良いでしょう。

➡ 特に(7)〜(10)の中で、ミニマルペアの聞き取りができなかった場合には、何度も音声を聞き返して、[θ]と[s]がどのように聞こえるかを自分の耳でしっかりと聞き分けられるようにしましょう。

Pronunciation Tips

[s] を発音するときには、唇を少し横に引っ張って、上下の歯を軽くかみ合わせて発音します。

そうして、歯と歯の隙間から [s] と音を出すと、高い音調の [s] になります。

一方で [θ] は舌を上下の歯で軽く挟んで音を出しますが、[s] よりは低い音調の摩擦を確認してください。

寝ているときに「スースー」歯の間から息が漏れ出る感じです。

▶ **Pronunciation Practice** (36)

79

[s]と[θ]に注意して、以下のミニマルペアを発音練習しましょう。

(1) mass vs. math
(2) pass vs. path
(3) some vs. thumb
(4) sin vs. thin
(5) worse vs. worth

摩擦音を攻略する！④
柔らかい「ズ」の [ð]

▶weather は「ウェザー」？

次に見るのは、weather の [ð] です。

この [ð] は前項 [θ] の有声音です。[θ] と同様に、**上下の歯で舌先を軽く挟んで、摩擦を作ります。**舌は「**噛まないこと**」がポイントでしたね。

日本語にはこの音素は存在しないので、その代わりに [z]※1 と間違える、あるいは [z] で代用することが多くなってしまうので、注意が必要です。

[ð] と [z]（有声音のペア）の聞こえ方の違いは、前項 Must 36 において「[θ] と [s]（無声音のペア）の違い」を記した内容と同じように、[z] の摩擦の方が [ð] より空気が外に勢いよく出ている感じがします。それと比べると [ð] は「**柔らかい音調の「ズ」音**」と感じるでしょう。

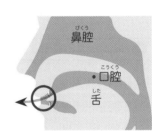

[θ] との違いは、[ð] は [θ] の有声音であるということです。有声音では、[v]※2 で説明したのと同じように、**[ð] が語頭にきた場合**（those など）には **[ð] の前半が無声化**し、**語末にきた場合**（breathe など）には **[ð] の後半が無声化**しますので、聞き取りの際に注意が必要です。

※1 参照 Must 40「摩擦音を攻略する！⑥しっかり細かい摩擦の「ズ」の [z]」(p.190~)
※2 参照 Must 35「摩擦音を攻略する！②かなり鋭い「ブ」の音 [v]」(p.170~)

▶ weatherの[ð]と「ウェザー」の[z]は別の音素。
[ð]は全体的に弱く柔らかい「ズ」音。[z]の方が鋭い感じに聞こえる。

▶ Practice Listening　（37）　🔊 80

次の単語をディクテーションしてみましょう。
(1) ....
(2) ....
(3) ....

次に(1)〜(3)の単語を使った短文をディクテーションしてみましょう。
(4) ....
(5) ....
(6) ....

以下では[ð]か[z]のどちらを発音しているでしょうか。正しい方の単語を□で
囲んでみましょう。
(7) with vs. whiz
(8) clothe vs. close
(9) teething vs. teasing
(10) bathe vs. baize

録音の音声は(7)から(10)まで解答を発音した後、両方の単語を左、右の順番で交互に読んでいますので、確認してください。

語注：(7) whiz ヒューとなる、風を切って飛ぶ、(9) teething 乳歯が生えること、
teasing からかうこと、(10) bathe 入浴させる、沐浴をする、
baize（ビリヤード台などに貼ってある緑色の）ベーズを貼る

(1) mo<u>th</u>er

(2) sou<u>th</u>ern

(3) clo<u>the</u>

(4) Jonny lives in the sou<u>th</u>ern part of Michigan.

（ジョニーはミシガン州の南部に住んでいます。）

(5) Michelle clothed herself in red. （ミシェルは赤い服を着ていました。）

(6) My mo<u>th</u>er passed away ten years ago. （母は10年前に亡くなりました。）

(7) whi<u>z</u>

(8) clo<u>se</u>

(9) tee<u>th</u>ing

(10) ba<u>the</u>

Listening Point

➔ (3)のように、語末に[ð] がきた場合には、音が柔らかく、聞き取りづらい
ことがあるので、特に注意が必要です。したがって、<u>clothe</u>を<u>close</u>と聞き
間違えないようにしましょう。

➔ 全体として、[z]の方が[ð]よりも「ズー」といった感じのはっきりとした摩
擦が聞こえるので、その点を確認しましょう。

➔ [ð]と[z]は聞き分けづらい子音なので注意が必要です。(7)〜(10)において、
[ð]と[z]の違いをしっかりと聞き分ける訓練をしましょう。

Pronunciation Tips

[ð] は上下の歯で舌の先を軽く挟み、歯の隙間から空気を出すようにして音を作ります。

このとき、上下の歯と舌をすぐに放さないことがポイントです。

摩擦音は、「ゆったりとしたエレガントな所作を好む音」と心得ましょう。

[ð]

▶ **Pronunciation Practice** (37)

81

[ð] と [z] に注意して、以下のミニマルペアを練習しましょう。

(1) clothing vs. closing

(2) bathe vs. bays

(3) breathe vs. breeze

(4) soothe vs. sues

(5) teethe vs. tease

（3）の breathe は動詞で有声音 [ð] ですが、名詞の breath は無声音 [θ] になるので注意！

語注：(2) bathe 入浴させる、水浴をする、(3) breathe 息をする、
(4) soothe 〜をなだめる、落ち着かせる、
sues 訴訟を起こす、訴える sue の三人称単数形、
(5) teethe 歯が生える、tease からかう、いじめる

摩擦音を攻略する！⑤
細かい摩擦がある高い「ス」の[s]

▶ <u>s</u>it と「<u>シ</u>ット」は同じ[s]？

次に取り上げる音は[s]です。

この[s]は、 **Must** 36 [θ]*¹において、日本人英語学習者が th<u>in</u>k の[θ]を s<u>in</u>k の[s]でよく間違える例として取り上げました。

だからと言って、[s]の音が簡単かというと、そうでもありません。というのも日本語の「さ行の音」と英語の[s]は異なるからです。正確には、日本語の「さ行の音」は[s]の類の子音と母音の組み合わせですが、特に「し」と[s]では異なります。s<u>it</u> を「シット」と言って、聞き手に悪い印象を与えてしまったといった悪い冗談話もよく聞きます。

では、「し」と[s]はどのように違うのでしょうか。

日本語の「し」は口を横に引っ張りながら発音します。肺からの空気が、歯の隙間から広範囲に漏れ出るように作られます。しかし、英語の[s]は舌の上に通路を作って（舌の両側が盛り上がり、中央がくぼむ感じ）、その中央の狭い通路を肺からの空気が出てくるので、非常に細かな摩擦が上部の前歯の後ろ付近（歯茎あたり）で聞こえるのです。そして、肺からのあたたかい空気が一気

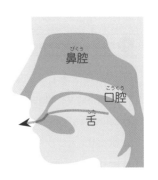

に口の外に押し出される感じがします。このように「音の作り方（調音位置）*²」が日英で異なります。

※1 参照 **Must** 36「摩擦音を攻略する！③柔らかく継続した「ス」の[θ]」(p.174~)
※2 参照 第3章 日本語にない音、注意すべき音：子音編 (p.134)

　よって、英語の [s] は「**細かい摩擦が聞こえる鋭く高い「ス」音**」という感じがします。

　[θ] と比べると、[s] の方が音調が高く聞こえるので、[s, s, s, s, s, s, ...] と [θ, θ, θ, θ, θ, θ, ...] とそれぞれの音を一息で長く発音して、その音調を聞き比べてみてください。

> ▶ **[s]と「さ行の最初の子音」は異なるので注意。**
> **英語の方が細かい摩擦が聞こえる「ス」音。**

▶ **Practice Listening**　（38）

次の単語をディクテーションしてみましょう。

(1) ....

(2) ....

(3) ....

次に(1)〜(3)の単語を使った短文をディクテーションしてみましょう。

(4) ....

(5) ....

(6) ....

次に読む英文の中で[s]が含まれる単語を□で囲んでみましょう。

(7) My sister liked to study science. She went to Stanford University to receive her degree. She is now teaching science at high school in San Francisco.

ANSWER （38） 82

(1) city
(2) cycle
(3) scene
(4) What scene do you like best in this movie?
（この映画の中でどのシーンが一番好きですか？）
(5) You should cycle around Japan. （日本を自転車で回ってみて。）
(6) Do you live in a city or in the countryside?
（都市にお住まいですか？地方にお住まいですか？）
(7) My sister liked to study science. She went to Stanford University to receive her degree. She is now teaching science at high school in San Francisco.

（姉（妹）は科学の勉強が好きでした。彼女は学位を取得するために、スタンフォード大学に行きました。現在、サンフランシスコの高校で科学を教えています。）

Listening Point

➔ 全体として、[s]は頻繁に出てくる子音の１つですので、ぜひ攻略したい子音です。

➔ (1) cityの「シティー」、(3) sceneと「シーン」の最初の音を英語と日本語でそれぞれ比べてみましょう。日本語よりも英語の方が「スー」といった息が多く漏れます。

➔ (1)cityの[t]は「**たたき音**」※1なので、「シリ」に聞こえます。

➔ 特に[s]と日本語の「し」とは音が違うので注意が必要です。英語の方が摩擦が強い感じがします。

➔ また、場合によっては、日本語の「し」を英語の[ʃ]※2と混同することがありるので Must 41で確認しましょう。

※１ 参照 Must 29「破裂音を攻略する！③「ら行」に変わる[t]」(p.146~)
※２ 参照 Must 41「摩擦音を攻略する！⑦摩擦が強い「シュー」の[ʃ]」(p.194~)

Pronunciation Tips

日本語の「さ行の音」は、[s] の類の子音と母音の組み合わせですので、最初の子音の後、口の形が変わり母音で終わります。しかし、英語の [s] は口の形が変わりません。

口を開い気味にして、唇をリラックスさせて [s, s, s, s, s, s, s, s, s] と言ってみましょう。

ヘビになった気分で、大きな音をたてず [s, s, s, s, s, s, s, s, s] と発音してみてください。

▶ Pronunciation Practice（38）

以下の単語を発音練習してみましょう。特に下線の子音[s]に注意してください。

(1) s̲it

(2) s̲cenery

(3) pas̲s̲age

(4) receiv̲e

(5) s̲cience

(6) les̲s̲on

複数形と三人称単数形のsと音の関係

▶前の音に着目してみよう！

●── sの有無で意味が異なる場合も

ここでは、複数形と三人称単数形のsの発音には、一定の法則があって、その発音になっていることを学びましょう。

リスニングで、これらのsを聞き取ることはとても重要です。たとえば、I found some documents on the floor. と I found some document on the floor. を比べると、前者は「床で書類をいくつか見つけた」となりますが、後者は「床で何らかの書類を見つけた」となります。つまり、sがつくかつかないかで、意味が異なるわけです。この場合は、[ts] なのか、[t] なのかを聞き取ることが求められます。

  some documents

 some document

また、三人称の単数形をつけないと、書き言葉でも、話し言葉でも、場合によっては「教養のない人」などと聞き手がネガティブな印象を持つ場合もあります。たとえば、John loves to dance. を John love to dance. と言ってしまう場合です。この場合、loves の発音は [lʌvz] で、三人称単数形の部分の発音は [z] です。

●── さまざまなsの音には法則があった

では、なぜ documents（名詞の複数形）のように [s] の場合と、loves（動詞の三人称単数形）のように [z] の場合があり、church の複数形は churches で

[ɪz] となる場合があるのでしょうか？

これは**前の音による**のです。以下の下線部に注目しましょう。

---

(1) documents, lollypops, checks, roofs, fifths
　　　　　[t]　　　[p]　　　[k]　　　[f]　　[θ]

(2) loves, jobs, bags, rides, bathes, kings, waterfalls
　　[v]　　[b]　　[g]　　[d]　　[ð]　　[ŋ]　　　　[l]

(3) churches, faces, loses, garages, judges
　　　[tʃ]　　　[s]　　　[z]　　　[ʒ]　　[dʒ]

84

全ての例をあげているわけではありませんが、特徴をまとめてみましょう。

---

(1)は下線部が「無声音」
(2)は下線部が「有声音」
(3)は下線部が「歯茎やその後ろの部分で作る音」、つまり「[s]や[z]に似た音」

がそれぞれきていることがわかります。つまり、下記のようになります。

---

(1) のように、(3) を除く**無声音**が語末にある場合

　→ s が無声音 **[s]** と発音される

(2) のように、(3) を除く**有声音**が語末にある場合

　→ s が有声音 **[z]** と発音される

(3) のように、**s と似たような音**の場合

　→母音 [ɪ] を挟んで発音しやすくして **[ɪz]** となる

このように、一定の法則によって、[s] や [z], [ɪz] と複数形の s や三人称単数形の s が変化していることがわかります。

この法則を知っていると、リスニングの際だけでなく、なじみのない単語を複数形や三人称単数形にする際にも役に立つことは間違いありません。

▶ 複数形と三人称単数形のsの音は、前の音によって、発音が変わる。
前の音が、無声音か、有声音か、あるいは[s]や[z]、それに似た音かというのが判断のポイント。

次の単語の複数形を考え、その複数形が[s]か[z]か[ɪz]かのいずれかを選んでみましょう。またその発音の根拠となる音を下線で引いてみましょう。

(1) dish   [s], [z], [ɪz]

(2) theme   [s], [z], [ɪz]

(3) father   [s], [z], [ɪz]

(4) battle   [s], [z], [ɪz]

(5) example   [s], [z], [ɪz]

(6) breeze   [s], [z], [ɪz]

(7) shake   [s], [z], [ɪz]

(8) bridge   [s], [z], [ɪz]

(9) curve   [s], [z], [ɪz]

以下の文には複数形のsあるいは三人称単数形のsが含まれます。それが含まれる単語を□で囲んでみましょう。

(10) Jack is one of the most famous singers in the world. He sings classical songs and pop songs. Now, he teaches vocalism at several universities. Because of his way of teaching, he is very popular among the students.

▶ ANSWER （39）

(1) dish   [s], [z], **[ɪz]**

(2) theme   [s], **[z]**, [ɪz] ◎

(3) father   [s], **[z]**, [ɪz]

(4) battle   [s], **[z]**, [ɪz] ◎

(5) example   [s], **[z]**, [ɪz] ◎

(6) breeze   [s], [z], **[ɪz]** ◎

(7) shake   **[s]**, [z], [ɪz] ◎

(8) bridge   [s], [z], **[ɪz]** ◎

(9) curve   [s], **[z]**, [ɪz] ◎

◎は「eに線を引かなくても良い」ものです。これは「サイレントe」と呼ばれ、発音しないeです。第3章では、このeに下線は引いていません

(10) Jack is one of the most famous singers in the world. He sings classical songs and pop songs. Now, he teaches vocalism at several universities. Because of his way of teaching, he is very popular among the students.

（ジャックは世界でもっとも有名な歌手の一人です。クラシックとポップを歌います。現在、いくつかの大学で発声法を教えています。その教え方から、彼は学生にとても人気があります。）

Listening Point

⊖ 複数形のsは前の音によって音が変わることがわかります。(1)では[ʃ]、(2)では[m]、(3)では[ɚ]、(4)(5)では[l]、(6)では[z]、(7)では[k]、(8)では[dʒ]、(9)では[v]が複数形の発音を決める音になります。

⊖ is, famou_s, singer_s, sing_s, classical, vocali_sm, _several, univer_sities, hi_s, student_sの下線部は複数形や三人称単数のsではないので注意が必要です。つまり、そのほかの[s]※1や[z]※2とは混同しないようにしましょう。

⊖複数形のsや三人称単数形のsは文意を左右するので、しっかりと聞き取れるようになりたいものです。

▶ **Pronunciation Practice**（39）

以下の単語を複数形にして、単数形と複数形の両方を発音しましょう。名詞の最後の音を意識しながら、発音してみてください。

(1) book

(2) dictionary

(3) phone

(4) mirror

(5) calendar

(6) pen

(7) ruler

(8) staple

(9) watch

(10) bus

※1　参照 **Must** 38「摩擦音を攻略する！⑤細かい摩擦がある高い「ス」の [s]」(p.182~)
※2　参照 **Must** 40「摩擦音を攻略する！⑥しっかり細かい摩擦の「ズ」の [z]」(p.190~)

摩擦音を攻略する！⑥
しっかり細かい摩擦の「ズ」の[z]

▶ Z(zee) と 「ジー」は同じ [z] ？

　ここでは [z] を見ていきましょう。

　[z] は [s]※1 の有声音です。

　簡単に言うと、**日本語の「ざ行の音」**と考えると良いでしょう。

　しかし、異なる点もいくつかあります。

　たとえば、日本語で「ざ」と言った際には、最初の子音部分において舌先が前歯の後ろあるいは前歯の後ろの歯茎のあたりにつくこともありますが、英語の [z] の場合は、前歯の後ろかその付近の歯茎のあたりには触りません。つまり、両者は**調音位置**※2 が少し異なるということです。

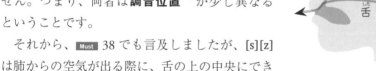

　それから、Must 38 でも言及しましたが、[s][z] は肺からの空気が出る際に、舌の上の中央にできるくぼみを通り、熱い空気が外に出ますので、**しっかりとした細かい摩擦を感じる「ザ行」の音**といった感じです。

　一方で、この [z] も英語の摩擦音の特徴が顕著にあり、[ð] の項※3 でも説明したように、[z] が**語頭にきた場合**（zoo など）には [z] の**前半が無声化**し、**語末にきた場合**（breeze など）には [z] の**後半が無声化**します。その結果、日本語の「ず」よりは一部分が弱く聞こえ、音というよりは摩擦が際立って聞こえることがあります。

※1　参照 Must 38「摩擦音を攻略する！⑤細かい摩擦がある高い「ス」の [s]」(p.182~)
※2　参照 第3章　日本語にない音、注意すべき音：子音編 (p.134)
※3　参照 Must 37「摩擦音を攻略する！④柔らかい「ズ」の [ð]」(p.178~)

リスニングの際には、 **Must** 37 でも言及しましたが、[ð] と [z] を混同しないようにしなくてはなりません。[z] の方が [ð] よりも**「ズー」といった感じのはっきりとした摩擦**が聞こえます。

この相違は **Practice Listening** (40) と **Pronunciation Practice** (40) でしっかりと確認しましょう。

複数形と三人称単数形の s に関しては前項「複数形と三人称単数形の s と音の関係」をもう一度見直してください。

> ▶ <u>Z</u>(zee)と「ジー」は基本的には同じだが、違う部分もある。
> 日本語よりは、鋭く細かい摩擦が聞こえるが、[z]はそれが出てくる場所によっては、弱く聞こえることがあるので注意。

▶ **Practice Listening** （40）

次の単語をディクテーションしてみましょう。
(1) ....
(2) ....
(3) ....

次に(1)～(3)の単語を使った短文をディクテーションしてみましょう。
(4) ....
(5) ....
(6) ....

以下は[z]と[ð]の聞き取りです。どちらを発音したか、発音したほうの単語を□で囲んでみましょう。
(7) clo<u>s</u>e vs. clo<u>th</u>e
(8) bree<u>z</u>e vs. brea<u>th</u>e
(9) <u>Z</u>en vs. <u>th</u>en
(10) whi<u>z</u> vs. wi<u>th</u>

録音の音声は(7)から(10)まで解答を発音した後、両方の単語を左、右の順番で交互に読んでいますので、確認してください。
語注：(9) Zen 禅、(10) whiz 達人、名人

(1) zone

(2) result

(3) dessert

(4) What kind of dessert do you like? （どのようなデザートが好きですか？）

(5) The result wasn't good enough. （結果は良いものではなかった。）

(6) Which zone do you live in? （どのゾーンに住んでるの？）

(7) close

(8) breathe

(9) Zen

(10) with

Listening Point

➔ (1)zoneのように[z]が語頭や語末にきた際には、音が柔らかく聞こえ、日本語の「ざ行の音」よりも、場所によっては、はっきりとは聞こえないことがある点に注意が必要です。ただし、摩擦は英語の方が明確です。

➔ [z]と[ð]の聞き分けは、リスニング力アップのためには重要ですので、間違ったところがあれば、何度も音声を聞き直しましょう。特に(7)〜(10)の聞き分けは難しいところもあるので、聞き取れなかった場合には、何度も聞いて、どのように聞こえるかを確認しましょう。

➔ [z]と[ð]の聞き分けは、前者の方がはっきりとした摩擦が聞こえますので、音が聞こえやすいのは前者です。一方で後者は柔らかい感じの「ズ」です。

Pronunciation Tips

たとえば Z00 を発音する際には、口に力を入れずに少し横に広げたまま [z, z, z, z, z, z, z, ...] と伸ばしてから '00' に移行しましょう。

[u:] の音では口を丸めるので唇が横にした状態からすぼめる状態になります。

[z, z, z, z, z, z, z, z, ...] と発音する際に甲高くて細かい摩擦を感じながら発音するのがポイントです。

歯と歯の間から空気がしっかり出るように意識します。

イメージとしては、体の大きなハチが近くに飛んできたときの音です。

▶ **Pronunciation Practice** (40)

以下のミニマルペアを発音練習しましょう。このミニマルペアは Must 37 [ð] と同じですが、もう一度練習して完璧にしましょう。

(1) clothing vs. closing

(2) bathe vs. bays

(3) breathe vs. breeze

(4) soothe vs. sues

(5) teethe vs. teas

語注：(2) bathe 入浴させる、沐浴をする、(3) breathe 息をする、
(4) soothe ～をなだめる、落ち着かせる、sues 訴訟を起こす、訴える sue の三人称単数形、(7) teethe 歯が生える

摩擦音を攻略する！⑦
摩擦が強い「シュー」の[ʃ]

▶shoe と「シュー」は同じ音？

　ここでは shoe の [ʃ] を学びましょう。

　ところで、英語でシュークリームは何と言うかご存じですか？　答えは cream puff です。「シュークリーム」は英語で shoe cream なので、「靴クリーム」になってしまいます。もともと「シュー」はフランス語でキャベツを意味する chou からきています。シュー生地がキャベツに似ていたからです。

　では、英語の shoe と日本語の「シュー」は同じでしょうか。

　それは違います。では、どう違うでしょうか。

　まず、日本語で「しゅ」というと、それほど唇を丸めずに、「しゅ」と言います。ただし、唇の丸め方は実は東京方言話者であっても、年代でも異なります。年配の方は唇をあまり丸めずに発音しますが、若い人は唇を丸めて「しゅ」と言

[ʃ]

うことが多いようです。

　一方で、英語の「シュ」は発音記号では [ʃ] です。英語の [ʃ] は [uː]^{※1} と同じポジション、つまり**唇を十分に丸める**ところから、その状態を保ちながら、「シュー」と発音します。**Pronunciation Practice** (41) では、唇をしっかり丸めて練習してみてください。

　このメカニズムから、日本語の「しゅ」よりも英語の [ʃ] の方が、肺からの空気が「シュー」と言いながら出てくるので、**摩擦が強い「シュー」という音**という印象があります。

> shoeと「**シュー**」では英語の [ʃ] の方が摩擦が強いので、「**シュー**」という強い息が出ている感じの音がする。

▶ Practice Listening （41）

次の単語をディクテーションしてみましょう。

(1) ....

(2) ....

(3) ....

次に(1)～(3)の単語を使った短文をディクテーションしてみましょう。

(4) ....

(5) ....

(6) ....

次に読む英文の中で [ʃ] が含まれる単語を□で囲んでみましょう。

(7) Josh is a machine repairer. He went to a special training school in Cavendish. The school was close to the sea, so he liked to gather seashells on the way home. He also liked to have a cup of coffee at the Ocean Café by the beach.

※1　参照 **Must** 16「「う」を攻略する！① [uː] は緊張感を持って「ウー」」（p.88～）

(1) mis<u>s</u>ion

(2) s<u>t</u>ation

(3) wa<u>sh</u>

(4) Did you wa<u>sh</u> your hair yesterday? （昨日、髪を洗いましたか？）

(5) Which is your nearest s<u>t</u>ation? （最寄り駅はどこですか？）

(6) My favorite movie is Mi<u>ss</u>ion: Impossible.

（大好きな映画はミッションインポッシブルです。）

(7) Jo<u>sh</u> is a ma<u>ch</u>ine repairer. He went to a <u>spec</u>ial training school in Cavendi<u>sh</u>. The school was close to the sea, so he liked to gather sea<u>sh</u>ells on the way home. He also liked to have a cup of coffee at the O<u>c</u>ean Café by the beach.

（ジョッシュは機械修理工です。キャベンディッシュの特別訓練校に行きました。学校は海に近かったので、帰り道に貝を拾うのが好きでした。彼はビーチ沿いのオーシャンカフェでコーヒーを飲むのも好きでした。）

Listening Point

➔ [ʃ]はつづり字がsh, ch, cなどいろいろなバラエティーがあるので、文字と音声が結びつけられるように訓練しましょう。

➔ [ʃ]は無声音なので、「シュー」という摩擦を聞くように注意しましょう。

➔ 全体としては、「シュ」と聞こえるので、それほど聞き取りは難しくはありません。聞き取りが難しいというよりも発音するのが難しいといった感じの音です。

Pronunciation Tips

[uː]*¹ や [u]*² のように、唇をしっかり丸めてから「シュー」と言うのがポイントです。

イメージとしては、炭酸飲料のキャップを開けるときに、炭酸があふれ出るような感じで「シュー」と発音しましょう。

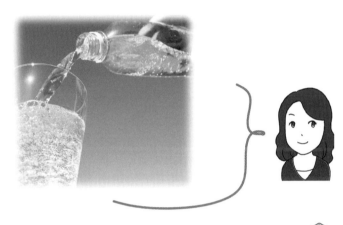

▶ **Pronunciation Practice（41）** 90

以下の単語を発音練習してみましょう。特に下線の母音[ʃ]に注意してください。

(1) shade

(2) sheep

(3) shift

(4) tissue

(5) assure

(6) bush

(7) She sells seashells by the seashore.

> 語頭に[ʃ]がくる場合には、唇をしっかりと丸めて発音すること！

※1　参照 **Must** 16「「う」を攻略する！①[uː]は緊張感を持って「ウー」」（p.88〜）
※2　参照 **Must** 18「「う」を攻略する！③はっきりした「ウ」の[u]」（p.96〜）

摩擦音を攻略する！⑧
低く深い「ジュ」の[ʒ]

▶ ver**s**ion と「バー**ジョ**ン」は同じ音？

　摩擦音の最後の音は [ʒ] を扱いましょう。

　この音は version の真ん中に出てくる [ʒ] です。この音は英語では、出てくる頻度の低い音です。だからと言って重要でないわけではありません。

　1つ目に、[ʒ] の発音の仕方ですが、簡単に言うと、これは前項 Must 41 で説明した [ʃ] の有声音です。唇を [uː] のように丸めて※¹、「ジューーーーー」と言えば良いでしょう。

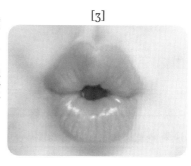

[ʒ]

　では、日本語の「じゅ」と同じかと言うと、そうではありません。「ジュー」と「ジュ」と言った場合、日本語では長さの違いととらえるのですが、前者は「ジューーーーー」という**摩擦音**で、後者は「ジュ」という**破擦音**です。破擦音に関しては、この後の [tʃ][dʒ]※² を見てください。このように「音の作り方」、すなわち調音様式が違います。

　また、「音を作る場所」、すなわち調音位置も日本語と英語では若干異なります。その結果、聞こえ方にも小さな違いがあります。

　2つ目に、聞こえ方は基本的には日本語の「じゅ」と同じように聞こえますが、前述のように、調音位置と調音様式が異なるので、日本語の「じゅ」よりは英語の [ʒ] は**低く深い感じの音調の「ジュー」**になります。

※1　参照 Must 16「「う」を攻略する！①[uː] は緊張感を持って「ウー」」(p.88~)
※2　参照 Must 49「そのほかの子音④「ちゅ」「じゅ」より短く一瞬の破擦音の [tʃ][dʒ]」(p.226~)

　3つ目に、なぜ日本人にとって、英語の [ʒ] が難しいのかを考えます。

　ここでは英語の version と日本語の「バージョン」を比べてみましょう。英語では version は [ʒ] ですが、日本語の「バージョン」は、人によって摩擦音の人もいれば、破擦音の人もいます。つまり、日本語ではどちらで発音しても問題がないのです。というのも、日本語では、摩擦音と破擦音の区別はこの音では関係ないので、結果として、同じ音に聞こえるというわけです。

　最後に、この [ʒ] は出てくる場所が限られており、語頭にくることはありません。「では judge の最初の音はどうなの？」と思われるかもしれませんが、これは破擦音 [dʒ] なのです。この破擦音に関しては、Must 49[tʃ][dʒ] を見てください。

　また、語末にくることは、フランス語源のもの（rouge など）にしかないので、基本的には語中に多い音として認識すると良いでしょう。それゆえ、摩擦音と破擦音の違いが聞き取れなくても、意味の理解に大きな影響を与えることは基本的にはありません。

---

versionの[ʒ]は低く深い感じの音調の「ジュ」。
▶**英語は摩擦音だが、日本語の「バージョン」は摩擦音の人もいれば、破擦音の人もいる。**

▶ **Practice Listening** （42）

次の単語をディクテーションしてみましょう。

(1) ....

(2) ....

(3) ....

次に(1)〜(3)の単語を使った短文をディクテーションしてみましょう。

(4) ....

(5) ....

(6) ....

次に読む英文の中で[ʒ]が含まれる単語を□で囲んでみましょう。

(7) Marie usually wears a beige dress and rouge. Her hobby is watching illusion shows on television.

91

(1) vis<u>i</u>on

(2) inva<u>s</u>ion

(3) gara<u>g</u>e

(4) Do you have a gara<u>g</u>e at your office?（オフィスにはガレージがありますか？）

(5) Mike is a person of vis<u>i</u>on.（マイクは先見の明のある人です。）

(6) Dave was killed in the inva<u>s</u>ion of the country.

（デーブはその国への侵入で殺された。）

(7) Marie us<u>u</u>ally wears a bei<u>g</u>e dress and rou<u>g</u>e. Her hobby is watching illu<u>s</u>ion shows on televi<u>s</u>ion.

（マリーはたいていベージュのワンピースを着て、赤いルージュをひいています。

彼女の趣味は、テレビでイリュージョンショーを見ることです）

Listening Point

➲ この[ʒ]は**摩擦音**ですので、[dʒ]の**破擦音**とは異なります。前者は比較的長い継続音ですが、後者は一瞬の音です。したがって、比較的はっきりと長めの「ジュー」と聞こえます。

➲ 上記の(1)～(7)で[ʒ]の音をしっかりと聞き、慣れるようにしましょう。

➲ この[ʒ]と[dʒ]は英語では出てくる環境が異なるので、実際に聞き間違えたからと言って、意味理解に大きな影響を与えることはありません。

➲ (3)と(4)のgarageですが、🇺🇸 🆖 と 🇬🇧 🆖 では、発音が異なります。
🇺🇸 🆖 [gəˈrɑːʒ]で 🇬🇧 🆖 [ˈgærɑːʒ]です。
このように 🇺🇸 🆖 と 🇬🇧 🆖 で発音がかなり異なる単語がありますが、そのときは注意が必要です。

Pronunciation Tips

唇を [uː]^{※1} のようにしっかりと丸めて（すぼめて）[ʒ] と発音します。語頭にくることはないので語中と語末に現れるのですが、実際には、前後の音との関係で唇のすぼめ具合は単独で発音したときよりも弱くなります。

しかし、単語で練習する場合は少し大げさに唇をすぼめて作るようにするのがポイントです。

▶ Pronunciation Practice（42）

92

以下の単語を発音練習してみましょう。特に下線の子音[ʒ]に注意してください。

(1) measure

(2) prestige

(3) vision

(4) usual

(5) regime

(6) leisure

※1　参照 Must 16「「う」を攻略する！①[uː]は緊張感を持って「ウー」」(p.88~)

鼻音を攻略する！①
[m] と「鼻声」は別物

▶ <u>m</u>ouse と<u>マ</u>ウスの [m] は同じ音？

●── 3つの鼻音

この項からは、鼻音を扱います。

鼻音の特徴は、**口からではなく、鼻から音を出す**という点です。肺からの空気が口腔からではなく、鼻腔から出るということですが、口腔のどこかが狭められます。たとえば、[m] であれば、両唇を閉じ、鼻から息を出します。

英語の鼻音は3つあり、[m], [n], [ŋ] です。特に最後の発音記号は見慣れないものかもしれませんし、発音も少し難しいので注意してください。

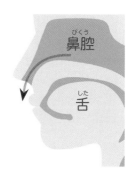

●── [m] と鼻音化

最初に見る鼻音は [m] で <u>m</u>ouse の最初の子音です。この [m] は日本語の「ま行」の最初の子音と同じですので、聞き取りにも発音にも問題はありません。難しいのは「鼻音化」です。鼻音化とは、鼻声をイメージすればいいでしょう。たとえば、風邪をひいた際に、鼻が詰まった状態で話すと、話し言葉が鼻声になりますね。ただ、鼻声は音が出る環境に関わらず、すべての母音が鼻声になりますが、鼻音化は少し違います。

もう少し専門的に説明すると、鼻音化とは、**鼻音**（英語では [m], [n], [ŋ]）**が前後にくる環境の下で、通常、母音が鼻声になること**を言います。英語においては、特に、母音の後ろに鼻音がくる際に母音に鼻音化が起こります。人間は、話す際に後にくる音を推し量って発音する傾向にあるので、鼻音が

くることを予測して、前の母音が鼻音化することが多いのです。たとえば、hamと言った際に、[m]の前に[æ]がありますが、この[æ]が鼻音化して鼻声になっているということです。この鼻音化に慣れていないと、「鼻音化」というフィルターがかかって元の音が聞き取りにくいこともあるので、鼻音化には慣れておきたいものです。

　また、この鼻音化ですが、🇬🇧 ㎂ よりも🇺🇸 ㎂ に多い印象があります。鼻音化が強い話者が話すと、鼻音が前後にない母音でも鼻声になり、聞きづらいこともあるので注意が必要です。

　一般に、アメリカの南部英語（ルイジァナなど）は鼻音化が強く、ジョージ・W・ブッシュ元大統領、歌手のブリトニー・スピアーズ、ギタリストでシンガーソングライターのウィリー・ネルソンがその良い例です。動画投稿サイトでスピーチや会話が聞けますので、聞いてみましょう。

▶ **mouseとマウスの[m]は同じ音。**
しかし、鼻音化には注意。鼻音と鼻音化は別のもの。

▶ **Practice Listening** （43）

次の単語をディクテーションしてみましょう。
(1) ....
(2) ....
(3) ....

次に(1)〜(3)の単語を使った短文をディクテーションしてみましょう。
(4) ....
(5) ....
(6) ....

次に読む英文の中で[m]が含まれる単語を□で囲んでみましょう。
(7) My mother and I went to Rome to see some ruins from the Roman Empire. The place is called the Foro Romano in Italian. It used to be the center of politics and the economy. We were very impressed with the ruins.

(1) <u>m</u>ention

(2) poe<u>m</u>

(3) su<u>mm</u>er

(4) What are you going to do during the su<u>mm</u>er vacation?
（夏休みには何をする予定ですか？）

(5) Do you read poe<u>m</u>s with your children? （お子さんと詩を読みますか？）

(6) Andy <u>m</u>entioned that he would go to France this fall.
（アンディー曰く、今秋フランスに行くとのことです。）

(7) <u>My</u> <u>m</u>other and I went to Ro<u>me</u> to see so<u>me</u> ruins fro<u>m</u> the Ro<u>m</u>an E<u>m</u>pire. The place is called the Foro Ro<u>m</u>ano in Italian. It used to be the center of politics and the econo<u>m</u>y. We were very i<u>m</u>pressed with the ruins.

（母と私はローマ帝国の遺跡を見に、ローマに行きました。その場所はイタリア語でフォロ・ロマーノと言われています。そこは政治と経済の中心地でした。遺跡にはとても感動しました。）

Listening Point

◉ [m]は私たちにとっては難しい発音ではありません。しっかりと聞き取れるようになりましょう。

◉ ただし、(2)poe<u>m</u>や(7)のRo<u>me</u>のように[m]が語末にくると、語頭や語中よりも明確ではなくなります。

◉ 鼻音の前後の（特に前の）母音が鼻音化されている点を注意して聞きましょう。

Pronunciation Tips

[m] 自体は難しい音ではありませんが、[m] の前に母音がくる場合、その母音は鼻音化されます。

鼻音化の「化」とは、「～の特徴がかかる」という意味なので、母音が鼻声になります。

たとえば、ham を発音するとき、先にある [m] を予測して、その前の母音 [æ] を鼻声にします。

map のように前に鼻音 [m] がある場合は、[m] という鼻音のまま、[æ] になめらかに移行します。

「母」音と「子」音は仲が良く、「母」は「子」に寄り添うということを覚えておきましょう。

▶ Pronunciation Practice（43） 94

以下のミニマルペアをまず音声で確認しましょう。その後、[m]の前にくる母音（　　の部分）が鼻音化しているかを確認してください。その後、「鼻音化」に注意して、発音してみましょう。

(1) ham vs. hat
(2) jam vs. Jack
(3) mum vs. much
(4) same vs. save ◎
(5) home vs. hope ◎

◎は「e には線を引かなくても良い」ものです。これは「サイレント e」と呼ばれ、発音しない e です

語注：(3)mum 口をつぐむこと、沈黙

鼻音を攻略する！②
「ナ行」だけじゃない[n]

▶ <u>n</u>ow と 「<u>ナ</u>ゥ」 の [n] は同じ発音？

　基本的には <u>n</u>ow の [n] と日本語の「ナ」の最初の子音 [n] は、同じような音に聞こえますが、英語と日本語では、**音を作る場所（調音位置）**[※1] **が異なります。**

　日本語で、「な、に、ぬ、ね、の」と発音してみましょう。基本的に舌先と歯で発音している（=歯音）ことがわかります。ただし、「に」は少しばかり例外です。しかし、英語においては、<u>上部の前歯の後ろの歯茎に舌先をつけて発音します（=歯茎音）</u>。

　したがって、リスニングの際に注意するというよりは、発音の際に注意する必要があります。

　ただし、リスニングでも注意しなくてはならないのは、🇺🇸GA において [n] の後に [t] または [d] がきて、さらにその後に弱い母音がくる場合です。たとえば、ce<u>n</u>ter では、[n] の後ろに [t] がきていて、その後ろが [ɚ][※2] という弱母音です。そうすると、「センター」ではなく、「セナー」のような発音になります。これは、[t] が**「たたき音」**[※3] になり「センラー」になるのですが、さらに [n] と [t] がくっついて [t] が鼻音化し、最終的に「セナー」と聞こえるからです。

　同じような例としては、wi<u>n</u>ter があります。この場合、文脈以外で、wi<u>nn</u>er と wi<u>nt</u>er を判断するのは難しいということになります。

※1　参照 第3章　日本語にない音、注意すべき音：子音編（p.134）
※2　参照 Must 10「「あ」を攻略する！③[ə]は疲れてため息をついたときの「ア」」(p.64~)、Must 12「「あ」を攻略する！⑤[ɝ]は曇った「アー」」(p.72~)
※3　参照 Must 29「破裂音を攻略する！③「ら行」に変わる[t]」(p.146~)

　このように、center が「セナー」と発音されても center である、winter が「ウィナー」と発音されても winter であると認識できることが重要です。🏴 では この現象は起きません。

　また、日本人英語学習者が注意しなくてはならないのが、日本語の「ん」が英語の [n] であると誤認する点です。「ん」はのどの奥の方で発音しているので、舌の動きがありません。つまり、調音位置がかなり異なるので、「ん」で代用すると奇妙に聞こえます。

▶ now と「ナゥ」の [n] は英語と日本語で調音位置は多少異なるが、基本的は同じ音のように聞こえる。
しかし、center などの一定の環境では音がつながることがあるので、注意が必要。

▶ **Practice Listening** （44）　　🔊 **95**

次の単語をディクテーションしてみましょう。
(1) ....
(2) ....
(3) ....

次に(1)〜(3)の単語を使った短文をディクテーションしてみましょう。
(4) ....
(5) ....
(6) ....

次に読む英文の中で [n] が含まれる単語を□で囲んでみましょう。
(7) Cameron asked me to go to dinner tomorrow night. He suggested going to a restaurant by the beach. The food and drinks were pretty good, but the staff were not friendly enough.

(1) ru<u>n</u>ning

(2) u<u>n</u>derstand

(3) pri<u>n</u>cipal

(4) Mr. Jo<u>n</u>es is the pri<u>n</u>cipal of this school.

（ジョーンズ先生はこの学校の校長です。）

(5) Do you u<u>n</u>derstand what I said? （私が言ったことは理解できましたか？）

(6) I belong to a ru<u>n</u>ning club. （私はランニングクラブに所属しています。）

(7) Cameron asked me to go to dinner tomorrow night. He suggested going to a restaurant by the beach. The food and drinks were pretty good, but the staff were not friendly enough.

（キャメロンが明日の晩に夕飯に行こうと誘ってくれました。ビーチ沿いのレストランに行かないかと提案してくれました。食べ物と飲み物はとても良かったのですが、スタッフはあまり感じよくありませんでした）

Listening Point

◉ [n]は英語と日本語で調音位置が多少違うものの、基本的には同じように聞こえるので、聞き取りの際には問題はありません。

◉ (1)(6) runningと(6)belong 、(7)goingの下線部は[n]ではありません。下線部は次項の Must 45 [ŋ]の音です。

◉ (7)drinksは正答ではありません。下線部も次項の Must 45 [ŋ]の音です。[n]と[ŋ]の違いを聞き比べてみましょう。

◉ (1)と(7)では、[n]と[ŋ]を間違えないようにしましょう。[n]と[ŋ]の違いは注意しなくてはならない音です。次項の**Pronunciation Practice** (45)で、ミニマルペアを通じてしっかりと学習しましょう。

Pronunciation Tips

日本語の「な行の音」は、最初の子音 [n] の後、次の母音の
ために舌先をすぐに放してしまいますが、英語の場合、上前歯に
舌先を当てている時間が長いのです。

イギリスの貴族になった気分でエレガントに Nice!（いいですね！）
と発音してみましょう。

[n] をエレガントにためるようにしてから発話してみてください。

ちなみにイギリス貴族は、あまり nice は使いません（笑）。

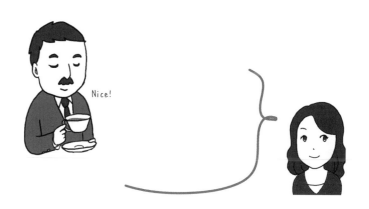

Nice!

▶ **Pronunciation Practice**（44）

96

以下の単語を発音練習してみましょう。特に下線の子音[n]に注意してくだ
さい。

(1) cor<u>n</u>

(2) pri<u>n</u>t

(3) <u>n</u>od

(4) <u>n</u>ecklace

(5) pe<u>n</u>cil

(6) Ja<u>n</u>uary

鼻音を攻略する！③
鼻から出す「が行」の音の[ŋ]

▶ king と「キ<u>ング</u>」は同じ音？

ここでは king は「キング」と同じかということを考えてみましょう。

結論から言うと、日本語と英語では異なる発音なのです。

まず、king を発音記号で示すと [kɪŋ] です。この [ŋ] ですが、これは日本語の鼻濁音の「が」の最初の子音になります。ポイントは、鼻濁音の**「が」の母音を発音しない**ところです。

この [ŋ] は、[g] を発音するときのように、舌の後ろの部分を口の上部の奥の方につけるようにして発音しますが、その後、鼻腔から空気を出すようにします。したがって、**鼻声の [g]** といった印象があります。

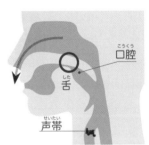

これは king の発音記号 [kɪŋ] で示したように、「ング」と2つの発音ではなく、[ŋ] といった1つの発音であることに注意が必要です。また、この [ŋ] は、特徴的な音で、英語では語頭にくることは決してありません。

ちなみに、finger と singer では、下線部の発音が異なることを知っている英語学習者は少ないのではないでしょうか。

発音記号で書くと、finger は ['fɪŋɡɚ] で、singer は ['sɪŋɚ] です。finger の方が鼻音 [ŋ] の後に [g] が入っている点に十分注意が必要です。つまり、つづり字が 'nger' だからと言って、同じ発音にはならない点に注意しなくてはなりません。

valuable information

finger と singer の発音の違いは、実は形態素（＝意味を有する最小の言語単位のこと）の数と関係があります。singer という単語は、sing（歌う）に er がついて「歌手」という意味になり、2 つの形態素からなっています。この場合、[g] がありません。一方、finger は 1 つの形態素なので [ŋg] になっています。

まとめると、finger のように 1 つの形態素内では [ŋg]、singer のように 2 つの形態素からなる語は [ŋ] になるのです。

▶ king と「キング」は異なる発音。注意が必要。
英語の[ŋ]は 1 つの音素。

▶ **Practice Listening** （45）

次の単語をディクテーションしてみましょう。

(1) ....
(2) ....
(3) ....

次に(1)〜(3)の単語を使った短文をディクテーションしてみましょう。

(4) ....
(5) ....
(6) ....

次に読む英文の中で[ŋ]が含まれる単語を□で囲んでみましょう。

(7) The phone was ringing in the dining room. It must have been from the King Supermarket. I ordered pink guava juice and single sheet toilet paper yesterday. However, I was having breakfast, so I couldn't answer the phone.

(1) ha<u>n</u>ger

(2) ban<u>k</u>

(3) ka<u>n</u>garoo

(4) Have you seen ka<u>n</u>garoos in the zoo?

（その動物園でカンガルーを見ましたか？）

(5) Ban<u>k</u>s are closed in the eveni<u>ng</u>. （夕方には銀行は閉まっています。）

(6) I bought too many ha<u>n</u>gers. （ハンガーを買いすぎました。）

(7) The phone was ri<u>ng</u>ing in the di<u>n</u>ing room. It must have been from the Ki<u>ng</u> Supermarket. I ordered pi<u>n</u>k guava juice and si<u>ng</u>le sheet toilet paper yesterday. However, I was havi<u>ng</u> breakfast, so I couldn't answer the phone.

（ダイニングルームで電話が鳴っていました。それはキング・スーパーからに違いありません。昨日、ピンク・グアバ・ジュースとシングルのトイレットペーパーを注文しました。でも、朝食をとっていたので、電話に出られませんでした。）

Listening Point

⊖ (1) hangerは「ハンガー」ではないところを音声で確認しましょう。つづり字で表すと、'n'から'g'になめらかに移動している感じがしますが、それが[ŋ]なのです。このhangerは['hæŋɚ]で、2つの形態素からなっています。

⊖ (5) eveningは「イーブニング」ではないところも音声で確認しましょう。'ng'が[ŋ]になります。

⊖ (2)と(5)のbankやkangaroosのように[k] [g]の直前にあるnの場合、基本的には発音が[ŋ]となるところを音声で確認しましょう。

Pronunciation Tips

この [ŋ] は、[g] を鼻から息をだすようにして発音すると良いでしょう。イメージとしては、[gggggggggggg....] とうがいをするように上を向いて行うと [ŋŋŋŋŋŋŋŋ....] となります。

▶ Pronunciation Practice（45）

以下のミニマルペアを発音練習してみましょう。特に下線の母音[n]（左の単語）と[ŋ]（右の単語）にそれぞれ注意してください。

(1) kin vs. king

(2) thin vs. thing

(3) win vs. wing

(4) gone vs. gong

(5) sun vs. sung

そのほかの子音
①「ら行」の音より暗く深い
　流音[r]

▶ <u>r</u>ing の [r] は日本語の「ら行」の音と同じ？

　ここからはこれまで学んだ破裂音、摩擦音、鼻音以外の子音、具体的には**流音 [r][l]、破擦音 [tʃ][dʒ]、半母音 [j][w]** を取り扱います。

　特に、[r] と [l]※1 は日本人英語学習者にとっては難しい発音なので、しっかりとここで発音の仕方を学び、リスニングの際にも聞き取れるようになりたいものです。ちなみに [j] と [w] は扱いとしては子音なのですが、音の生成の仕方が母音に近いことから、半母音としています。

●──流音 [r]

　日本人英語学習者がもっとも苦手とする発音は**流音 [r] と [l]** だとよく言われますが、ある意味それは正しいでしょう。実際に<u>日本語には [r] と [l] の区別がない</u>ので、仕方がありません。一時期、新元号「令和」に対して、<u>r</u>eiwa でも <u>l</u>eiwa でも良いのではないかという議論がありましたが、それは、[r] と [l] に区別がない日本語だから起こる論点というわけです。

　ここでは <u>r</u>ing の [r] の発音を勉強しましょう。

　まず、日本語で「ら、り、る、れ、ろ」と発音してください。舌先が口の中の上部、歯茎に当たっていることがわかると思います。一方で、**英語の場合、舌先が口の中の上部のどこにも当たりません**（＝接近音という）。

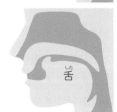

　英語の場合、舌がドーム型に盛り上がるか（上）、舌先を上部にカールさせて作るか（下）の２つの方法があります。舌を上に曲げても下に曲げても、実は同じ音が出るので、どちらでもやりやすい方法で

※1　参照 Must 48「そのほかの子音③暗い l と明るい l の側面音 [l]」（p.222~）

発音してかまいません。また、この [r] を発音する際に、唇を丸めて^{※1} 行うと、発音しやすいのです。

　次に聞こえ方ですが、英語の [r] は**日本語の「ら行の音」よりも暗く、深い音**に聞こえます。「リング」と ring を比べてみましょう。日本語の「り」の方が明るく、軽い音に聞こえるのではないでしょうか。

　3つ目に注意しなくてはならないのは、**「たたき音」**^{※2} です。一定の環境下に置かれた [t] と [d] が日本語の「ら行の音」になるとき、[r] と似た音になるわけですが、この「たたき音」と [r] は音の作り方（調音方法）が違います。ということは、聞こえ方も違ってきます。「たたき音」は一瞬の「ら行の音」ですが、[r] は暗く、深い音色の継続音ですので、「たたき音」より長い音になります。

> ▶ ringの [r] は日本語の「ら行」と似ているが、同じ音ではない。
> 日本語の「ら行」の音は比較的明るい音。英語の [r] は暗く、深い音色。

▶ Practice Listening　（46）

次の単語をディクテーションしてみましょう。

(1) ....
(2) ....
(3) ....

次に(1)〜(3)の単語を使った短文をディクテーションしてみましょう。

(4) ....
(5) ....
(6) ....

次に読む英文の中で[r]が含まれる単語を□で囲んでみましょう。

(7) Ryan is a racing driver. He has participated in many major racing competitions all over the world. He is one of the top three drivers. His driving technique is superior to that of other drivers. He makes a great amount of money now.

※1　参照 **Must** 16「「う」を攻略する！①[u:] は緊張感を持って「ウー」」(p.88~)、**Must** 18「「う」を攻略する！③はっきりした「ウ」の[u]」(p.96~)

※2　参照 **Must** 29「破裂音を攻略する！③「ら行」に変わる [t] 」(p.146~)、**Must** 32「破裂音を攻略する！⑥「ッ」で始まる [d]、終わる [d]、ら行の [d] 」(p.158~)

(1) press

(2) raw

(3) truth

(4) You should confess the truth. （真実を告白すべきです。）

(5) I don't eat raw fish. （お刺身は食べません。）

(6) When does the press conference start?（何時に記者会見が始まりますか？）

(7) Ryan is a racing driver. He has participated in many major racing competitions all over the world. He is one of the top three drivers. His driving technique is superior to that of other drivers. He makes a great amount of money now.

（ライアンはレーシングドライバーです。世界の主なレースの大会に数多く参加しています。彼は３本の指に入るドライバーです。彼のドライビングテクニックはほかのドライバーに勝っていて、現在、彼は大金を稼いでいます）

Listening Point

⊖ (1)pressと(3) truthではそれぞれ[p]と[t]の後ろに[r]がきていますが、密接に[pr][tr]がくっついていて、[r]に軽い摩擦を感じます。詳しくは Must 56 ※1 を参照してください。

⊖ r 音化※2、[ɚ]※3、[ɑːr]※4、[ɝː]※5、[ɪɚ]※6 と[r]は異なることを確認しましょう。(7)において[r]は　　で塗られた単語の下線部です。

⊖ (7)において、driver、participated、major、over、world、superior、otherの網掛けの部分は r 音化です。通常の[r]とは異なりますので、この点、音声で確認してください。

⊖ 🇺🇸 GA では r 音化の[r]は発音されますが、🇬🇧 BP では発音されません。したがって、r 音化は 🇺🇸 GA と 🇬🇧 BP では意味の違いをもたらさないという点に注意しましょう。

※1　参照 Must 56「[t]や[d]と強く結びつく [r]」(p.254~)

※2　参照 Must 47「そのほかの子音②r音化はあくまでオプション 」(p.218~)

※3　参照 Must 12「「あ」を攻略する！④[ɝː] は曇った「アー」」(p.72~)

※4　参照 Must 11「「あ」を攻略する！④[ɑːr] は深みのある「アー」」(p.68~)

※5　参照 Must 12「「あ」を攻略する！⑤[ɝː] は曇った「アー」」(p.72~)

※6　参照 Must 24「二重母音を攻略する！⑥あいまいな「イァ」の[ɪɚ]」(p.120~)

Pronunciation Tips

[r] の発音は、まず唇を丸めてから、下を軽く巻きます。
「上巻き（＝舌先を上に折るようにする）」と「下巻き（＝舌先を下
前歯の後ろに添えて、中央部が一番高くなるように丸める）」が
あります。

上巻き　　　　　　下巻き

 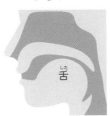

同じような音が出るので、どちらでもやりやすい方で発音すれば
良いのですが、筆者の長年の指導経験によると、「上巻き」の方
がやりやすい人が多いようです。

▶ **Pronunciation Practice** (46)

[r] と [l] に注意して、以下のミニマルペアを練習しましょう。

(1) ring vs. ling

(2) river vs. liver

(3) road vs. load

(4) correct vs. collect

(5) pray vs. play

(6) berry vs. belly

そのほかの子音
② r 音化はあくまでオプション

▶ car の [r] と ring の [r] は同じ音?

ここで見るのは r 音化です。

これまで [ə]※1、[ɚ]※2、[ɑːr]※3、[ɜː]※4、[ɪɚ]※5、[r]※6 でも言及しましたが、**r 音化と [r] は異なる**という点をまずしっかり理解することが重要です。

次に、 r 音化が起こる位置について考えます。

[r] は語頭と語中にきますが、 **r 音化は語中と語末**にきます。もう少し詳しく見ると、 r 音化は特定の母音の後ろにきて、その母音に [r] がかかることを言います。以下がその母音です。

---

r 音化が起きる母音

短母音：[ɚ]
長母音：[ɑːr]、[ɔːr]、[ɜ˞ː]
二重母音：[ɪɚ]、[eɚ]、[ʊɚ]
（このほか、二重母音との組み合わせとして [eɪɚ]、[aʊɚ] があります）

---

r 音化はあくまでオプションなので、[r] の音が聞こえないからといって語の意味は変わりません。たとえば、rock は 'r' を取ると意味が通じませんので、[r] という音素です。一方で、car の [r] があってもなくても意味は変わりません。また、 r 音化は 🇺🇸米 で起こり、 🇬🇧英 では起こりません。これもオプションだからです。

r 音化の「音化」というのは、その音が「（通常）前の音にかかる」とい

※1　参照 Must 10「「あ」を攻略する！③[ə] は疲れてため息をついたときの「ア」」(p.64~)
※2　参照 Must 12「「あ」を攻略する！⑤ [ɜː] は曇った「アー」」(p.72~)
※3　参照 Must 11「「あ」を攻略する！④[ɑːr] は深みのある「アー」」(p.68~)
※4　参照 Must 12「「あ」を攻略する！⑤ [ɜː] は曇った「アー」」(p.72~)
※5　参照 Must 24「二重母音を攻略する！⑥あいまいな「イァ」の [ɪɚ]」(p.120~)
※6　参照 Must 46「そのほかの子音①「ら行」の音より暗く深い流音 [r]」(p.240~)

う意味を示しています。したがって、リスニングのときに注意を払う点としては、**母音を聞くこと**であり、ｒ音化を聞くことではないのです。発音の際にも同じことが言えるので、重要なのは、**母音をはっきりと発音すること**で、その後のｒ音化はあくまでオプションということを自覚しましょう。

　しかし、日本人英語学習者は [r] を発音しなくてはいけないからと、そちらに注意が行き、結局は母音を正確に発音しないことがあります。その結果、別の単語になってしまうということが往々にしてあるのです。たとえば、bark（意味：［犬などの］吠え声、鳴き声）というところを birk（意味：［俗な言い方で］嫌な奴、間抜け、あほ）と言ってしまうなどです。これは、ｒ音化の [r] に注意が行き過ぎて、口の開け方が狭くなり、bark の [ɑːr] が birk の [ɜː] になってしまった結果です。これは、英語上級学習者でもしばしば起きることなので、注意が必要です。

> car の [r] と ring の [r] は違う音。
> ｒ音化と [r] は別物。前者はオプション、後者は音素。

▶ **Practice Listening**　（47）

次の単語をディクテーションしてみましょう。

(1) ....

(2) ....

(3) ....

次に(1)〜(3)の単語を使った短文をディクテーションしてみましょう。

(4) ....

(5) ....

(6) ....

次に読む英文の中でｒ音化が含まれる単語を□で囲んでみましょう。

(7) Today is my mother's sixtieth birthday. Alexander and I decided to buy flowers for her. She loves lavender and sunflowers, so we asked a florist to make a bouquet with them. We also bought a purple cashmere scarf. I hope she likes them.

(1) board

(2) short

(3) occur

(4) The accident occurred in front of me. （私の前で、事故は起こりました。）

(5) Have you ever tried short bread?

（ショートブレッドは試したことがありますか？）

ショートブレッドとは
スコットランド発祥で
スコットランドやイギリスでよく
食べられるバタークッキーの
ようなもの。フィンガータイプ
の Walkers 社のものが
有名

(6) Welcome on board. （[機内などで]ご搭乗ありがとうございます。）

(7) Today is my mother's sixtieth birthday. Alexander and I decided to buy flowers for her. She loves lavender and sunflowers, so we asked a florist to make a bouquet with them. We also bought a purple cashmere scarf. I hope she likes them.

（今日は母の60歳の誕生日です。アレクサンダーと私は花を買うことにしました。ラベンダーとひまわりが好きなので、それらを使ってブーケを作ってもらえるように花屋にお願いしました。また、紫のカシミヤのマフラーを買いました。気に入ってくれると嬉しいです。）

Listening Point

⊖ r 音化は特定の母音の後にくるので、その点に注意を払って、聞いてみましょう。 r 音化があると、その母音にフィルターがかかるように、暗い音調になります。

⊖ r 音化と通常の[r]は異なるので、注意が必要です。 r 音化の有無（🇺🇸 GA ではあり、🇬🇧 RP ではなし）では意味の違いを生みません。

⊖ (7)のcashmereは日本語では「カシミヤ」といいますが、英語では「カジュミァ」または「カシュミァ」となり、かなり発音の異なる単語なので注意が

必要です。前者は  GA が多く、後者は RP に多い発音です。録音の音声の話者は GA なので、前者で発音しています。

⊕ (4)のfront、(5) tried、bread、(7)のfloristの[r]は r 音化でないので注意が必要です。

Pronunciation Tips

r音化は「オプション」なので、もっとも重要なのは母音です。
発音記号は発音の生成の仕方をよく表しています。
たとえば、[ɑːr] は [ɑː] を発音してから、[r] を発音します。
一方、[ɜːʳ] は舌を上に向かって丸めた状態であいまい母音を発音するので、母音とr音化が同時に起こります。
すなわち [ɑːr] や [ɔːr] の場合は母音を発音してから [r] を、[ɚ] や [ɜːʳ] はあいまい母音と [r] を同時に発音します。
Practice Listening（47）を何度も聞き、r音化と通常の [r] の発音を確認しましょう。

▶ **Pronunciation Practice**（47）

102

以下の単語の GA と RP の発音の違いを聞き比べましょう。その後は、発音練習をしてみましょう。 GA には r 音化があり、 RP には r 音化がありません。

(1) shore　　　　 GA 、 RP

(2) bird　　　　　 GA 、 RP

(3) participate　　 GA 、 RP

(4) purpose　　　 GA 、 RP

(5) north　　　　 GA 、 RP

(6) peer　　　　　 GA 、 RP

そのほかの子音
③暗いlと明るいlの側面音 [l]

▶ milk は「ミウク」に聞こえる？

　ここでは、leaf や milk の [l] の発音を見ていきましょう。[r]※1 と同様に、日本人英語学習者には難しい発音です。しかし、英語では流音 [l] と [r] の聞き分けは重要なので、ここでしっかり習得したいものです。

　まず、英語の [l] は**上前歯の後ろに舌先をつけて発音**する音ですが、そのときに舌先が前歯の後ろについているので（＝中央線が閉鎖されます）、肺からの空気は舌の横側から出ます。その音の作り方（調音方法）から、**側面音（側音）**と言われます。これは継続音なので、すぐに舌先を上部前歯の後ろから放さないことが重要です。

明るい [l]

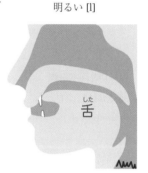

舌

　ところで、以下の [l] の発音は同じでしょうか。

leaf vs. milk

　後者の milk は「ミウク」に聞こえますが、前者はそうではありません。前者はその音調から「**明るい l（clear l）**」と、後者はその音調から「**暗い l（dark l）**」とそれぞれ呼ばれます。後者は milk が「ミウク」と聞こえるように、「う」に近い音調となるので注意が必要です。result の場合には、[l] が「お」に近くなることがあります。このように「う」や「お」に近い音調の [l] を「暗い l」と呼びます。

※1　参照 Must 46「そのほかの子音①「ら行」の音より暗く深い流音 [r]」（p.214~）

それぞれの音が現れる位置ですが、**「明るい l」**は leaf のように**母音の前**に、**「暗い l」**は milk のように**母音の後**にきます。また、前後の母音の性質によっても聞こえ方は多少異なります。

こうした音調の違いがあるものの、リスニングの際には、「明るい l」でも「暗い l」でも同じ [l] であると認識できるかがポイントになります。ただし、アクセント（方言）によっても相違があり、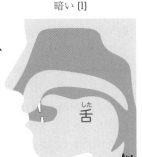は「暗い l」をどのような環境でも頻繁に使う傾向にありますので、そういった場合、日本人英語学習者は特に注意が必要です。

暗い [l]

発音の仕方ですが、「明るい l」は左ページに書いた通りですが、「暗い l」に関しては、**舌先に少し力を入れる**と、図のように舌の後ろ側が盛り上がることを意識して、発音してください。

---

milkは「ミ**ウ**ク」に聞こえる。
▶英語には「明るい l」と「暗い l」がある。
「暗い l」は「う」と「お」に近い音調になる。

▶ **Practice Listening**　（48）

次の単語をディクテーションしてみましょう。
(1) ....
(2) ....
(3) ....

次に(1)〜(3)の単語を使った短文をディクテーションしてみましょう。
(4) ....
(5) ....
(6) ....

次に読む英文の中で[l]が含まれる単語を□で囲んでみましょう。
(7) Hi! I'm Liz. Liz is the diminutive of Elizabeth. I'll introduce myself. My favorite color is yellow. I was born in October, so I love the fall. I love the cool air and warm sunshine of that season.

(1) allow

(2) children

(3) culture

(4) You should respect Japanese culture more.

（日本文化をもっと尊重しなければなりません。）

(5) How many children do you have in your class?

（あなたのクラスに児童は何人いますか？）

(6) No alcohol is allowed on campus. （キャンパスではアルコールは禁止です。）

(7) Hi! I'm Liz. Liz is the diminutive of Elizabeth. I'll introduce myself. My favorite color is yellow. I was born in October, so I love the fall. I love the cool air and warm sunshine of that season.

（こんにちは。リズです。リズはエリザベスの呼称です。自己紹介します。好きな色は黄色です。10月に生まれたので、秋が好きです。その時期の冷たい空気と温かい太陽の光が好きです。）

Listening Point

➔ (1)と(6)のallowは発音自体、注意が必要で、「アロゥ」ではなく「アラゥ」です。最初の 'a' はあいまい母音ですので、「ア」ほどはっきりした発音ではありません。

➔ (7)では「明るい l」と「暗い l」が混在しているので、「暗い l」であっても [l] と認識できるかがポイントです。

➔ (7) fallやcoolは「暗い l」の典型です。したがって、[l] と明確に発音しているというよりは、「クーゥ」、「ファーゥ」といった具合に聞こえます。

➔ (7)において、Lizは「明るいl」の典型です。一方で、fallやcoolは「暗い l」の典型です。したがって、音声を何度も聞いて聞き分けてみましょう。

Pronunciation Tips

「明るいl」は上前歯の後ろに舌先を当てます。

そこから「暗いl」にするには、「明るいl」の状態から舌先に力を入れて、舌の裏側の血管がはっきり見えるようにすると、舌の中央部が盛り上がります。

鏡を見ながら行うと良いでしょう。

また唇を少しすぼめるようにすると、「暗いl」が上手に発音できます。

▶ **Pronunciation Practice**（48）

104

以下の単語における「明るいl」と「暗いl」の違いを聞き比べましょう。その後は、発音練習をしてみましょう。

◇明るいl
(1) leaf
(2) loop
(3) large
(4) look
(5) loose

◇暗いl
(1) feel
(2) fail
(3) pull
(4) people
(5) table
(6) hill

そのほかの子音
④「ちゅ」「じゅ」より短く
一瞬の破擦音の[tʃ][dʒ]

▶<u>チョ</u>コレートと <u>cho</u>colate、<u>ジャッ</u>ジと ju<u>dge</u> はそれぞれ同じ音？

ここでは chocolate の [tʃ] と judge の [dʒ] を見ていきましょう。

ここで注意しなくてはならないのは [tʃ] と [dʒ] は 2 文字に見えますが**1 つの発音記号で、1 つの発音である**ということです。

最初の要素 [t] と [d] が破裂音で、後ろの要素 [ʃ] と [ʒ] が摩擦音なので、**破擦音**と呼びます。

[tʃ] と [dʒ] は無声音と有声音[※1]の対をなすものです。

さて、日本語のチョコレートと英語の chocolate、日本語のジャッジと英語の judge の下線部は、同じ発音でしょうか。

似た音ではあるのですが、少し違います。[uː][※2] のように**唇をしっかりと丸めてから、「ちゅ」「じゅ」と発音する**のが英語の [tʃ][dʒ] です。したがって、英語の方は日本語のように母音がないので、軽く息がまじった一瞬の「チュ」「ジュ」になります。

[tʃ][dʒ]

唇を
しっかり
丸める

※1　参照　第 3 章「日本語にない音、注意すべき音：子音編」(p.132)
※2　参照　**Must** 16「「う」を攻略する！①[uː] は緊張感を持って「ウー」」(p.88~)

もう１つ注意する点があります。[b]^{※1}、[d]^{※2}、[v]^{※3}、[ð]^{※4}、[z]^{※5} でも言及しましたが、有声の音、この破擦音では [dʒ] ですが、この音が**語頭にくる際には前半**が、**語末にくる際には後半が無声化する**ので、小さな「ッ」が語頭のときには前半に、語末のときには後半にくるような印象があります。ということは、語頭と語末に [dʒ] がくる際には、**語中にくるときよりもはっきりとは聞こえない**ので注意が必要というわけです。

▶ チョコレートとchocolate、ジャッジとjudgeはそれぞれ少し発音が異なる。
唇を丸めて、「ちゅ」と「じゅ」と発音する。
[dʒ]が語頭と語末にくる際には、注意が必要。

▶ **Practice Listening**　（49）

次の単語をディクテーションしてみましょう。

(1) ....
(2) ....
(3) ....

次に(1)〜(3)の単語を使った短文をディクテーションしてみましょう。

(4) ....
(5) ....
(6) ....

次に読む英文の中で[tʃ]と[dʒ]が含まれる単語を□で囲んでみましょう。

(7) Hi, I'm Mika. I'm from Japan. I speak Japanese, Chinese and English. I am teaching English to children at a church now. This is because I graduated from a Christian college in Japan. I will go to Germany this June to study German.

※1　参照 Must 31「破裂音を攻略する！⑤小さな「ッ」から始まる [b]、終わる [b]」（p.154〜）
※2　参照 Must 32「破裂音を攻略する！⑥「ッ」で始まる [d]、終わる [d]、ら行の [d] 」（p.158〜）
※3　参照 Must 35「摩擦音を攻略する！②かなり鋭い「ブ」の音[v]」（p.170〜）
※4　参照 Must 37「摩擦音を攻略する！④柔らかい「ズ」の[ð]」（p.178〜）
※5　参照 Must 40「摩擦音を攻略する！⑥しっかり細かい摩擦の「ズ」の[z]」（p.190〜）

(1) chopsticks

(2) nature

(3) education

(4) Education is the best investment. （教育は最高の投資です。）

(5) We should keep nature clean. （自然をきれいにしておかなければなりません。）

(6) I use chopsticks when I eat Sushi. （寿司を食べるとき、箸を使います。）

(7) Hi, I'm Mika. I'm from Japan. I speak Japanese, Chinese and English. I am teaching English to children at a church now. This is because I graduated from a Christian college in Japan. I will go to Germany this June to study German.

（こんにちは、美香です。日本から来ました。日本語、中国語、英語を話します。現在、教会で英語を教えています。これは日本のキリスト教の大学を卒業しているからです。今年の６月にドイツ語を学ぶために、ドイツに行きます。）

Listening Point

➔ (1)と(2)は[tʃ]、(3)は[dʒ]です。(3)は日本語の「じゅ」よりはっきりしていないことを確認しましょう。

➔ (7)において、[tʃ]はChinese、teach、children、church、Christianに見られます。[dʒ]はJapan、Japanese、graduated、college、Germany、June、Germanに見られます。

➔ 前の説明でも書いた通り、[dʒ]は語頭と語末にくる場合には、聞こえ方が明確でないことがあるので、注意が必要です。

Pronunciation Tips

まず唇をすぼめて丸めてから「チュ」「ジュ」と発音します。

日本語とは違い、口の中の中央辺りで細かい摩擦が聞かれます。

この摩擦は口をすぼめることにより空気の流れが狭い通路を通ることで生じます。

したがって、日本語の「ちゅ」「じゅ」よりは軽く一瞬の音になります。

▶ **Pronunciation Practice**（49）

以下のミニマルペアを発音練習してみましょう。特に下線の[tʃ]と[dʒ]にそれぞれ注意してください。

(1) teach vs. teeth　　　　　[tʃ] vs. [θ]

(2) chew vs. two　　　　　　[tʃ] vs. [t]

(3) wage vs. ways　　　　　[dʒ] vs. [z]

(4) change vs. chains　　　 [dʒ] vs. [z]

(5) badge vs. bad　　　　　[dʒ] vs. [d]

(6) jog vs. dog　　　　　　 [dʒ] vs. [d]

そのほかの子音
⑤母音とよく似た子音[j][w]

▶yacht の [j] と <u>w</u>ish の [w] は母音？子音？

　ここでは yacht の [j] と <u>w</u>ish の [w] を見ていきましょう。

　まず注意しなくてはならないのは、[j] という発音記号は**「じゅ」ではな
い**ということです。yacht の [j] なので、**「ユ」**になります。ちなみに、発音
記号 [j] は「ヨッド」という名前がついています。

　[j] の発音の仕方ですが、[i] から始めます。[i] と言いながら、さらに舌の
盛り上がりを上げるようにする（＝舌に力を加える）と、[j] になります。
ところで [j] と発音しているときは、**口腔内のどこでも閉鎖が起こっていま
せん**。つまり舌が口の中のどこにも触っていません。

　同時に、<u>w</u>ish の [w] も**唇をすぼめて発音するので、口腔内のどこにも閉鎖
は起こっていません**。

　子音の定義では「口腔内のどこかで閉鎖または妨害が起こる」ということ
が前提なのですが、この [j] と [w] はそれに当てはまりません。つまり、<u>音
を作るメカニズム上は母音と同じ</u>ということになります（このことから**接近
音**とも呼ばれます）。しかし、音の性質上、英語ではこれらは子音と扱われ
るので、子音となります。このことからも、この [j] と [w] は**半母音**と言わ
れるのです。つまり、半母音は接近音の一種というわけです。

　聞き取る際には、[j] と [w] は母音と同じような性質をもっているため、**ほ
かの子音と比べると柔らかな音調**の音なので注意する必要があります。

▶yachtの [j] と<u>w</u>ishの [w] は、音を作る特徴からすると母音だが、音の性質からすると
子音なので、子音扱いされる。

▶ Practice Listening　（50）　**107**

次の単語をディクテーションしてみましょう。

(1) ....

(2) ....

(3) ....

次に(1)〜(3)の単語を使った短文をディクテーションしてみましょう。

(4) ....

(5) ....

(6) ....

次に読む英文の中で[j][w]が含まれる単語を□で囲んでみましょう。

(7) We love yachting, so we often go to a yacht harbor on the West Coast. The reason why we love to sail a yacht is that we can enjoy the fresh sea breeze. We usually sail a yacht twice a month, but not in winter.

(1) queen

(2) reward

(3) young

(4) When my mother was young, she was a teacher.
（母は若いころ、教師をしていました。）

(5) Your effort will be rewarded. （あなたの努力は報われるでしょう。）

(6) It is important to know the history of Queen Elizabeth I.
（エリザベス I 世の歴史を知っておくことは重要です。）

(7) We love yachting, so we often go to a yacht harbor on the West Coast.
The reason why we love to sail a yacht is that we can enjoy the fresh sea
breeze. We usually sail a yacht twice a month, but not in winter.

（ヨットに乗るのが好きなので、西海岸のヨットハーバーに私たちはしばしば行きま
す。なぜヨットに乗るのが好きかというと、新鮮な海風を感じることができるから
です。たいてい一か月に二度ヨットに乗りに行きますが、冬にはそうではありませ
ん。）

Listening Point

⊖[j]と[w]に関しては、それほど難しい音ではありませんので、**Practice Listening** (50)で間違えた場合には、もう一度聞きなおして確認しましょう。ただし、**Pronunciation Practice** (50)の(1)〜(3)の区別は特に英語学習者には難しいので、注意してください。

⊖[j][w]は、それほど難しい音ではありませんが、[w]に関しては、weなどが弱く読まれた場合、[w]なのか[u]なのか区別がつかないこともあるので注意が必要です。

Pronunciation Tips

[j] は日本語の「や行の音」に近く、[i, i, i, i, i, i, i, i] と発音しながら、舌に力を入れます。

すると、舌が盛り上がって [j] になります。

一方、[w] は日本語の「わ行の音」に近く、唇をしっかりとすぼめてから [w] を発音しましょう。

▶ **Pronunciation Practice**（50）

[j]と[w]に注意して、以下のミニマルペアを練習しましょう。

(1) year vs. ear
(2) yeast vs. east
(3) Yale vs. ale
(4) win vs. inn
(5) wit vs. it

語注：(1)yeast イースト菌、酵母菌、(3)Yale (アメリカの名門大学) イエール大学、ale エールビール、(4)inn 宿屋、(5)wit 機知、機転

リスニングの鬼コーチからの
お悩みアドバイス③

Q 大学受験や語学試験のリスニングセクションで高得点を取る方法は
ありますか？

A 効率的にリスニングをする訓練を積みましょう：聞き取る
べきところを聞き取り、聞き取らなくて良いところは聞き
取らなくて良いのです

初級・中級・上級

大学入試や語学試験のリスニングで高得点を取りたい場合、体力を
温存し、集中力を維持しながら、効率的に問題を解いていくことが求
められます。たとえば、TOEIC では最初にリスニングセクションが
45 分、その後にリーディングセクションが 75 分ありますので、リー
ディングまで体力を保持して、集中して取り組まなければなりません。
また、リスニング・リーディングともに難易度は前半よりも後半の方
が高いので、リスニングで力尽きていては、後半のリーディングまで
集中力がもちません。大学入試でもリスニングがある場合には、最初
にリスニングが行われるのが一般的です。

つまり、リスニングのテスト対策としては、効率良く問題を解くこ
とが求められます。聞き取るべきところを聞き取り、聞き取らなくて
良いところは聞き取らなくて良いというわけです。

その訓練のためには、以下の対策をすると良いでしょう。

はじめに、自分が受ける大学の問題集や語学試験対策用の教材を使
用して、**全体像**（概要、outline）、つまり「どのような話で（**What**）、
話者は誰で（**Who**）、どこで（**Where**）の会話か」をとらえる訓練を
してください。全体像がリスニング問題の最初に印字されている場合
はそれをしっかりと読みましょう。また、音声の最初に全体像が述べ
られている場合は聞き漏らさないようにしましょう。

次に、「**詳細**（話題、topic）」をとらえる訓練です。大学入試や語

Advice for learning English

話題1
(Topic1)

話題2
(Topic2)

話題3
(Topic3)

話の概要
(outline)

学試験においては、「問題と関連していると
ころを聞き取ること」を指しますので、そこ
を聞き取っていきます。基本的には、話が出
てくる順番に問題が並んでいますので、その
順にしたがって問題を解いていきましょう。

　全体像と詳細の関係は図解すると右のよう
になります。

　問題を解く際には、以下のプロセスを試すことによって、大学受験
や語学試験対策において高得点を取ることができます。

プロセス (1)音声が流れる前に、短時間で、問題文を読む

まず疑問詞を、次にポイントとなる内容語※1 をチェックします。

> What will the woman probably do next?
> (a) Talk to a guide
> (b) Go to the second floor
> (c) Start her tour
> (d) Go out of the building

プロセス (2) 選択肢を見る

・詳細(話題、topic)では何を聞き取るべきかを理解します。
・このとき、動詞(句)は重要です。目的語もチェックしましょう。

> What will the woman probably do next?
> (a) Talk to a guide
> (b) Go to the second floor
> (c) Start her tour
> (d) Go out of the building

プロセス (3) 聞き取るべきところを頭に入れて、聞き取っていく

このとき、集中力を切らさないようにしましょう。

　プロセス (1) ～ (3) のプロセスでたくさん問題を解くことで訓練を積
んでください。テンポよく問題を解いていくことが重要です。

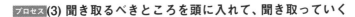

※1　参照 Must 7「イントネーションのピークを聞き取れれば話は大体わかる」(p.46～)、第6章「発音
は場所によって変化する」(p.296～)

リスニ
の
鬼100

第 **4** 章

音は変化する

●──── 1つ1つの音からつながりへ

　これまで第2章では母音、第3章では子音とそれぞれ単音を見てきましたが、この章では、前後の音で音が変化する現象など、**連続する音の中で英語学習者がリスニングの際に「つまずくポイント」**を7つ紹介します。

　人間はロボットではないので、主に口の中で楽をして、体に負担をかけないようにして話します。したがって、楽をするところは楽をして発音するので、すべての音を個々に明確に発音するわけではありません。場合によっては、音が脱落することもあります。また、単音に副次的な特徴が加わることもあります。

　そうした特徴は「自然な発音」ということになるわけですが、そこがリスニングの際には「つまずくポイント」にもなるのです。この「自然さ」がどこにあるかということを、この章では理論的に学んで、リスニングの際の弱点にならないようにしっかりと訓練しましょう。

　この章は、p.5で示した「全体のモデルプラン」の**Phase**3の入り口で、これ以降、連続する音声の中でどのような点に注意して聞けば正確に意味をとることにつなげられるのかを学びます。

人は楽して発音する：
音の脱落

▶ 語末の子音は消えやすい？

まずは、次の文を自然に発音してみましょう。

I like to eat hamburgers. （ハンバーガーを食べるのが好きです。）

この文が自然に発音されると、like の [k] と eat の [t] が明確に発音されません。あたかも [k] と [t] がないように聞こえます。

このように、**語末の破裂音** [p, t, k, b, d, g]※1 は**脱落**する、あるいは日本語**の小さな「っ」のような音で置き換わったりする**ことがしばしばあります。

脱落したように聞こえるのは、第3章の破裂音の生成過程で説明した「閉鎖・持続・開放」※2 の3つのうち最後の step3 **「開放（破裂）」が明確に行われないことがあるためです。**

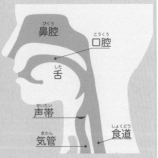

step1 閉鎖：唇から声帯までのいずれか（この一帯を口腔と言います）を狭めます。

step2 持続：**step1** をしばらく持続させると、肺からの空気が閉鎖の部分に集まって空気が圧縮されます。

step3 開放：**step2** で高まった空気が、外にポンと出て音が作られます。

鼻腔
口腔
舌
声帯
気管
食道

※1 参照 Must 27「破裂音を攻略する！①一瞬で息を吐く [p]」(p.138~)〜 Must 33「破裂音を攻略する！⑦ [g] は思うほど「ガ行」ではない」(p.162~)

※2 参照 Must 27 同上

　たとえば、Did you eat?（もう食べた？）と言うとき、eat の [t] が明確に発音されていないように聞こえるということです。

　このように英語の子音が、特に**破裂音が語末にくる際には、明確でないことが多い**ので、注意が必要です。

　しかし、前の語が子音で終わり、次の語の頭に母音がくる場合には、音が連結します。「音の連結」に関しては、第5章「音はつながる、だから難しい」を参照してください。

　音がつながっても、音が脱落しても、リスニングの際に正しく聞き取れるようになることが何よりも大切です。ここで重要なのは「慣れ」であり、音が脱落しても「ある」と脳が認識することです。

　そのためには、「自然な音」の連続に慣れ親しむ必要があります、

> 破裂音で単語が終わる場合や、前の語の語末が子音で、次の語が子音で始まる場合は、音が明確でないことが多いので、注意が必要。

▶ **Practice Listening** （51）

次の単語をディクテーションしてみましょう。
(1) ....
(2) ....
(3) ....

次に(1)～(3)の単語を使った短文をディクテーションしてみましょう。
(4) ....
(5) ....
(6) ....

(1) put

(2) kick

(3) dog

(4) Where did you put that?　　（あれをどこに置いたの？）

(5) Rian decided to give his dog to Tom.
　（ライアンはトムに犬を譲ることにしました。）

(6) Did Amy kick her husband out?　　（エイミーが旦那さんを追い出したの？）

Listening Point

⊖ (1)～(3)は、単語だけを単独で注意深く発音していますので、比較的はっきりと聞こえます。これを専門用語で「**引用形**」と言います。

⊖ 一方で(4)～(6)は自然に発音しているので、語末の破裂音がほとんど聞こえず、**脱落**しているように聞こえます。このポイントは、日本人英語学習者の多くが不得意とするケースです。

⊖ (4)と(5)にあるように、語末に破裂音がきて、その後ろの語の最初の音が子音の場合には、語末の破裂音が明確に聞こえないので注意が必要です。

⊖ (1)～(3)の単語のみで発音された場合（引用形）と、(4)～(6)の分で発音されたときの下線部の語末の子音がどのように変化するのかに注目して聞いてみましょう。

⊖ (4) putは音がほとんど聞こえません。これは近い調音位置を持つ子音[ð]が後ろに続いているからです。語の終わりに無声破裂音（[t]など）がきて、次の語の始めに子音がくる場合には、無声破裂音が明確に聞こえないことが多いので注意しましょう。短い間や「ッ」に聞こえることがあります。

⊖ (6)においては、Did, kickとhusbandの後ろにそれぞれ母音がAmy [eɪ]、her [ɚ]とout [aʊ]がきているので**音がくっついて**います。したがって、Did Amyが「ディデイミ」、kick herが「キッカー」、husband outは「ハズブンダウトゥ」になっています。herに関しては[hɚ]と子音[h]を発音する場合も

あるのですが、ここでは子音を脱落させて、弱形で発音しています[※1]。この[h]の脱落も、英語ではしばしば起こる現象です。

⊖ 語末の破裂音が明確に聞こえず、意味が理解できない場合には、英語音声の特徴への「慣れ」も必要なので、聞き取れない場合には、何度も聞き返してみましょう。

Pronunciation Tips

Practice Listening (51) の put that? のように、前の語が子音で終わり (put など)、次の語が子音で始まる (that など) 場合、前の語を明確に発音しないのですが、その1つのやり方としてはその子音を「ッ」で置き換えることがあります。

▶ **Pronunciation Practice** (51)

まず、下線部に注意して音声を聞いてみましょう。その後、下線部に注意して、自然な発音で発音しましょう。

(1) Did you talk to your friend?

(2) Angelina got married to an engineer.

(3) My mother passed away last September.

(4) I went to a party yesterday.

(5) I love to drink soda pop.

※1　参照 Must 75「会話ではふつう弱く言う her は「ハ」か「ア」」(p.328〜)

語末で音が消えたら、その前の母音の長さを手がかりに判断する

▶ eigh<u>t</u> と ai<u>d</u> はどうやって区別する？

　前項 **Must** 51 のように語末の破裂音が脱落するなど明確でない場合、それが無声音か、有声音かはどのように聞き分ければ良いのでしょうか。

　以下の短文を比べてみましょう。

We have eigh<u>t</u> donors.　　　（8人のドナーがいます。）
We have ai<u>d</u> donors.　　　　（同盟国があります。）

　このように自然な発音で発音した場合、eigh<u>t</u>[eɪt] の [t] と ai<u>d</u>[eɪd] の [d] は明確に発音されないことが多くありますが、そのときに語末の音が [t] なのか [d] なのかは、どのように判断すれば良いのでしょうか。基本的には文脈で判断すれば良いのですが、上記のようなケースもあります。

　そのような場合は、その**前の母音に注目**することが重要です。

　具体的には、eigh<u>t</u>[eɪt] と ai<u>d</u>[eɪd] を比べると、前者の方が後者よりも**母音が短い**のです。

$$\text{eigh}\underline{t}[\text{eɪt}] < \text{ai}\underline{d}[\text{eɪd}]$$

　言い換えると、**後ろに有声子音がくる方**（ai<u>d</u>[eɪd]）**が、無声子音がくる**（eigh<u>t</u>[eɪt]）**よりも母音**（この場合 [ɪ]）**は長くなる**のです。

無声子音の前の母音 ＜ 有声子音の前の母音

　このように同じ母音にもかかわらず、後ろにくる子音によって長さが変わるという感覚を、日本人は基本的には持たないため、注意が必要というわけです。

　Pronunciation Practice (52) でしっかりと音に慣れ、発音練習をすることを通して、Must 52 の感覚をつかんでみましょう。

> ▶ eightとaidの区別は、語末の子音が「消えた」際には、子音の前の母音の長さで判断する。
> 無声子音の前の母音＜有声子音の前の母音

▶ **Practice Listening** （52）

113

以下の単語のどちらを発音したか、当てはまる単語を○で囲みましょう。

(1) back vs. bag
(2) pot vs. pod
(3) pick vs. pig
(4) kick vs. kid
(5) bop vs. Bob

録音の音声は (1) から (5) まで解答を発音した後、両方の単語を左、右の順番で交互に読んでいますので、確認してください。

※語注　(2)pod 繭、さや、(5)bop ぶったたく、殴る

(1) bag
(2) pot
(3) pick
(4) kid
(5) bop

Listening Point

→ (1)～(5)は単語のみの発音なので、丁寧に発音しているため、どちらの発音かわかりやすくなっています。しかし、練習のために、子音の前の母音に注目してリスニングしましょう。

→ 最初、eightでもaidでも母音の長さがあまり変わらないと感じるかもしれませんが、その場合には、Pronunciation Practice (52)で母音の長さを聞き比べてみましょう。感覚がつかめるはずです。

→ (1)～(5)で聞き間違えてしまった場合には、前項のPractice Listening (51)に戻り、何度も聞いて音声を確認しましょう。

Pronunciation Practice （52）

以下のミニマルペアを比べてみましょう。左の方の母音が短くなります。その際のポイントは、下線部で示した子音です。注意して発音を聞き、その後、発音練習をしてみましょう。

(1) eight < aid
(2) beat < bead
(3) leaf < leave
(4) peace < peas
(5) bit < bid

同じ音が連続すると、音は1つにまとまる

▶ fried doughnut は「フライドドーナツ」？

　英語は単語で発音した際や丁寧に発音した際と、自然な会話で発話した際には発音が異なることはよくあることです。

　特に、前の語の**最後の音**と後ろの語の**最初の音に同じ音**がきた際には、単独で発音した際とは事情が異なります。たとえば、

　　The fish is fried.　　　（その魚は油で揚げてある。）

と言ったときと、

🔊 115

　　I love fried doughnuts.　（揚げドーナツが好きです。）

と言ったときの、下線の [d] の音はどちらも同じでしょうか。

　明確なのは前者のときです。後者の場合は、doughnuts の [d] ははっきりと聞こえますが、fried の [d] はほとんど聞こえません。

　ではここで何が起こっているのでしょうか。

　そもそも [d] は**舌先を上の前歯の後ろの歯茎に当てて** [d] と発音します[※1]。「**閉鎖**」ができたら、その状態をほんの少し「**持続**」してから、舌先を「**開放**」するという3つのステップを経て作られます。

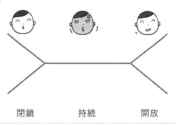

閉鎖　　　持続　　　開放

※1　参照 Must 32「破裂音を攻略する！⑥「ッ」で始まる [d]、終わる [d]、ら行の [d]」（p.158〜）

３つのプロセスは「破裂音」に共通する工程です。これを一瞬で行うので、同じ音が２回重なる時には、その３つの工程を２回行うのは面倒です 。

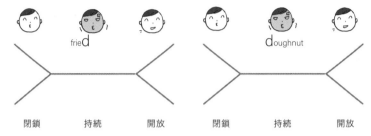

そこで、保つ時間をほんの少しだけ長くして、発音するのです。

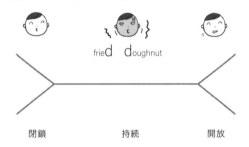

このことから、fried の [d] は明確には聞こえないというわけです。

▶前の語の最後の音と後ろの語の最初の音が同じ子音の場合には、２度発音しない。

▶ **Practice Listening** （53）

（　　　　）内に当てはまる語を書き取ってみましょう。その後、発音練習してみましょう。

(1) Do you (　　)(　　)?
(2) No one wants to (　　)(　　) on the street.
(3) We need to (　　)(　　) with a demanding schedule.

ANSWER　（53）

(1) eat tacos　　（タコスを食べることはありますか？）
(2) kick cans　　（誰も路上で缶をけりたいと思わない。）
(3) keep pace　　（私たちは忙しいスケジュールについていく必要がある。）

Listening Point

→ (1)～(3)では、(1)eat tacosの場合、[t]が2回発音されていないことに注意しましょう。他の(2)と(3)も同様です。

→ 聞こえ方としては、前の単語の語末の破裂音((1)eat、(2)kick、(3)keep)が発音されていないように聞こえます。

Pronunciation Practice（53）

以下の発音をまず何回か聞いて、その後、発音練習してみましょう。

(1) fried doughnut
(2) I love to eat fried doughnuts.
(3) eat tomatoes
(4) My parents eat tomatoes every morning.

単語の最初にくる[t]と
最後にくる[t]では音が違う

▶tea と eat の [t] は同じ音？

　Must 51[*1] と Must 52[*2] では破裂音が明確でない場合について学びましたが、ここでは無声破裂音の [t] に注目してみましょう。

　はじめに、tea と eat を自然に発音してください。

　次に、以下の文を自然に発音した音声を聞いてみましょう。

> I like to drink tea. 　（お茶を飲むのが好きです。）
> I like to eat. 　（食べるのが好きです。）

　そうすると、tea の [t] はとてもはっきり発音されているのに、eat の [t] ははっきりと発音されていないことに、気づくのではないでしょうか。

　より詳しく説明すれば、tea の [t] は Must 28[*3] でも説明したように、気音を伴うので、[t] の**すぐ後に息を吐くような感じがあるので、比較的はっきりと聞こえます。**このように、気音は、強い強勢のある音節の初めにくるときに生じることを覚えておきましょう。補助記号を使った発音記号で示すと [tʰ] となります。[ʰ] は息を表しています。

　一方で、eat の [t] は、Must 51 でも説明したように、通常あるいはカジュアルな会話においては、破裂音が語末にくる場合、破裂音の３つの生成過程（閉鎖 😣・持続 😐・開放 😮）[*4] のうちの最後の「開放（破裂）」が明確に行われないことから、**音が明確には聞こえない**ことが多々あります。「開放し

※1　参照 Must 51「人は楽して発音する：音の脱落」（p.240~）
※2　参照 Must 52「語末で音が消えたら、その前の母音の長さを手がかりに判断する」（p.244~）
※3　参照 Must 28「破裂音を攻略する！②場所によって聞きやすさが異なる [t]」（p.142~）
※4　参照 Must 27「破裂音を攻略する！①一瞬で息を吐く [p]」（p.138）

ない」という補助記号は [˺] を使うので、[t˺] と表現します。

　このように、同じ [t] という音素（音の最小単位）であっても、現れる箇所によって細かい特徴が違い、結果として、違うように聞こえることがあるので、注意が必要です。

　これらの違いは、Pronunciation Practice(54) でしっかりと定着を図りましょう。

　特に eat のように**音が明確に聞こえない**場合には、特に注意が必要となりますが、**後ろに母音がくる際には、音が連結します**ので、その場合には、「連結」に注意を向ける必要があります。連結については第5章「音はつながる、だから難しい」を参照してください。

▶teaとeatの[t]は、音素は同じだが、特徴が違うので、その特徴に気を配る。

▶ **Pronunciation Practice** （54）

以下のペアの音を聞き比べてみましょう。左が気音がある[ʰ]破裂音で、右が開放されない[˺]（明確でない）破裂音です。開放されないということは、録音の音声を聞くと、明確に発音されていない感じを受けます。
聞き比べた後、発音練習をしてみましょう。

(1) pay vs. lip

(2) buy vs. robe

(3) take vs. seat

(4) day vs. bed

(5) kite vs. back

(6) gate vs. bag

> 練習の際に、
> ティッシュや薄紙を
> 口元に垂らすと、
> 左側はティッシュや
> 薄紙が大きく揺れ
> ますが、右側は
> 揺れません

s がくると「息」おいがなくなる [p], [t], [k]

▶ p̲in と sp̲in の [p] は同じ音？

　人間は人が思うより、音声ではなく、文字依存です。

　たとえば、p̲in と sp̲in の [p] を比べてみましょう。一般的には同じ [p] という音だと思うでしょう。しかし、この章のほかのルールで見たように、一見同じ音のように思えても、細かい特徴が異なることがあります。

　p̲in と sp̲in の [p] を比べるために、まずティッシュや薄紙を片手でもって、口の前で垂らしてみましょう。そして、p̲in と sp̲in を発音してください。

ティッシュ

　正しく発音できていると、p̲in のときにはティッシュや薄紙が大きくふわっと持ち上がりますが、sp̲in のときにはティッシュや薄紙は動きません。

　ここで重要なのは、ティッシュなどが「ふわっ」と大きく持ち上がるようにすることで、上下に「ぴょこぴょこ」と短いスパンで動くようでは、「息づかい」が正しくできていません。エレガントに「ふわっ」と浮くように心がけましょう。聞き取りの際、その特徴が「息」として聞こえます。

※1　参照 Must 27「破裂音を攻略する！①一瞬で息を吐く [p]」(p.138~)、 Must 28「破裂音を攻略する！②場所によって聞きやすさが異なる [t]」(p.142~)、 Must 54「単語の最初にくる [t] と最後にくる [t] では音が違う」(p.250~)

　前者の pin の [p] のときにティッシュや薄紙が動くのは、これまで**気音**[1]の特徴ゆえと説明してきました。一方で、**無声破裂音 [p, t, k] の前に** 's' がくる場合には、気音が（ほぼ）なくなるという特徴があります。**Pronunciation Practice**(55) で発音の違いを訓練してみましょう。

　日本語の「ぱ行の音」に近いのは、's' の後の [p, t, k] ですので、's' の後の無声破裂音は聞き取りやすいと言えます。

▶pinの[p]は気音を伴うが、spinの[p]は気音を伴わない。

▶ **Pronunciation Practice**（55）

120

以下のミニマルペアを比べてみましょう。左の方は気音を伴い、右の方は気音を伴いません。下線部の破裂音に注意して発音を聞き、その後、発音練習をしてみましょう。

(1) pin vs. spin

(2) pie vs. spy

(3) take vs. stake

(4) tone vs. stone

(5) cool vs. school

(6) Kate vs. skate

録音の音声を聞くと、左側の単語は勢いよく、無声破裂音が発音されています

発音練習の際には、口元にティッシュや薄紙をかざして発音すると、その音が正確か確認できます

[t] や [d] と強く結びつく [r]

▶ <u>r</u>ain と <u>tr</u>ain の [r] は同じ音？

前項 Must 55 において、同じつづりであっても、副次的な特徴が異なることによって、気音を伴う場合と、気音がない（弱い）場合の2種類があることを学びました。

ここでは rain と train の [r] の発音を見てみましょう。

I like <u>r</u>ain.　　（雨が好きです）

I like <u>tr</u>ain.　　（電車が好きです。）

上記の2文を比べてみましょう。<u>r</u>ain と <u>tr</u>ain のときでは、[r] が違うように感じるかもしれません。

どのように <u>r</u>ain の [r] と <u>tr</u>ain の [r] が違うかというと、後者には**摩擦のシューッという音**が聞こえます。

これは [t] と [r] が密接にくっつき、破擦音のようになり、[r] が無声化し、摩擦を伴っているからです。

これは [tr] だけでなく、[dr] でも同様の特徴が見られます。簡単に言えば、[tr] と [dr] はそれぞれの結びつきが強く、1つの音のように聞こえるのです。

　リスニングの際に、摩擦のある [r] に違和感を持つ場合もあるので、**Pronunciation Practice**(56) でしっかりと定着を図りましょう。日本人英語学習者にとって、子音の連続は難しい点なので、注意したいところです。

　英語において、[tr][dr] のほかに結びつきが強い子音連続には、[ts][dz] があります。たとえば cats [kæts] は本来 4 つの音素からなっていますが、[t] と [s] の結びつきが強いため、3 つの音に聞こえます。また kids も [kɪdz] なので本来 4 つの音素ですが、[d] と [z] が密接にくっついて、3 つの音に聞こえるのです。

> rainとtrainの[r]は微妙に違う。
> trainの[r]は無声化し、摩擦が加わる。

▶ Pronunciation Practice（56）

以下のミニマルペアの音声を聞き比べてみましょう。その際に、[r]と[tr], [dr]に注目しましょう。[tr][dr]の[r]にこすれるような摩擦の音が聞こえるでしょう。その後、[tr]と[dr]の部分に注意して、発音練習をしてみましょう。

(1) rain vs. train
(2) rye vs. try
(3) rip vs. drip
(4) rag vs. drag
(5) rink vs. drink

音の区切りも増減する

▶ カメラと camera の音の区切りは同じ？

　この章の最後に見るのは、「**音の区切り**」です。

　たとえば、「カメラ」という日本語は、「カ」「メ」「ラ」で区切られます。この区切り方に異論を唱える人は基本的にはいないのではないかと思います。では、英語はどのように区切るでしょうか。

　英語は**音節**という単位で区切るのですが、実は2つの分け方があります。1つ目が [kæm][ə][rə] のように3音節として区切る場合です。もう1つは、[kæm][rə] のように2音節として区切る場合です。

　後者では、真ん中の [ə] が省略されています。このように英語では、**あいまい母音 [ə]** [1] **はしばしば脱落**します。

　音節は、母音の数に比例するので、母音が脱落すれば、音節数は減るわけです。また、音の区切れが日本語の「カ」「メ」ではなく、[kæm] が1つの音節になっている点には注目すべきところです。

※1　参照 Must 10「「あ」を攻略する！③ [ə] は疲れてため息をついたときの「ア」」(p.64~)

　このように音の区切りの感覚が、日本語母（国）語話者と英語母（国）語話者では異なる点に注意が必要です。

　というのも自然な会話の際に、話者が音の区切りで言いよどんだ場合や、詰まった場合などに、日本語のそれとは違って戸惑うことがありますし、あいまい母音など弱母音が脱落することによって、それまで予想する発音と異なる場合があるので、注意が必要となるわけです。

　音節が減る場合は、カジュアルな話し方や日常的な話し方に見られるため、音節数が減った場合の発音にも慣れておくことが大いに求められます。そこで音節の数が減ると、どのようになるかを Pronunciation Practice（57）で練習しましょう。

　単語でも音節が減ることがあるのですから、それが短文や長文になってくると音が凝縮している感じを受け、聞き取りが困難になるというわけです。それを避けるためには、単語レベルで練習することから始めましょう。

> カメラとcameraの音の区切りは同じではない。
> 音の区切りは日本語と英語では異なる。
> あいまい母音[ə]は脱落することがあり、その場合、音節の数が減る。

▶ **Pronunciation Practice**（57）　

以下、音節の数が変化する単語で聞き取りをしてみましょう。その後、発音してみましょう。

(1) camera　　　[ˈkæmərə]　　[ˈkæmrə]

(2) critical　　　[ˈkrɪtɪkəl]　　[ˈkrɪtɪkl]

(3) liberal　　　[ˈlɪbərəl]　　[ˈlɪbrəl]

(4) stressful　　[ˈstresfʊl]　　[ˈstresfl]

(5) beckon　　　[ˈbekən]　　[ˈbekn]

リスニングの鬼コーチからの お悩みアドバイス④

Q いまいちリスニング力が上がりません。英語力はそれほどないわけではないのですが、どうすれば良いですか?

A 記憶保持力を鍛えましょう

初級・中級・上級

「リスニングの鬼コーチからのお悩みアドバイス③」※1 において、聞き取る際のポイントとその訓練法を紹介し、「聞き取るべきところを聞き取る」ことの重要性について言及しました。その際に「**記憶保持力（リテンション、retention）**」を同時に鍛えると非常に効果的なのですが、この「記憶保持力」がリスニング力強化に大きな影響を与えると聞いて驚く学習者は意外と多いものです。

どういうことかというと、入試でも語学試験でも、短時間、情報を保持する力があると、高得点に結びつきます。というのも、音声1つに対して、3問の問題がある場合、「リスニングの鬼コーチからのお悩みアドバイス③」の高得点の取り方 `プロセス` (1)「音声が流れる前に、短時間で、問題文を読む」と `プロセス` (2)「選択肢を見る」に相当しますが、問題文と選択肢の重要な部分を頭の中に入れて、その問題が解き終わるまでその情報を短時間にわたり記憶保持しながら、問題を解くことが求められます。加えて、流れてくる音声も問題が解き終わるまで記憶して、問題を解くことが求められるのです。

そのために「**記憶保持力**」を鍛えなくてはなりません。

筆者自身の経験ですが、英語力を高めたいと通訳学校に通っていた際に、「クラスメート全員で TOEIC 満点を取る」という目標を掲げてクラスメートと切磋琢磨したことがあります。その際に、リスニン

※1 参照「リスニングの鬼コーチからのお悩みアドバイス③」(p.234~)

グセクションで満点取れなかったクラスメートが、リテンションを鍛えて、ほぼ全員がリスニングセクションで満点を取ったことがありました。また、その訓練の結果、語学試験での点数アップにつながるだけでなく、通訳の質もかなり向上したことを覚えています。

　では、リテンションは、どのように鍛えれば良いのでしょうか。
　小松 (2005)[※1] によると、リテンションする方法には「**記憶 (memory)**」と「**ノート取り**（note-taking）」があります。このコラムでは前者の「記憶（memory）」を鍛える方法について見ていきましょう。

●──記憶 (memory) を鍛える方法

　まず、自分が対策したい語学試験用の教本や大学入試用の教材、ニュースをもとにしたリスニング教材、ニュース映像などを使い、その**音声を聞いて、記憶**します。その後すぐに、聞いた音声を日本語で良いので、**口に出したり、メモに書き出したりします**。最初は 30 秒〜1 分ほどの短いものから、できるようになったら数分の長い音声をリテンションします。

　リテンションをする際のコツとしては、自分が整理しやすい方法で、整理しながら聞くことが大切です。たとえば、映像を思い浮かべながら聞くとか、メモをとるように頭に思い浮かべながら聞いていくと効果的です。
　各ルールの **Practice Listening** や **Pronunciation Practice** の短文をリテンション教材にすることから始めると良いでしょう。

　後者の「ノート取り（note-taking）」については、「リスニングの鬼コーチからのお悩みアドバイス⑤」[※2] を参照してください。

※1　小松達也（2005）「通訳の技術」研究社
※2　参照「リスニングの鬼コーチからのお悩みアドバイス⑤」(p.293~)

リスニ
の
鬼100

第5章

音はつながる、
だから難しい

●──単語と単語の音がつながる

リスニングを向上させたいと願う多くの英語学習者がつまずくポイントの1つが、**つづり字と音声が結びつかない**ことです。

たとえば、What's your occupation? が「ワッチョオクペィシュン」と発音されたのに、「ワッツ　ユア　オクペーション」であると思っていては、それが「仕事は何ですか？」という文だと理解できないということです。ここでは、What's の [ts] と your の [j] がくっついて、「ワッチョ」になっているのです。このように音がくっつくことを**「音の連結（linking）」**と呼ぶことは、 Must 5[※1] で言及しました。

特にこの章では、語境界を隔てて音がつながることに焦点を当てます。

語境界とは、an apple の場合の an と apple の間という意味で、書き言葉ではスペースが開いています。しかし、音声の場合、上記の例で言うと、前の語の最後の音 [n] と、後ろの単語の最初の音 [æ] がくっついて、それが1つの単語のようになり、意味理解につながりにくいことがあります。

※1　参照 Must 5「「聞こえない」音を科学して「聞こえる」ようにする」(p.38〜)

　もちろん「音の連結」は an apple のように2語だけではありません。たとえば、An apple is an edible fruit. の場合、4箇所に「音の連結」が見られます。理論上、**前の語が子音で終わり、次の語が母音で始まるときには、何語でも連結します**。

　連結が起きれば起きるほど、意味を理解するのは難しくなります。それを克服するには、「音の連結」への「慣れ」が必要なので、聞いて練習しましょう。ここで使用される音声は比較的丁寧に発音され、聞き取りやすい工夫がされていますので、まず丁寧な発音で学習しましょう。

　本章では便宜上、前の語が子音（半母音 [j] と [w][1] を含む）で終わり、後ろの語が母音で始まる特徴を扱い、それを「音の連結」と呼ぶことにします。

連結！

An apple

※1　参照 Must 50「そのほかの子音⑤母音とよく似た子音 [j][w]」（p.230〜）

[p] [t] [k] と母音の連結

▶ [t] と母音の連結に注意！

　まず無声破裂音※1 3種類 [p], [t], [k] と母音がくっつきやすいことを学びます。以下で「音の連結」の例を見てみましょう。

> (1) Anne reached the top of the mountain. （アンは山の頂上に到達しました。）
>
> (2) Put on your raincoat. 　（レインコートを着なさい。）
>
> (3) I pick at my food. 　（[病気・年齢から] 少しずつ食べます。）

　このように無声破裂音 [p], [t], [k] と母音は密接にくっつきます。リスニングの際には、**音がくっついても、それは2語であることを認識する**ことが重要になります。

　ただし、ここで (2) のみが、🇺🇸 において、「**たたき音**※2」になることがある点に注意が必要です。したがって、「プットン」ではなく、「プロン」と聞こえます。一方で、🇬🇧 では、たたき音化はありませんので、「プットン」とつづり字通りの発音になります。

> ▶ アメリカ英語のとき、[t]と母音のときには、たたき音化することがあるので注意が必要。

※1　参照　第3章「破裂音」 Must 27「破裂音を攻略する！①一瞬で息を吐く [p]」(p.138~)～ Must 33「破裂音を攻略する！⑦ [g] は思うほど「が行」ではない」(p.162~)

※2　参照 Must 29「破裂音を攻略する！③「ら行」に変わる [t]」(p.146~)

▶ **Practice Listening** （58）

🔊 **125**

次の単語をディクテーションしてみましょう。
(1) ....
(2) ....
(3) ....

次に(1)〜(3)の単語を使った短文をディクテーションしてみましょう。(3)と
(6)のみ と でそれぞれ読まれていますので、発音の違いにも注目
してください。
(4) ....
(5) ....
(6) ....

▶ **ANSWER** （58）

🔊 **125**

(1) kick out
(2) tip of
(3) cut along
(4) His name is at the tip of my tongue.
　　（彼の名前は出かかっているんだけれど (出ない)。）
(5) The school decided to kick out ten students.
　　（学校は10人の生徒を退学にしました）
(6) Use scissors to cut along the dotted line.
　　（点線に沿ってハサミで切ってください。）

Listening Point

➲ [p][t][k]の後ろに母音がきた際には、そこに語の境界があっても一語のよ
うにつながります。

➲ ただし、(3)と(6)におけるcut alongで「カットゥ　アローン」ではなく、「カ
ッラローン」と聞こえます。これは 't' と 'a' がくっつき、't' が「たたき音」
になったものです。一方、 でつづり字通りの発音になっています。

⊋ (2)と(4)のofは弱形※1が使われています。

⊋ (3)と(6)において、[t]と母音の場合、そこに語の境界があっても と 🇬🇧 では発音が異なる点に注意しましょう。

▶ Pronunciation Practice （58）

126

下線部（[p][t][k]と母音）と波線（そのほかの音）の「音の連結」に注意して、音声を何回か聞いた後、練習しましょう。

(1) Please give me a tip on how to do it.
　　（それはどうやれば良いのか、コツを教えてください。）

(2) It is a huge ship of British registry. （それは大型の英国籍の船です。）

(3) Why don't we meet at a station? （あるどこかの駅で会いましょうか？）

(4) Bill has a great interest in business.
　　（ビルはビジネスへの強い興味があります。）

(5) I will resend it just in case. （念のため[万が一]にもう一度送ります。）

(6) Brent is working at the Bank of Scotland.
　　（ブレントはスコットランド銀行に勤めています。）

(7) I want to buy a skirt which is dark in color. （暗い色のスカートを買いたいの。）

※1　参照　第6章「発音は場所によって変化する」(p.296~)

[b] [d] [g] と母音の連結

▶ [d] と母音の連結に注意！

　ここでは、有声破裂音３種類 [b], [d], [g] と母音がくっつきやすいことを学びます。

　以下で「音の連結」の具体例を見てみましょう。

> (1) Bob is a dentist. 　（ボブは歯医者です。）
>
> (2) I managed to buy a studio with the aid of a loan.
>
> 　（ローンを利用して、スタジオを買う予定です。）
>
> (3) We need to dig into the details. （私たちは詳細に踏み込む必要があります。）

　有声破裂音 [b] と [g] と母音は密接にくっついていることが、(1)Bob is と (3) の dig into でもわかります。一方、前項 Must 58 「[p][t][k] と母音の連結」で説明したのと同様に、**[d] の場合、たたき音化すること**があります。(2) でも「エイドヴ」ではなく、GA では「エイロヴ」と発音されています。BP では、つづり字通り「エイドヴ」となります。

　ちなみに収録音声において (1) では is a にも、(2) では of a にも「音の連結」が見られます。

> ▶ アメリカ英語では、[d]と母音のときには、たたき音化することがあるので注意が必要。

次の語群をディクテーションしてみましょう。

(1) ....

(2) ....

(3) ....

次に(1)〜(3)の単語を使った短文をディクテーションしてみましょう。

(4) ....

(5) ....

(6) ....

▶ **ANSWER** （59）　

(1) club of

(2) dog in the cage

(3) bad at

(4) I am bad at cooking.　　（料理が苦手です。）

(5) The dog in the cage is Julian.　（ケージに入っている犬はジュリアンです。）

(6) I belong to the Engineering Club of Japan.

　　（日本技術クラブに所属しています。）

Listening Point

⊖ [b]と[g]の後ろに母音がきた際には、そこに語の境界があっても一語のように
つながります。

⊖ (3)と(4)では、「たたき音」になっていますので、「バダットゥ」ではなく、「バ
ラッ」と聞こえます。さらに注意したいのが、(3)のatは強形、(4)のatは弱形
でそれぞれ発音されている点です。これは単独で発音した際には明確に発
音し（＝強形）、自然な文で発音した際には弱形になるという英語の特徴を
よく表している箇所です。

⊖ (5)ではcage isでも「音の連結」が見られます。

⊖ (3)と(4)のように、[d]と母音の場合、そこに語の境界があっても と では発音が異なる点に注意しましょう。 では、基本的にたたき音化します。 と の音声を比較してみましょう。

▶ Pronunciation Practice（59）

下線部（[b][d][g]と母音）と波線（そのほかの音）の「音の連結」に注意して、音声を何回か聞いた後、練習しましょう。

(1) We had a web attack. （ウェブ攻撃を受けました。）

(2) We tried to bid on a contract. （私たちは契約に入札することを試しました。）

(3) Our exhibition will focus on the blend of past and present.
　　（私たちの展示会は過去と現在の融合に焦点を当てます。）

(4) Do you know how to log into your account?
　　（アカウントにログインする方法はおわかりですか？）

(5) I am looking for a job in a big firm. （大企業での仕事を探しています。）

(6) Let me show you how to drag information between applications.
　　（アプリ間で情報をドラッグする方法をお教えしますね。）

[f][v]と母音の連結

▶「ふぁ行」と「ゔぁ行」ほどはっきりと聞こえない？

ここでは [f]^{※1} と [v]^{※2} と母音の連結を見てみましょう。

語と語の境界を隔てて、前の**単語の最後が [f] か [v] で、次の語の最初が母音の場合、密接につながります**。

例を見てみましょう。

(1) The hospital has a sta**ff** of great doctors.

　　(その病院は素晴らしい医者をそろえています。)

(2) I lo**ve** a hot bath in winter. 　(冬の熱いお風呂が好きです。)

このように (1)sta**ff** of のときには、「スタッフオヴ」ではなく「スタッフォヴ」となり、(2)lo**ve** a のときには、「ラブア」ではなく、「ラヴァ」となります (love の 'e' はサイレント e ですので発音しません)。それ以外に、(1) では has a、(2) では bath in に「音の連結」が見られます。

[f] と [v] は日本語にはない発音なので注意が必要なわけですが、さらに「音の連結」が起きると、聞き取りにくい、聞き取れない場合があるので、しっかりと **Practice Listening** (60) と **Pronunciation Practice** (60) でリスニング練習をしたいものです。

▶ [f]も[v]も日本語にはない音なので、音が連結した際にはより注意が必要。
「ふぁ行」と「ゔぁ行」ほどはっきりと聞こえないので注意。

※1　参照 **Must** 34「摩擦音を攻略する！①摩擦が強く鋭い「フ」の音の [f]」(p.166~)
※2　参照 **Must** 35「摩擦音を攻略する！②かなり鋭い「ブ」の音 [v]」(p.170~)

▶ **Practice Listening** （60）

131

次の語群をディクテーションしてみましょう。
(1) ....
(2) ....
(3) ....

次に(1)～(3)の単語を使った短文をディクテーションしてみましょう。
(4) ....
(5) ....
(6) ....

▶ **ANSWER** （60）

131

(1) love affair

(2) proof of

(3) on behalf of

(4) Have you ever seen the movie called "Love Affair"?
（『ラブ・アフェア』という映画を見たことがありますか？）

(5) On behalf of this company, I want to thank you all.
（この会社を代表して、皆様に御礼を申し上げます。）

(6) You must submit proof of birth registration.
（出生証明を提出しなければなりません。）

Listening Point

⊖ (4)ではHave you、(5)ではthank youでも「音の連結」が見られます。子音と[j]の組み合わせは、音が緊密につながります※1。

⊖ (2)、(3)、(5)、(6)において、ofは弱形※2 が使われているので注意が必要です。

⊖ (1)(4)love affairのように、母音で始まる語の前の語の語末に[v]という有声音がきた際には、単独で発音した場合と比べて、はっきり聞こえない場合があるので、注意しましょう。

───────────────

※1　参照　Must 67「[j][w]と母音の連結」(p.291~)
※2　参照　第6章「発音は場所によって変化する」p.296～

下線部（[f][v]と母音）と波線（そのほかの音）の「音の連結」に注意して、音声を何回か聞いた後、練習しましょう。

(1) The manager will speak on behalf of our company.

（わが社を代表してマネージャーが話します。）

(2) This coat seems to be proof against all weather.

（このコートはどんな天候にも耐えられる仕様のようです。）

(3) A leaf of lettuce was left on the plate.

（レタスの葉っぱが1枚お皿に残っていました。）

(4) We used to live in a big city. （大都市に住んでいたことがあります。）

(5) Do we need to leave at dawn?（私たちは夜明け前に発つ必要がありますか？）

(6) An attractive aspect of the college is that it has a swimming pool.

（その大学の魅力的な点の1つは、プールがあるところです。）

[θ][ð]と母音の連結

▶「さ行」と「ざ行」ではない？

次に [θ]^{※1} と [ð]^{※2} と母音を見ましょう。

[θ] も [ð] も日本語には存在しない子音なので注意が必要です。

前の語が [θ] や [ð] で終わり、次の語が母音で終わるときには、**「音の連結」が起きます**。以下の例を見てみましょう。

(1) The path is too long.　（道はあまりにも長い。）
(2) We bathe a child.　（子供を風呂に入れる。）

(1) では path is が「パスイズ」ではなく「パシズ」となり、(2) では bathe a が「ベイズア」ではなく「ベイザ」となります。

この [θ] と [ð] は前項 Must 60 の [f][v] 同様、日本語にはない音素なので、前の語が [θ] や [ð] で終わり、次の語が母音で始まる際には、注意が必要です。場合によっては、[θ] が [s] に、[ð] が [z] だと認識してしまう可能性があります。

> ▶ [θ][ð]は「さ行」と「ざ行」ではない。
> これらは日本語にない音素なので、音が連結する場合には注意が必要。
> 後ろに母音がくるとき、[s][z]と間違えないように。

※1　参照 Must 36「摩擦音を攻略する！③柔らかく継続した「ス」の [θ]」（p.174~）
※2　参照 Must 37「摩擦音を攻略する！④柔らかい「ズ」の [ð]」（p.178~）

次の語群をディクテーションしてみましょう。
(1) ....
(2) ....
(3) ....

次に(1)〜(3)の単語を使った短文をディクテーションしてみましょう。
(4) ....
(5) ....
(6) ....

▶ **ANSWER** （61）

(1) my<u>th of</u>
(2) wrea<u>th of</u>
(3) smoo<u>th a</u> floorboard
(4) It took the whole afternoon to smoo<u>th a</u> floorboard.
　　（１枚の床板をなめらかにするのに、午後じゅうかかりました。）
(5) Don't believe in the my<u>th of</u> perpetual economic growth.
　　（経済成長が永久に続くという神話を信じてはいけません。）
(6) I bough<u>t a</u> wrea<u>th of</u> flowers.　（花のリース（花輪）を買いました。）

Listening Point

⊖ (1)と(5)は、my<u>th</u>ですが、mi<u>ss</u>と間違えないようにしましょう。後者の方
が「スー」という摩擦が強く感じます。

⊖ (1)、(2)、(5)、(6)のofは弱形[※1]が使われています。ofの弱形について、詳し
くは Must 71[※2]を参照して下さい。

⊖ (3)と(4)におけるaも弱形が使われています。明確に「ア」ではないので注
意しましょう。

※1　参照 第6章「発音は場所によって変化する」（p.296 ～）
※2　参照 Must 71「会話ではふつう弱く言う前置詞① of は「ウヴ」」（p.312~）

274

⤷ (5)believe inでも「音の連結」が見られます。 perpetual economicでも起きる可能性はありますが、ここでは明確に連結していません。

⤷ (2)と(6)は、wreathですが、「リース」ではありません。日本語では「クリスマスリース」のように使うのですが、「リース」であると思っていると、wreathと「リース」が結びつかないので注意が必要です。

▶ **Pronunciation Practice（61）**

下線部（[θ][ð]と母音）と波線（そのほかの音）の「音の連結」に注意して、音声を何回か聞いた後、練習しましょう。

(1) A tooth is removed.　（抜歯をしました。）

(2) My brother is more with it than I am.　（兄（弟）は私よりも流行に敏感です。）

(3) Mr. Smith is my mentor.　（スミスさんは私のメンター[相談相手]です。）

(4) I watched a video with a beer in my hand.（ビール片手にビデオを見ました。）

(5) My parents usually take a bath in the morning.（両親は朝に風呂に入ります。）

(6) Breathe a bit deeper.　（もう少し深く息を吸いなさい。）

[s] [z] と母音の連結

▶「さ行」と「ざ行」なので簡単?

　次に [s] と [z] と母音の連結を見ましょう。[f][v]※1 や [θ][ð]※2 のように日本語にない音素というわけではありませんが、英語の [s][z] +母音と、日本語の「さ行、ざ行の音」とは聞こえ方が少し異なります。**英語の方が鋭い音**なので、注意が必要です。

　前の語が [s] や [z] で終わり、次の語が母音で始まるときには、「音の連結」が起きます。以下で例を見てみましょう。

---

(1) A bus is in operation. （バスが運行しています。）

(2) Can you hear the buzz of a mosquito?

　　(蚊のブンブン言う音、聞こえる?)

---

　(1) では bus is in が「バスイズイン」ではなく「バシジン」となり、(2) では buzz of が「バズオヴ」ではなく「バゾヴ」となります。(1) において、bus is なのか、buses なのか判断するのは、文脈、文法によります。

　前項 Must 61 で言及しましたが、[θ] が [s] に、[ð] が [z] だと認識してしまう可能性がありますので、注意が必要です。

> [s][z]は日本語にもある音素だが、「さ行」「ざ行」とは少し特徴が異なる。
> ▶英語の[s]と[z]の方が力強い音。
> 加えて、[θ][ð]と母音の音の連続と聞き間違えないように。

※1　参照 Must 60「[f][v] と母音の連結」(p.270~)
※2　参照 Must 61「[θ][ð] と母音の連結」(p.273~)

▶ Practice Listening （62）

次の語群をディクテーションしてみましょう。
(1) ....
(2) ....
(3) ....

次に(1)〜(3)の単語を使った短文をディクテーションしてみましょう。
(4) ....
(5) ....
(6) ....

▶ ANSWER （62）

(1) kiss at
(2) boss of
(3) close at
(4) The stock markets close at 15:00. （株式市場は15時に閉まります。）
(5) Arthur threw a kiss at the audience.
　　（アーサーは聴衆に投げキスをしました。）
(6) Owen used to be the boss of the block. （オーエンはその区画のボスだった。）

Listening Point

⊖ (1)〜(3)ではそれが2語からなっていると意識することが重要です。

⊖ (1)、(3)、(4)、(5)のat、(2)と(6)のofといった前置詞は**弱形**[※1]であいまいになっているので、そのことを意識して聞き取りましょう。

⊖特に文においては、前の語が名詞や動詞で、その後ろが前置詞の場合、前置詞は弱形になることが多いため、前置詞が明確に発音されませんので注意が必要です。

※1　参照　第6章「発音は場所によって変化する」（p.296〜）

277

下線部（[s][z] と母音）と波線（そのほかの音）の「音の連結」に注意して、音声を何回か聞いた後、練習しましょう。

(1) Ralph is a management consultant.　（ラルフは経営コンサルタントです。）

(2) I put a rose in a vase.　（１輪のバラを花瓶にさしました。）

(3) Ben had to chase after the car.

　　（ベンはその車を追いかけなくてはならなかった。）

(4) Richard is a famous artist.　（リチャードは有名な芸術家です。）

(5) Judy is a genius at languages.　（ジュディは言語の天才です。）

(6) I am jealous of you.　（君がうらやましい。）

[ʃ][ʒ] と母音の連結

▶「しゃ行」「じゃ行」と同じ？

　ここでは、[ʃ] や [ʒ] の後に語の境界を隔てて母音がくるケースを見ましょう。

　[ʃ]※1 と [ʒ]※2 は、日本語にはありませんので、注意が必要です。似た音である日本語の「しゅ」「じゅ」はありますが、同じ音ではないことはすでに Must 41 と Must 42 で学習しました。**英語の方が摩擦が強いので、注意が必要**です。

　では例を見てみましょう。

(1) We decided to abolish income tax.
　　（私たちは所得税を廃止することに決めました。）

(2) Beige is my favorite color.　（ベージュは私の好きな色です。）

　ここで注意しなくてはならないのは、有声音である [ʒ] で終わる語は、英語ではとても少ないということです。また破擦音 [dʒ]※3 と摩擦音 [ʒ] も異なる音ですので、注意しましょう。

> [ʃ][ʒ]は日本語に近い音は存在するが、「しゃ行」「じゃ行」とは別の音。英語の方が摩擦が強い。
> [ʒ]で終わる単語は多くない。[ʒ]と[dʒ]は異なる特徴を持つ音なので注意。

※1　参照 Must 41「摩擦音を攻略する！⑦摩擦が強い「シュー」の [ʃ]」(p.194~)
※2　参照 Must 42「摩擦音を攻略する！⑧低く深い「ジュ」の [ʒ]」(p.198~)
※3　参照 Must 49「そのほかの子音④「ちゅ」「じゅ」より短く一瞬の破擦音の [tʃ][dʒ]」(p.226~)

次の語群をディクテーションしてみましょう。
(1) ....
(2) ....
(3) ....

次に(1)〜(3)の単語を使った短文をディクテーションしてみましょう。
(4) ....
(5) ....
(6) ....

▶ **ANSWER** （63）

(1) crash into
(2) fish and shellfish
(3) banish all terrorism
(4) Did the car crash into a house? （その車が家に突っ込んだのですか？）
(5) Do you eat fish and shellfish? （魚介類は食べますか？）
(6) The government must banish all terrorism.
　　（政府はすべてのテロ行為を取り除かねばなりません）

Listening Point

⊃[ʃ]の後ろに母音がくる際には、日本語の「しゅ」というよりは、摩擦が主に
聞こえる音と感じられるでしょう。

⊃(2)と(5)のandで弱形※1が使われています。詳しくは Must 78※2を参照してく
ださい。

⊃(6)において、mustは弱形が使われており、[t]もほぼ発音されていないので、
聞き取りの際には注意が必要です。

⊃ [ʃ]と母音の方が、[ʒ]と母音よりも聞こえづらいので、聞き取れなかった
場合には、注意して何度も音声を聞いて確認してください。

※1　参照　第6章「発音は場所によって変化する」(p.296〜)
※2　参照　Must 78「会話ではふつう弱く言う接続詞② and はあいまいな「アン」か「ン」」(p.340〜)

▶ Pronunciation Practice （63）

下線部（[ʃ][ʒ]と母音）と波線（そのほかの音）の「音の連結」に注意して、音声
を何回か聞いた後、練習しましょう。

(1) We joined the fish auction in the market.

（私たちは市場で魚の競りに参加しました）

(2) Have you ever tried fish and chips in London?

（ロンドンでフィッシュ・アンド・チップスを食べたことはありますか？）

(3) I bought some rouge and eye shadow yesterday.

（昨日、口紅とアイシャドウを買いました。）

(4) Do you know how to demolish a building?

（建物を解体する[取り壊す]方法を知っていますか？）

(5) How foolish of you to trust that man!

（あの男を信じるなんて、なんて君はバカなんだ！）

[m] [n] [ŋ] と母音の連結

▶「ま行」「な行」「が行」になる？

　ここでは、鼻音 [m][n][ŋ] と母音の「音の連結」を見ていきましょう。

　[m]※¹ で説明したように、前の語が上記の鼻音の１つで終わり、次の単語の頭が母音の場合、その母音も**鼻音化**することが多いので注意しましょう。

　ここでも鼻音と鼻音化では、特徴が異なることを確認しましょう。鼻音は英語では [m][n][ŋ] の３種類ですが、鼻音化とはそのほかの音、主に母音が「鼻声」のようになることと説明しました。例をあげて、見ていきましょう。

---

(1) Come on.　（こっちにきて。）

(2) Simon ate meat balls.　（サイモンはミートボールを食べました。）

(3) Singing a song is always fun.　（歌を歌うことはいつでも楽しい。）

　鼻音化していることを音声で確認してください。

　具体的には (1) では on の母音 'o' の前後に鼻音 [m][n] が、(2) では ate の母音 'a' の前に鼻音 [n] が、(3) では母音 'a' の前に鼻音 [ŋ] がありますので、' ' 内の母音が鼻音化しています。

　３つの鼻音の中で一番日本人が難しいと感じるのは [ŋ] で、後ろに「あ」の類の英語の母音※² がきた場合には、**鼻濁音の「が」に近い音**になります。

▶ [m][n][ŋ]が母音の前にくると鼻声の「ま行」「な行」「が行」に似た音になる。
　[ŋ]と母音の音の連結に注意する。また、前の語が鼻音で終わり、後ろの単語の最初の母音は、基本的に鼻音化する。

※１　参照 Must 43「鼻音を攻略する！① [m] と「鼻声」は別物」(p.202~)
※２　参照 Must 8「「あ」を攻略する！① [æ] は「うひゃ～」の「ア～」」(p.56~) ～ Must 12「「あ」を攻略する！⑤ [ɜː] は曇った「アー」」(p.72~)

▶ Practice Listening （64）

次の語群をディクテーションしてみましょう。

(1) ....
(2) ....
(3) ....

次に(1)〜(3)の単語を使った短文をディクテーションしてみましょう。

(4) ....
(5) ....
(6) ....

▶ ANSWER （64）

(1) action on
(2) arm in arm
(3) accounting audit
(4) We danced arm in arm.　（私たちは手を組んで踊りました。）
(5) Hanna is in charge of the accounting audit.
　（ハンナは会計監査の責任者です。）
(6) Stuart is studying its action on the brain.
　（スチュワートはその脳への影響を研究しています。）

Listening Point

➔ (4)ではdanced armで「音の連結」が見られることも多々ありますが、録音の音声ではゆっくりと発音しているので、ここで「音の連結」は見られません。

➔ (5)ではis in、charge of、(6)ではits actionにも「音の連結」が見られます。

➔ (6)ではStuart isにも「音の連結」が見られる可能性がありますが、ここではStuartという主語を際立たせるために、「音の連結」は起きていません。

⊝ (4)～(6)は丁寧に読まれているので、動詞や主語の後に**小休止**（ほんの一瞬の間）があり、「音の連結」が起きていませんが、実際の会話などでは小休止が置かれないことはしばしばありますので、注意が必要です。

⊝ 語と語の境界を隔てて、鼻音の後ろの母音が鼻音化することにも注意してみましょう。

▶ **Pronunciation Practice** （64）

下線部（[m][n][ŋ]と母音）と波線（そのほかの音）の「音の連結」に注意して、音声を何回か聞いた後、練習しましょう。

(1) If you dream of working in a museum, you should study hard.
（博物館で働くことを夢見るのであれば、一生懸命勉強しないと。）

(2) Do you know the ceiling on wages in our company?
（うちの会社の賃金の上限を知っていますか？）

(3) May I come into your room later?　（後で部屋にお邪魔してもいいですか？）

(4) None of the students said a word.　（生徒の誰も一言も発しなかった。）

(5) Our mission is to combine entertainment and instruction.
（私たちの使命は、エンターテイメントと指導を結びつけることです。）

(6) We aim at providing a home for everybody.
（みんなに家を供給することが私たちの願いです。）

[r]と母音の連結

▶「ら行」と同じ？

　[r]と母音は、とでは、かなり特徴が異なります。

　 は **r 音化**するアクセントである^{※1} 一方で、 は r 音化しないアクセント（非r音化のアクセント）です。たとえば car と発音した場合、 では [kɑːr] と [r] を発音するのですが、 では [kɑː] と [r] を発音しません。

　このことから、[r]で終わった次の語が母音で始まる場合、 だと **r 音化のまま、次の語に移行**します。

　例をあげると以下の通りです。

(1) The car is in the parking lot.　（その車は駐車場に停められています。）

　一方で の場合はどのように発音するのか、音声を聞いてみましょう。

(2) The car is in the parking lot.

(2) では、[r] を発音していますね。

　しかし、先ほど、 は r 音化のないアクセントだと説明したことと矛盾すると思いませんか？

　実はこれは 特有の現象なのです。

※1　参照 Must 10「「あ」を攻略する！③[ə] は疲れてため息をついたときの「ア」」(p.64~)、 Must 11「「あ」を攻略する！④[ɑːr] は深みのある「アー」」(p.68~)、 Must 12「「あ」を攻略する！⑤ [ɜː] は曇った「アー」」(p.72~)、 Must 24「二重母音を攻略する！⑥あいまいな「イァ」の [ɪə]」(p.120~)、 Must 46「そのほかの子音①「ら行」の音より暗く深い流音 [r]」(p.214~)、 Must 47「そのほかの子音② r 音化はあくまでオプション」(p.218~)

car のように単独の語として発音された場合や、文末にきた場合、子音が後ろの語の語頭にきた場合などは、[r] を発音しませんが、次の語の頭に母音がきた場合、 では [r] を発音するのです。この [r] をその役割から「**連結の r （linking r)**」と呼びます。

　ちなみに (1) と (2) の発音を比べると lot の母音と parking の r 音化が と では異なります。

　Practice Listening (65) の発音は ですが、**Pronunciation Practice**(65) では と を聞き比べて、練習しましょう。

> GA（アメリカ英語)は r 音化するアクセントで、RP（イギリス英語)は r 音化しないアクセント。
> しかしRPの場合、「連結の r 」という特異な現象がある。

▶ **Practice Listening** （65）　146

次の語群をディクテーションしてみましょう。
(1) ....
(2) ....
(3) ....

次に(1)〜(3)の単語を使った短文をディクテーションしてみましょう。
(4) ....
(5) ....
(6) ....

► **ANSWER** （65）

(1) per hour

(2) administer a company

(3) behavior analyst

(4) How much do you get per hour? （１時間にどれくらいもらっていますか？）

(5) My parents administer a company. （両親は会社を運営しています。）

(6) Maggy works as a behavior analyst.

　　（マギーは行動分析家として働いています。）

Listening Point

➔(5)では、parents administerでも、「音の連結」が起きています。

➔(6)では、as aで「音の連結」が起きています。works asでも「音の連結」が起きる可能性はありますが、ここでは丁寧に読まれているので、「音の連結」は起きていません。

➔ 音声を利用して🇺🇸 🇬🇦での[r]と母音の連結の発音の感覚をつかみましょう。

➔ここでは丁寧に英文が読まれているので、実際の会話では「音の連結」がより多く起きます。

▶ **Pronunciation Practice** （65）

147

下線部（[r]と母音）と波線（そのほかの音）の「音の連結」に注意して、音声を何回か聞いた後、練習しましょう。最初が🇺🇸 🇬🇦 で、２回目が🇬🇧 🇮🇷 です。

(1) My father is a mathematician. （父は数学者です。）

(2) Jack is a doctor at the university hospital.

　　（ジャックは大学病院の医師です。）

(3) Is Peter your uncle? （ピーターはあなたのおじさんですか？）

(4) Bryan is my father-in-law. （ブライアンは義理の父です。）

(5) Linda knows more about Susie than I do.

　　（リンダは私よりもスージーのことをもっと知っています）

(6) I feel better about my job. （自分の仕事をより良く思っています。）

[l] と母音の連結

▶「ら行」と同じ？

　前の単語が [l] で終わり、次の語が母音で始まるときの「音の連結」を見ましょう。

　 Must 48 で見たように、[l] には「明るい l」と「暗い l」があります[※1]。簡単に言えば、leaf など母音の前では「明るい l」が、milk など母音の後では「暗い l」が使われます。

　そうすると、前の単語が [l] で終わるということは、**基本的に「暗い l」と母音の連結**ということになります。

　これも Must 48 で述べたことですが、「暗い l」は特に日本人学習者は慣れない発音ですし、それがさらに連結すると、より慣れない音に聞こえるので注意が必要です。

　以下、2 つの例を聞き比べてみましょう。

---

(1) The air is cool and crisp. （空気はひんやりとして澄み切っています。）

(2) The items are packed all in one. （商品は 1 つにまとまって送られます。）

---

　(1) の cool and においては [l] がはっきり聞こえるというよりも cool の [u:] から and の [ə] に、(2) の all in においても [l] がはっきり聞こえるというよりも all の [ɔ:] から in の [ɪ] に移行しているように聞こえることもあるので注意が必要です。

　ただし、[r] と「暗い l」を比べると、[r] の方が暗く聞こえますので、音

※1　参照 Must 48「そのほかの子音③暗い l と明るい l の側面音 [l]」（p.222~）

調を聞き取りの際の手がかりにすると良いでしょう。

> **音の暗さ**
>
> [r]　＞　「暗いl」　＞　「明るいl」

▶ [l]は基本的には「暗いl」と母音の連結になるので、注意が必要。
[r]と母音の組み合わせよりは明るい感じの「ら行」。

▶ **Practice Listening**　（66）　

次の語群をディクテーションしてみましょう。

(1) ....

(2) ....

(3) ....

次に(1)〜(3)の単語を使った短文をディクテーションしてみましょう。

(4) ....

(5) ....

(6) ....

▶ **ANSWER**　（66）

(1) call in

(2) crystal ice

(3) pitiful eyes

(4) Craig cast pitiful eyes at Sue's sad face.
　（クレイグはスーの悲しげな顔をあわれみの目で見ました。）

(5) Tara specialized in crystal ice.　（タラは結晶氷を専攻しました。）

(6) We need to call in specialists.　（専門家を呼ぶ必要があります。）

289

➔「暗いl」に母音が連結すると、聞きなれない音と感じる日本人英語学習者は多いので注意が必要です。

➔ (4)では、eyes atにも「音の連結」が見られます。

➔ (5)では、specialized inにも「音の連結」が見られます。

➔「暗いl」は日本語の「う」や「お」に近いので、その音を参考にして聞き取りを行うと、人によっては聞き取れるようになります。

➔ (4)において、Sue's sad faceのところで、所有格の's の後ろに[s]がきていることにより、's が明確に発音されていないので、注意が必要です。このような環境のとき、**所有格の's が聞き取りづらくなります**。

▶ **Pronunciation Practice**（66）

下線部（[l]と母音）と波線（そのほかの音）の「音の連結」に注意して、音声を何回か聞いた後、練習しましょう。

(1) The swimming pool is near the city hall. （プールは市役所の近くです。）

(2) Jake was successful in business. （ジェイクはビジネスで成功した。）

(3) Do you know the actual accuracy of this machine?
　　（この機械の実際の精度を知っていますか？）

(4) My cousin went to the School of International Economics.
　　（いとこは国際経済学部に通っていました。）

(5) John committed a shameful act of treachery.
　　（ジョンは背徳という恥ずべき行為を行った。）

(6) Mathew threw a handful of dust in my face.
　　（マシューは一握りのほこりを私の顔めがけて投げました。）

[j][w]と母音の連結

▶「や行」と「わ行」？

　第5章の最後は、半母音 [j] と [w]※1 の後に母音がくるものを見ましょう。ただし、英語では基本的に [j] と [w] で終わる単語はありません。したがって、ここでは語の中で [j] と [w] の後に母音がくる場合を見ましょう。

　多くの場合、**[j] は「い」と、[w] は「う」と間違えやすいので注意して**ください。最初に以下の発音が聞き分けられるかを試してみましょう。聞き分けられない場合には、何度も音声を聞いてみてください。

(1) ear vs. year
(2) ire vs. wire

それができたら、短文で練習しましょう。

(1) I went to Yale University. （イエール大学卒業です。）
(2) We watched a movie this weekend. （今週末映画を見ました。）

　日本人英語学習者には [w] よりも [j] の方が聞き分けが難しいので、注意が必要です。特に [j] の後に [ɪ][iː] がくる場合には聞き取りが難しいのです。

> ▶ [j][w]と母音が連結すると常に「や行」と「わ行」になるのではなく「い」と「う」から始まるように聞こえることがある。
> 英語では基本的に[j]と[w]で終わる単語はないので、[j]と[w]の聞き分けを重点的に。

※1　参照 Must 50「そのほかの子音⑤母音とよく似た子音 [j][w]」（p.230~）

次の語のどちらを発音したか、□で囲んでみましょう。録音の音声は(1)から
(5)まで解答を発音した後、両方の単語を左、右の順番で交互に読んでいます
ので、確認してください。

(1) Yale vs. ale
(2) win vs. inn
(3) wit vs. it
(4) year vs. ear
(5) yeast vs. east

▶ **ANSWER** （67）

(1) Yale (2) inn (3) wit (4) year (5) east

Listening Point

➡ [j]を含む(1), (4), (5)の方が、[w]を含む(2), (3)より苦手と感じる学習者は多
　いでしょう。その場合は、[j]が聞き取れていないことがあります。

➡ (1), (4), (5)において、[j]がある場合には、母音とは異なる狭いところを空
　気が通過する際に生じる摩擦のような音を感じられると思いますので、そ
　れを手掛かりに聞き取りをしましょう。

▶ **Pronunciation Practice** （67）

154

[j]と[w]に注意して、以下のミニマルペアを発音練習しましょう。

(1) woke vs. oak
(2) wore vs. oar
(3) yen vs. N
(4) quote vs. coat
(5) quake vs. cake

※語注：(1)oak 楢（なら）（の木）、(2)oar オール（櫂（かい））、(4)quote 引用する、(5)quake おののく

リスニングの鬼コーチからの
お悩みアドバイス⑤

英語上級者はどうすれば英語力がさらに伸びますか？

A　**通訳訓練法のノートテーキング技術を習得し、聞くべき
ことを聞き取る訓練をしましょう**

初級・中級・**上級**

　リスニング力を上げる訓練では、まずディクテーション※1 をするな
ど能動的にリスニングし、その後、英語の音声に慣れ※2、それから
「能動的に話を組み立てながら聞いていくこと」の訓練※3 が効果的で
あると述べました。そして、入試や語学試験で高得点を取るには、
「記憶保持力」を共に強化することが重要だと記しました※4。「記憶保
持力」を保つ手段としては、「記憶」と「**ノートとり（note-taking）**」
がありますが、「ノートとり」の方法をここでは学びましょう。

　具体的に「ノートとり」の方法は、ある程度の長さのある話やスピ
ーチ（完結しているものが良い）を使って、それを整理しながらノー
トをとっていくというものです。これも「**アクティブリスニング**」と
いうわけです。通訳訓練では、A4 用紙を半分に割り、左を使ったら、
右を使う方法をとっていました。縦にノートをとっていった方が、手
を動かす距離が近いため聞き漏らしが少なくなります。また再現する
際にも、目を動かす距離が短く、都合が良いのです。

　たとえば、オバマ大統領の退任演説 (Farewell Speech) の一部（最初
の方に当たります）は次のようにメモをとることができます。動画投
稿サイトで映像と音声が利用可能ですので、ノートと照らし合わせな
がら、音声を聞いてみてください。

※1　参照「リスニングの鬼コーチからのお悩みアドバイス①」（p.50~）
※2　参照「リスニングの鬼コーチからのお悩みアドバイス②」（p.132~）
※3　参照「リスニングの鬼コーチからのお悩みアドバイス③」（p.234~）
※4　参照「リスニングの鬼コーチからのお悩みアドバイス④」（p.258~）

Advice for learning English

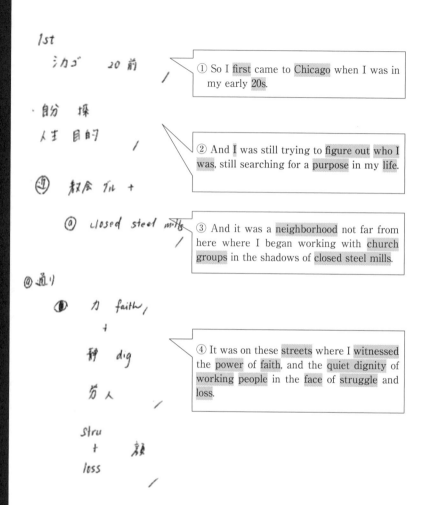

1st

シカゴ   20 前   /

① So I first came to Chicago when I was in my early 20s.

・自分 探
人生 目的   /

② And I was still trying to figure out who I was, still searching for a purpose in my life.

劉 教会 グル +

⑩ closed steel mills   /

③ And it was a neighborhood not far from here where I began working with church groups in the shadows of closed steel mills.

⑩通り

① カ faith,
    +
種 dig

労人   /

④ It was on these streets where I witnessed the power of faith, and the quiet dignity of working people in the face of struggle and loss.

stru
    +   顔
loss   /

　■で印がついたところが、メモにとってあることがわかります。メモにとっているということは、リスニングで重要なところです。

　メモをとる際には、わかりやすいよう工夫することが求められます。たとえば、以下のようなことです。

(1) 例が3つあったら、①〜、②〜、③〜のように番号を振る。

(2) 話がひと段落したら、/ を入れて話が終わっていることを示す。

(3) 矢印や簡単な図、記号を使う。たとえば、上記では witnessed が

目のマーク◉で表され、「〜（という場所）で」は at の代わりに@が使われている。

(4) 記号の代わりに、漢字を使って示す。

(5) 筆者は日本語が母語なので、英語を聞いてメモをとるときには、日本語に変換して書いている場合が多い。

　今回はわかりやすく文字を多めに書きましたが、メモをとる量はもっと少なくても良いでしょう。

　このように、能動的に英語から日本語に変換しながらメモをとっていく方法をとると、リスニング力が上がります。

オバマ大統領　退任演説

(President Obama's Farewell Address, January 10, 2017)

① So I first came to Chicago when I was in my early 20s. ② And I was still trying to figure out who I was, still searching for a purpose in my life. ③ And it was a neighborhood not far from here where I began working with church groups in the shadows of closed steel mills. ④ It was on these streets where I witnessed the power of faith, and the quiet dignity of working people in the face of struggle and loss.

（私が初めてシカゴに来たのは、20代前半のころでした。私はまだ自分探しをしていて、まだ人生の目的を探していたのです。そして、ここからそう遠くない地域でしたが、閉鎖された製鋼所のすぐそばで、教会のグループとともに取り組み始めました。こうした路上において、信仰の力や、頑張りが報われない状況を目の前にした労働者たちの静かな威厳を目の当たりにしたのです。）

引用元：オバマライブラリー
https://www.obamalibrary.gov/timeline#event-/timeline/item/president-obama-delivers-his-farewell-address

リスニ
の
鬼100

第 6 章

発音は
場所によって変化する

●──内容語と機能語、弱形と強形を攻略する

　この章では、発音は場所によって変化することを見ていきましょう。

　まずは**弱形**を、次に**強勢（ストレス）の位置が変わる**という観点から、リスニングを攻略する方法を学びます。日本人英語学習者にとっては、上級者でもつまずく点なので、しっかりと学習を行ってください。

●──弱形について

　これまで弱形についてはいろいろな箇所で述べてきましたが※1、英語はその機能から、内容語と機能語に分けられ、**弱形は機能語に起こります**。

> ■**内容語…be 動詞以外の動詞、名詞、形容詞、副詞など語彙的な意味を持つもの**
> 　→強勢（ストレス）が置かれる
> ■**機能語…前置詞、接続詞、冠詞、助動詞、関係詞など語彙的な意味をほとんど持たないもの**
> 　→基本的には強勢（ストレス）が置かれない

　英語は英語特有のリズムを保つため、基本的には内容語には**強勢（ストレス）**が置かれますが、機能語は**強勢（ストレス）が基本的には置かれません**。機能語の中には、can や and のように、**明確に発音されない**ものもあります。それを**弱形**と呼びます。通常の文や文脈では弱形が使われます。弱形では**弱母音**と言って、あいまい母音 [ə]※2 を中心とした弱い母音が使われます。これが日本人英語学習者にとって聞こえづらい要因となります。聞こえづらいので、意味理解につながらないのです。

※1　参照 Must 1「生の英語が聞き取りづらいのは、理由があった」(p.22 〜)、Must 2「英語の「お手本」を利用して聞く力を伸ばす」(p.26 〜)、Must 7「イントネーションのピークを聞き取れれば話は大体わかる」(p.46 〜)、Must 10「「あ」を攻略する！③[ə] は疲れてため息をついたときの「ア」」(p.64 〜)、Must 62「[s][z] と母音の連結」(p.276 〜)
※2　参照 Must 10「「あ」を攻略する！③[ə] は疲れてため息をついたときの「ア」」(p.64〜)

●──機能語を強く読むとき

一方で、機能語であっても、

---

(1) 強調したい場合

(2) 文末にくる場合

(3) 単独で発音した場合（＝引用形）

(4) ほかの語と比較する場合

などでは、強形と言ってはっきりとした発音になります。しかし、強形が使われるケースはそれほど多くはありません。したがって、can が「キャン」で、and が「アンド」であると思っていると、リスニングに影響があるというわけです。

そこでまず、主な機能語の発音をたくさんトレーニングし、定着を図ります。

この章で提示する弱形の発音は、代表的なもののみ記載しています。他にも後ろの音によって変化することがあるのですが、詳しく知りたい場合には、英和辞典、発音辞典などで調べてみてください。

●──強勢（ストレス）の位置について

次に強勢（ストレス）関連のもろもろの特徴について学びます。たとえば、enough という単語は第2音節に強勢（ストレス）が置かれます。一般には、強勢（ストレス）をアクセントと言う場合があるのですが、言語学的には、アクセントは「方言」という意味なので、本書では、強勢（ストレス）という言葉を使って説明します。

299

会話ではふつう弱く言う助動詞 ①canは「クン」

▶ can は「キャン」？ can't は「キャントゥ」？

　　Must 68 ～ Must 70 は、頻繁に使われる助動詞の弱形を見ていきましょう。

　まず、can と can't の can の部分の発音は同じでしょうか？ この質問をされると？？？というマークが頭の中に浮かんだのではないでしょうか。つづりも同じですし、「疑問の余地があるの？」とすら思うでしょう。しかし、**実は can と can't では発音が違うのです。**

　この章の冒頭で説明したように、機能語は通常の会話では弱形が使われます。以下で肯定文の発音を聞いてみましょう。

I <u>can</u> swim very well. （私は泳ぐのが得意です。）

My mother <u>can</u> speak English fluently. （母は英語を流ちょうに話せます。）

You <u>can</u> be a professional soccer player. （君ならプロのサッカー選手になれるよ。）

　これらを聞くと can の部分は「クン」と聞こえるかと思います。一方で、以下の否定文はどうでしょうか。最初が ■■■ で、後が ■■ で発音されていますので、録音の音声を聞き比べてみましょう。

I <u>can't</u> swim very well. （私は泳ぐのが得意ではありません。）

My mother <u>can't</u> speak English fluently. （母は英語を流ちょうに話せません。）

You <u>can't</u> be a professional soccer player.

　　（君がプロのサッカー選手になれるわけはありません。）

先ほどの can（肯定文）のときと異なり、can't では can と比べてはっきり
と「キャン」と聞こえるでしょう。むしろ [t] の部分が聞き取りづらいので
はないでしょうか。加えて「キャン」はアメリカ英語 🇺🇸🅶🅰 で、「カーン」
はイギリス英語 🇬🇧🆁🅿 であることにも注意しましょう。

つまり通常の場合、「クン」なら can（肯定）で、「キャン」「カーン」な
ら can't（否定）になるということです。**[t] が聞こえるか否かが聞き取りの
際のポイントではない**のです。そう聞いて、驚く人も多いでしょう。

しかし、can を強調する場合（これを**強形**と呼びます）もあります。

たとえば、You can't swim, can you?（泳げなかったよね？）と言われた回答
として、I CAN swim.（泳げるよ！）のように can を強調する場合もあります
し、アメリカのオバマ元大統領が 2008 年の勝利宣言の際に使った、Yes, we
CAN. など、文末にくる場合には、強形を使います。この場合、can't との
違いは、文脈と Yes で判断することになります。

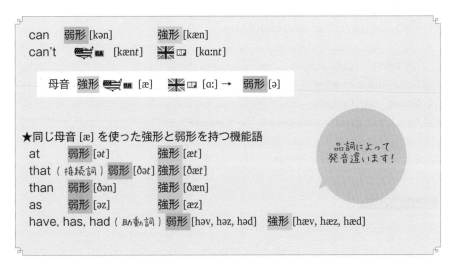

can　弱形 [kən]　　　強形 [kæn]
can't　🇺🇸🅶🅰 [kænt]　🇬🇧🆁🅿 [kɑ:nt]

母音 強形 🇺🇸🅶🅰 [æ] 🇬🇧🆁🅿 [ɑ:] → 弱形 [ə]

★同じ母音 [æ] を使った強形と弱形を持つ機能語
at　弱形 [ət]　　　　強形 [æt]
that（接続詞）弱形 [ðət] 強形 [ðæt]
than　弱形 [ðən]　　　強形 [ðæn]
as　弱形 [əz]　　　　強形 [æz]
have, has, had（助動詞）弱形 [həv, həz, həd]　強形 [hæv, hæz, hæd]

品詞によって発音違います！

通常、can は弱形が使われるので、「クン」。
▶一方 can't は「キャン（トゥ）」「カーン（トゥ）」。
[t] が聞こえるか否かを判断基準にするのは NG。

音声を聞いて、次の短文はcanなのかcan'tなのかを選びましょう。

(1) Kelly (can/can't) sing the song beautifully.

(2) My mother (can/ can't) drive a car.

(3) I (can/can't) eat raw fish.

次にcan/can'tを使った短文をディクテーションしてみましょう。

(4) ....

(5) ....

(6) ....

▶ **ANSWER** （68）

(1) Kelly (can) sing the song beautifully.

　　（ケリーはとても上手に歌が歌えます。）

(2) My mother (can't) drive a car. （母は運転できません。）

(3) I (can't) eat raw fish. （私はお刺身が食べられません。）

(4) Britney can't dance. （ブリトニーは踊れません。）

(5) Alex can't meet his parents till next March.

　　（アレックスは次の3月まで両親には会えません。）

(6) Dan can check your English. （ダンは君の英語をチェックしてくれるよ。）

Listening Point

➔ can（肯定文）の場合は、通常「クン」になります。

➔ can't（否定文）の場合は、「キャン」になります。ただし、(3)のようにcan't
　のうしろに母音（この場合、eat）がきた場合、「音の連結」が起きるので、
　[t]が比較的はっきり聞こえます。

Pronunciation Tips

can（肯定文）は母音が [ə]※1 となることが多いですが、場合によっては、あいまい母音さえも省略されて、とても短くなる場合があります。Pronunciation Practice（68）では丁寧に読まれているので、聞き取りやすいでしょう。

can't（否定文）は母音が、[æ]※2 になります。

まとめると、肯定文の場合の母音は [ə] で、否定文の場合の母音は [æ] と理解するといいでしょう。

[ə]　　　　　　　　[æ]

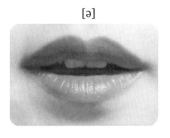
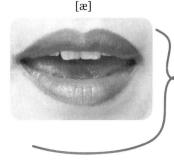

▶ Pronunciation Practice（68）　　158

以下の下線部に注意して、canの弱形とcan'tの発音練習をしましょう。最初が 🇺🇸GA で、後が 🇬🇧RP で発音されていますので、録音の音声を聞き比べて、その後、それぞれ 🇺🇸GA と 🇬🇧RP で発音してみましょう。

(1) Mathew <u>can</u> play the violin. （マシューはヴァイオリンが弾けます。）

(2) Joseph <u>can't</u> pass the exam.（ジョゼフは試験に通ることができません。）

(3) You <u>can</u> be a famous singer.（君は有名な歌手になれるよ。）

(4) I <u>can't</u> finish it by tomorrow.（明日までには終わらない。）

(5) You <u>can</u> talk to our boss first.（まず上司に話してみても良いのでは？）

※1　参照 **Must** 10「「あ」を攻略する！③ [ə] は疲れてため息をついたときの「ア」」（p.64~）
※2　参照 **Must** 8「「あ」を攻略する！① [æ] は「うひゃ～」の「ア～」」（p.56~）

会話ではふつう弱く言う助動詞 ②mustは「ムス（トゥ）」

▶must は「マスト」？

　2つ目に助動詞 must を見ましょう。must は「マスト」でしょうか？

　must も助動詞なので、機能語に分類されるため、弱形と強形が存在します。**通常、can と同様に弱形を使います。**以下で音声を聞いて確認しましょう。

I <u>must</u> go.
Rick <u>must</u> finish his work by six o'clock.

　この場合、must は「マスト」というよりも「ムストゥ」に聞こえるのではないでしょうか。さらに語末の [t] は明確には発音されないことが多いので、「ムス」と聞こえるでしょう。このように後ろの語が子音で始まる（go[g], finish[f] など）場合、must の [t] は**脱落**します。一方で、must の後ろに母音で始まる語がきた場合には、[t] を発音し、**「音の連結」**がしばしば起きます[※1]。たとえば、must eat のときです。

　一方、以下のように must が強調された場合ではどのように聞こえるでしょうか。

I <u>MUST</u> go.
Rick <u>MUST</u> finish his work by six o'clock.

　この場合、must が強調され、強形が使われています。はっきりと「マス」と発音していますね。

※1　参照 Must 58「[p][t][k] と母音の連結」（p.264~）

　次に、強調されない場合と強調される場合には、以下のような意味の違いがありますので、確認しましょう。同時に発音の違いを聞き比べてください。

　　　I must go.（私は行かなければなりません、そろそろお暇します。）
　　　I MUST go.　（私は絶対に行かなければなりません、いい加減失礼します。）
　　　Rick must finish his work by six o'clock.
　　　（リックは仕事を6時までに終わらせなければなりません。）
　　　Rick MUST finish his work by six o'clock.
　　　（リックは仕事を絶対に6時までに終わらせなければなりません。）

　上記の訳は、この限りではありません。というのも、文の意味は前後関係によって異なるからです。

　基本的に弱形と強形の発音の違いは、「**母音の質**」です。具体的には、弱形ではあいまい母音 [ə]※1（＝弱母音）が使われていますが、強形では [ʌ]※2 というはっきりとした母音（＝強母音）が使われています。

　ここでは前項 Must 68 と同様に、否定形 mustn't では must の強形と同じ発音になり、肯定文では [məst]「ムス（トゥ）」、否定文では [mʌsnt]「マスン（トゥ）」と聞こえるわけです。よって、**肯定文か否定文の違いは、must の母音と [n] の有無に注目**して聞き取りをしましょう。加えて、肯定文での [t] も否定文での [t] も発音されないことが多いので注意してください。

　さらなるリスニングトレーニングは **Practice Listening**（69）で行いましょう。

must	弱形 [məst]	強形 [mʌst]	母音　強形 [ʌ]　→　弱形 [ə]

★同じ母音 [ʌ] を使った強形と弱形を持つ機能語

does	弱形 [dəz]	強形 [dʌz]
us	弱形 [əs]	強形 [ʌs]
was	弱形 [wəz]	強形 [wʌz]
some	弱形 [səm]	強形 [sʌm]

mustはいつでも「マスト」ではない。
▶**通常は弱形が使われるので、「ムス（トゥ）」と聞こえる。**

※1　参照 Must 10「「あ」を攻略する！③[ə] は疲れてため息をついたときの「ア」」（p.64~）
※2　参照 Must 9「「あ」を攻略する！②[ʌ] はシャープな「ア」」（p.60~）

音声を聞いて、次の短文ではmustが弱形で発音されているのか、強形かを聞き取りましょう。弱形の場合は弱に、強形の場合は強に〇をつけましょう。

(1) You <u>must</u> leave here now. 　　　　　　（弱・強）
(2) <u>Must</u> I go to the office? 　　　　　　　（弱・強）
(3) Ben <u>must</u> finish his homework by noon. 　（弱・強）

次にmustを使った短文をディクテーションしてみましょう。
(4) ....
(5) ....
(6) ....

▶ **ANSWER**

(1) You <u>must</u> leave here now. 　　（⊘弱・強）
　　（この部屋を今すぐ出ていきなさい。）
(2) <u>Must</u> I go to the office? 　　（弱・⊘強）
　　（オフィスに行かなければならないですか？）
(3) Ben <u>must</u> finish his homework by noon. 　（⊘弱・強）
　　（ベンは昼までに宿題を終わらせなければなりません。）
(4) Mika <u>must</u> visit us. 　（ミカは私たちのところを訪れなければなりません。）
(5) We <u>must</u> say goodbye to you. 　（お別れしなければなりません。）
(6) The door <u>must</u> be closed. 　（ドアは必ず閉めてください。）

Listening Point

➔ 弱形をもつほかの語と比べるとmustの強形と弱形を聞き分けるのは難しいかもしれません。そのときは、平叙文の場合、mustに強勢（ストレス）がはっきりと置かれているか否かに注目しましょう。言い換えれば、mustの前の主語に強勢が置かれていて（特に固有名詞）、mustの後ろの原形動詞にはっきりとした強勢（ストレス）がきている場合であれば、基本的に弱形になります。たとえば、(4)では、Mikaという主語とvisitという動詞に強勢が置かれています。一方で、強形の場合には、強勢（ストレス）が主語、must、mustの後ろの動詞にもくる形になり、リズムも異なるというわけです。

⊙ (2)の疑問文では、発音が強形になっていることに注意しましょう。助動詞が文頭にくる場合、強い強勢がなくても強形と同じ発音が使われることが多いです。

⊙ (2)以外は弱形が使われているので、音声で確認しましょう。

⊙ mustは弱形で使われることが通常です。したがって、通常の文中のmustの発音を聞いて、弱形のあいまいな発音に慣れるように心がけてください。

Pronunciation Tips

must が肯定文のときには、あいまい母音 [ə] を使うことが多いため「ムス（トゥ）」、否定文のときには [ʌ] なので「マス（トゥ）」とはっきりと発音しましょう。

▶ **Pronunciation Practice**（69）

162

以下の下線部に注意して、mustの発音練習をしましょう。

(1) I really <u>must</u> go now.　（そろそろお暇（いとま）しなくては。）

(2) Everybody <u>must</u> keep silent in the library.

（図書館では私語を慎まなければなりません。）

(3) It <u>must</u> be kept in the fridge.　（それは冷蔵保存しなくてはなりません。）

(4) You <u>must</u> come to my graduation party.　（卒業パーティーにきてよね。）

(5) Applicants <u>mustn't</u> have a criminal record.

（応募者は犯罪歴があってはいけません。）

(6) You <u>mustn't</u> leave anything behind.

（忘れ物に気を付けてください。）

（5）と（6）は否定形なので弱形とは異なる発音になります

307

会話ではふつう弱く言う助動詞 ③would should couldはあいまいな「ワッ」「シャッ」「カッ」

▶would は「ウッドゥ」? should は「シュッドゥ」? could は「クッドゥ」?

　助動詞の３つ目は、would と should、could です。ここでは最初の子音以外は、音の組み合わせが一緒なので、同じ項内で説明します。

　これらがそれぞれ「ウッドゥ」「シュッドゥ」「クッドゥ」だと思っていると、正しく聞き取れません。

　まずは下線部に注意して、自然に発音された際の文を聞いてみましょう。

Alan would be glad to hear the news.
　（その知らせを聞けば、アランはきっと喜ぶよ。）

You should finish it by two. 　（２時までに終わらせなければなりません。）

Edwin could ski when he was young.
　（エドウィンは若いころスキーができました。）

　上記の文においては、would が「ウッ」、should が「シュッ」、could「クッ」と聞こえます。これは**語末の [d] が明確に発音されていない**からです[※1]。また、**母音はあいまい母音 [ə]**[※2] になっている点に注意しましょう。このため、「ウッ」よりは**「ワッ」**、「シュッ」よりは**「シャッ」**、「クッ」よりは**「カッ」に近く発音**されることがしばしばあります。ただし、あいまい母音は日本語にない音なので、カタカナ表記はそもそも難しいということを覚えておいてください。ちなみにこの３つの中で、弱形が使われる頻度で言うと、would>should, could となります。

※１　参照 Must 51「人は楽して発音する：音の脱落」(p.240~)
※２　参照 Must 10「「あ」を攻略する！③ [ə] は疲れてため息をついたときの「ァ」」(p.64~)

一方で以下の発音はどうでしょう。下線部に注意して、聞いてみましょう。

> Alan WOULD be glad to hear the news.
> You SHOULD finish it by two.
> Edwin COULD ski when he was young.

　上記では強形が使われています。強形のときの発音と弱形のときの発音を聞き比べると、かなり音が異なると思います。

　弱形か強形かを判断するのは、その単語自体の強さに加えて、「母音の質」に注目すると良いでしょう。強形でははっきりとした母音(=強母音)が使われ、弱形の場合には弱母音、特にあいまい母音 [ə] が使われます。 Must 10 でも記しましたが、強勢(ストレス)の置かれないところにはこのあいまい母音 [ə] が使われるのです。

would	弱形 [wəd, əd]	強形 [wʊd]	
should	弱形 [ʃəd]	強形 [ʃʊd]	母音　強形 [ʊ]　→　弱形 [ə]
could	弱形 [kəd]	強形 [kʊd]	

> wouldは「ワッ」、shouldは「シャッ」、couldは「カッ」のあいまいに言った感じに聞こえる(最後の[d]が明確に発音されない)ことが多い。
> 弱形では、あいまい母音[ə]が使われる。

▶ Practice Listening　(70)

音声を聞いて、次の短文ではmustが弱形で発音されているのか、強形かを聞き取りましょう。弱形の場合は弱に、強形の場合は強に〇をつけましょう。

(1) You should leave here at once.　　(弱・強)

(2) It is better to use "would," not "could" here.　　(弱・強)(弱・強)

(3) You could say that.　　(弱・強)

次にwoluld/should/couldを使った短文をディクテーションしてみましょう。

(4) ....

(5) ....

(6) ....

(1) You <u>should</u> leave here at once. （弱・**強**）

　　（すぐにここを出なさい。）

(2) It is better to use "<u>would</u>," not "<u>could</u>" here. （弱・**強**）（弱・**強**）

　　（ここではcouldではなく、wouldを使った方が良いでしょう。）

(3) You <u>could</u> say that. （弱・**強**）

　　（そうとも言えるね。）

(4) <u>Would</u> you like to eat outside? （屋外で食べたい？）

(5) You <u>shouldn't</u> do that. （それはやってはだめでしょう。）

(6) <u>Could</u> you please sit down? （ご着席いただけますか？）

Listening Point

➡(2)では、助動詞を対比して強調していることから、強形が使われています。

➡(3)では、「そうとも」を強調しているので、強形が使われています。

➡(4)と(6)の疑問文では、それぞれWouldとCouldという助動詞が文頭なので、強形が使われています。<u>疑問文の最初に助動詞がくる場合、強形が使われる</u>ことが多いのです。

➡(5)の否定形では弱形と同じ発音ではないことに注意しましょう。

Pronunciation Tips

should, would, could は、通常、弱形となりますが、その場合、あいまい母音 [ə] を使います。発音が明確ではないので、気をつけましょう。

リラックスして、口を開けずに「ワッ」「シャッ」「カッ」と発音しましょう。

▶ **Pronunciation Practice** （70）

166

以下の下線部に注意して、弱形の発音練習をしましょう。

(1) You <u>should</u> practice more. （もっと練習しなくっちゃ。）

(2) I <u>would</u> like to see your photos. （あなたの写真が見たいわ。）

(3) Geoff <u>should</u> talk to his boss immediately.

　　（ジェフはすぐに彼の上司と話すべきです。）

(4) Pat <u>could</u> have seen Bill in Paris.

　　（パリでパットはビルを見たはずです。）

(5) It <u>would</u> be difficult for us to accept your offer.

　　（お申し出をお受けするのは難しいかと思います。）

会話ではふつう弱く言う前置詞 ①ofは「ウヴ」

▶of は「オブ」？

　Must 71 から Must 73 までは前置詞を扱います。

　前置詞の中にも弱形になるものがあり、それらがはっきりしない発音なので、聞き取りづらいのです。しかし、前置詞によって、意味のニュアンスが異なるので、しっかりと聞き取りができるようになりたいものです。そこでリスニングのコツを記していきます。

　ここでは of を取り上げます。

　of が「オブ」だと思っていると、聞き取れません。下線部に注意して、以下の文を聞き取ってみましょう。

> Agatha came of a noble family.　（アガサは上流家庭出身でした。）
> Jonny died of cancer.　（ジョニーは癌で亡くなりました。）

　この場合、「オブ」ではありません。「お」ではなく、あいまい母音 [ə]※1 になっていることがわかるでしょう。したがって**「ウヴ」に近い音**になります。ただし、あいまい母音は日本語にありませんので、カタカナ表記が難しいのです。また上記の場合、前の単語の最後が [m] と [d] という子音なので、came of と died of では「**音の連結**」※2 が起きていることがわかります。

　次に、下線部が強形の場合に関しても、音声で比べてみましょう。弱形のときと母音の音質が違うことがわかるのではないでしょうか。

※1　参照 Must 10「「あ」を攻略する！③ [ə] は疲れてため息をついたときの「ア」」(p.64〜)
※2　参照　第5章「音はつながる、だから難しい」p.260 〜

Agatha came OF a noble family.

Jonny died OF fever.

（ただし、この例で"強形"が使われることは、まれです）

　弱形と強形を交互に聞いてみると、of の発音の違いがわかるのではないか
と思います。

　このように **of は弱形で使われることが多く**、また前の語が子音の場合に
は、「**音の連結**」が起きるのが一般的です。カジュアルな話し方の場合や、
速いスピードで話した場合、[v] も聞こえないことがありますので、注意し
ましょう。

of　弱形 [əv]　強形 🇺🇸 ᴮᴬ [ʌv]　🇬🇧 ᴮᴾ [ɒv] ※1

　　母音　強形 🇺🇸 ᴮᴬ [ʌ]　🇬🇧 ᴮᴾ [ɒ]　→ 弱形 [ə]

▶ ofは「オブ」ではない。
**弱形は「お」ではなく、あいまい母音[ə]になる。またofは子音で終わる前の語との間
に「音の連結」が起きやすいので、そこを聞き取ることもポイント。**

▶ **Practice Listening** （71）

音声を聞いて、次の短文ではofが弱形で発音されているのか、強形なのかを聞
き取りましょう。弱形の場合は弱に、強形の場合は強に〇をつけましょう。

(1) Can you dispose of all these papers?　　（弱・強）
(2) He is someone I've heard of.　　　　　　（弱・強）
(3) Five of the boys were late this morning.（弱・強）

次にofを使った短文をディクテーションしてみましょう。

(4) ....

(5) ....

(6) ....

※1　参照 **Must** 11 「「あ」を攻略する！④ [ɑːr]は深みのある「アー」」（p.68~）

(1) Can you dispose of all these papers?　（弱・強）
　　（これらの書類を捨ててもらえますか？）

(2) He is someone I've heard of.　　（弱・**強**）
　　（彼は聞き覚えがあります。）

(3) Five of the boys were late this morning.　　（弱・強）
　　（今朝、5人の男子学生が遅刻しました。）

(4) One of the students didn't submit his homework.
　　（生徒の1人が宿題を提出しませんでした。）

(5) This furniture consists of three parts.
　　（この家具は3つの部品から成り立っています。）

(6) I am tired of his laziness. （彼の怠惰さにはうんざりしています。）

Listening Point

➔ ofの前の単語が子音で終わっている場合には「音の連結」が起きます。

➔ (1)dispose of、(2)heard of、(3) Five of、(4) One of、(5) consists of、(6)tired
ofでそれぞれ「音の連結」が生じていますので、どのような発音になって
いるか確認しましょう。なお、(1)、(3)、(4)の語末のeは「サイレントe」で
す※1。

➔ (2)のofは文末なので、強形が使われています。

➔ (2)を除く(1)～(6)まですべて弱形で発音されています。

※1　参照 **Must** 43「鼻音を攻略する！① [m] と「鼻声」は別物」(p.202~)

Pronunciation Tips

of の 'o' はあいまい母音が使われるので「ウヴ」に近いあいまいな感じで最初の母音を始めましょう。

イメージとしては、ランニングをしてヘトヘトな状態で of と言うような感じです。

疲れて、口に力が入らないというのが前提になります。

▶ Pronunciation Practice（71）

170

以下の下線部に注意して、弱形の発音練習をしましょう。

(1) Dale is afraid of failing the test.

（デールは試験に落ちることを恐れています。）

(2) Emily is very proud of her son.

（エミリーは息子をとても誇りに思っています。）

(3) I'm aware of the situation.（現状は把握しています。）

(4) The construction of the building started last week.

（建物の建設は先週始まりました。）

(5) Could you give me a glass of water?

（お水を1杯いただけますか？）

会話ではふつう弱く言う前置詞 ②toは「タ」か「トゥ」

▶to は「トゥー」?

　2つ目の前置詞は to です。

　「to は two と同じ発音」と言われますが、これは強形に限ってのことです。しかし、この **to も弱形で使われることがほとんどです。**

　では、以下の文で to（下線部）が自然に発音された場合を聞き取ってみましょう。

I want <u>to</u> go <u>to</u> London.　（ロンドンに行きたいです。）

Hanna ran <u>to</u> the door.　（ハンナはドアに向かって走りました。）

171

　自然に読まれると、**to が「トゥー」ではなく、「タ」くらいにしか聞こえません。** want to は 🇺🇸 でカジュアルな話し方では「ワナ」と発音することがあります。また 🇬🇧 において母音の前では弱形は「トゥ」になりますので、🇬🇧 の方が日本人英語学習者には聞き取りやすいでしょう。🇺🇸 でも同様に「トゥ」となることがあります。これらが自然な発音ということになります。

　一方で、to が強形で発音されるとどうなるでしょうか。

I want <u>TO</u> go <u>TO</u> London.

Hanna ran <u>TO</u> the door.　（ただし、この例で強形が使われることは、まれです）

172

今度ははっきりと「トゥー」と聞こえます。

しかし、I want TO go TO London. は不自然な英語ですし、Hanna ran TO the door. は、「向かって」「方向に」という部分を強調するか、この前に Hanna ran from the door. と言われたのに対して正す意味で to を強調するなど、自然に発音された場合の通常の意味とは異なります。

したがって、to は通常では弱形が多いというわけです。

---

to　弱形 子音の前 [tə]、母音の前 [tu]　強形 [tuː]

母音 強形 [uː]　→　弱形 [ə][u]

▶toは、通常は弱形が使われ、「タ」または「トゥ」となる。

● **Practice Listening**　（72）　

音声を聞いて、次の短文ではtoが弱形で発音されているのか、強形なのかを聞き取りましょう。弱形の場合は弱を、強形の場合は強に〇をつけましょう。

(1) Who are you talking to?　　　（弱・強）
(2) The temperature rose to 40℃.　（弱・強）
(3) Alison tore the letter to pieces.　（弱・強）

次にtoを使った短文をディクテーションしてみましょう。
(4) ....
(5) ....
(6) ....

(1) Who are you talking <u>to</u>? （弱・**強**）
　　（誰と話してるの？）

(2) The temperature rose <u>to</u> 40℃. （**弱**・強）
　　（温度は40℃まで上昇しました。）

(3) Alison tore the letter <u>to</u> pieces. （**弱**・強）
　　（アリソンはその手紙を破り捨てた。）

(4) Is this the key <u>to</u> the locker? （この鍵はそのロッカーのですか？）

(5) We danced <u>to</u> the music. （音楽に合わせて踊りました。）

(6) Did you go <u>to</u> your office today?
　　（今日、ご自分のオフィスに行きましたか？）

Listening Point

⊖ (1)は文末にあるので強形が使われています。はっきりと「トゥー」と言っています。

⊖ (2)~(6)までのtoは弱形で、弱く発音されているので、聞き逃さないようにしましょう。

⊖ (4)と(5)に関しては、to の後のtheも弱形になっています。

Pronunciation Tips

to は弱形で発音されることが普通ですが、to の後ろの音が母音か子音かということに気を配りましょう。

Practice Listening (72) の (2) 〜 (6) は to の後が子音なので [tə] で「タ」に近い音ですが、後ろが母音の場合（We need to eat. など）は、[tu] で「トゥ」になります。 では [tə] を使うこともあります。

▶ **Pronunciation Practice** （72）   **174**

以下の下線部に注意して、弱形の発音練習をしましょう。

(1) To see is to believe. （百聞は一見に如かず。）

(2) A friend to all is a friend to none. （みんなの友は誰の友にもならない。）

(3) A word to the wise is enough.

　　（賢者へは一言いえば十分だ、一を聞いて十を知る。）

(4) All roads lead to Rome. （すべての道はローマに通ず。）

(5) The truth is not always to be told.

　　（真実だからいつ話しても良いわけではない。）

注：(1) Seeing is believing. のちが普通。文頭の To は強形で発音されることもあります。

会話ではふつう弱く言う前置詞 ③fromは「フルム」

▶from は「フロム」？

前置詞の最後は from です。

この単語も**明確に「フロム」と発音されることは少ない**のです。

では、音声で以下の文を聞いてみましょう。自然な発音ではどのように発音しているでしょうか。

I am <u>from</u> Portugal. （ポルトガル出身です。）

The product was imported <u>from</u> abroad. （それは外国からの輸入品です。）

---

from が「フ<u>ロ</u>ム」ではなく、「フ<u>ル</u>ム」と聞こえるでしょう。これは**弱形で発音**されています。つまり、'o' があいまい母音 [ə] になっています。この語では、弱形の発音は🇺🇸 GA と🇬🇧 RP では基本同じです。

一方、以下の文は**強形**で発音されていますので、聞き比べてみましょう。🇺🇸 GA では「フロム」というよりは、どちらかというと「フラム」となり、🇬🇧 RP の方が「フロム」に近い発音になりますが、ここでは🇺🇸 GA の発音を聞いてみましょう。

I am <u>FROM</u> Portugal.

The product was imported <u>FROM</u> abroad.

今度ははっきりと「フラム」と発音していますが、通常の文意では不自然な発音になりますので、注意が必要です。

---

from　弱形 [frəm]、強形 GA [frʌm][frɑːm] 🇬🇧 RP [frɒm]

母音　強形 GA [ʌ,ɑː] 🇬🇧 RP [frɒm] → 弱形 [ə]

▶ fromは通常は弱形で発音されるので、母音が「お」ではなく、あいまい母音[ə]。「フルム」に近い発音。

🔊 **Practice Listening** （73）　**177**

音声を聞いて、次の短文ではfromが弱形で発音されているのか、強形なのかを聞き取りましょう。弱形の場合は弱に、強形の場合は強に〇をつけましょう。

(1) Which country are you from?　　　　（弱・強）
(2) My grandmother is suffering from cancer.（弱・強）
(3) Did you hear from your brother?　　（弱・強）

次にfromを使った短文をディクテーションしてみましょう。
(4) ....
(5) ....
(6) ....

(1) Which country are you <u>from</u>?　　　（弱・**強**）

（どちらの国からいらっしゃったのですか？）

(2) My grandmother is suffering <u>from</u> cancer. （弱・**強**）

（祖母は癌を患っています。）

(3) Did you hear <u>from</u> your brother?　　　（弱・**強**）

（お兄さん（弟さん）から連絡はありましたか？）

(4) Could you refrain <u>from</u> talking on the phone?

（電話での通話はご遠慮ください。）

(5) My father protected us <u>from</u> dangerous animals.

（父は危険な動物から守ってくれました。）

(6) You should distinguish right <u>from</u> wrong.

（良いことと悪いことは区別すべきです。）

Listening Point

⊖ (1)のように文末にくる機能語は基本的に強形になります。はっきりと
「フラム」と聞こえるでしょう。

⊖ (2)～(6)で使われているfromは弱形です。「フルム」と聞こえます。

⊖ カジュアルな会話や早口の場合、fromの 'o' が完全になく、かなり短く発
音する人もいるので注意が必要です。

Pronunciation Tips

fromは通常、弱形が使われるので、'o'があいまい母音になって、「フルム」に近い発音になります。
口を大きく開けずに発音しましょう。
それから [frəm] は最初に子音連続があるので[f]から[r]にすばやく移行するのがポイントです。
その間に母音を挿入してはいけません。
一気に発音するようにしましょう。

▶ Pronunciation Practice (73)

以下の下線部に注意して、弱形の発音練習をしましょう。

(1) I cannot prevent Lisa <u>from</u> going abroad.
　　（リサが海外に行くのを止められません。）

(2) Has the train <u>from</u> Geneva arrived?
　　（ジュネーブからの電車は到着しましたか？）

(3) We are open <u>from</u> 10:00 to 6 p.m.
　　（営業時間は10時から午後6時までです。）

(4) I received a Christmas card <u>from</u> my classmate.
　　（クラスメートからクリスマスカードをもらいました。）

(5) Lucy used a quotation <u>from</u> Shakespeare.
　　（ルーシーはシェークスピアの言葉を引用しました。）

(6) Steel is made <u>from</u> iron.　　（スチールは鉄からできています。）

品詞によって弱く言うか強く言うかが違うsomeは「サム」か「スム」

▶some は「サム」？

　Must 74 では形容詞や代名詞として使われる some を取り上げます。以下の文の発音を比べてみましょう。

Do you have <u>some</u> apples?　（リンゴはありますか？）
Would you like <u>some</u>？　（少しいかがですか？）

　前者では some は**弱形**が使われていますが、後者では**強形**が使われています。これは前者が apples を修飾し形容詞的に使われていますが、後者は代名詞として使われています。このように**品詞によって発音が異なる**のが、この some の特徴です。

　強形になるのは、代名詞、副詞ですが、**形容詞**でも意味によっては強形が用いられることがあります。

　some が形容詞の際に、数えられる名詞の複数形の前や数えられない名詞の前で「いくつかの、少しの」といった意味の場合は**弱形**ですが、数えられる名詞の単数形の前で「何らかの」といった意味のときは**強形**が使われます。以下比べてみましょう。強勢の位置にも気を配りましょう。

I have <u>some</u> animals in my house.　（家には動物が何匹かいます。）
I want <u>some</u> animal as a pet.　（ペットとして何か動物を飼いたいです。）

　前者は**弱形**で、後者は**強形**です。これらの違いは意味理解の際の重要なポイントとなりますので、注意が必要というわけです。

some　弱形 [səm]　　　強形 [sʌm]

母音　強形 [ʌ]　→　弱形 [ə]

★同じ母音 [ʌ] を使った強形と弱形を持つ機能語
does　弱形 [dəz]　　　強形 [dʌz]
us　　弱形 [əs]　　　　強形 [ʌs]
was　 弱形 [wəz]　　　強形 [wʌz]
must　弱形 [məst]　　　強形 [mʌst]

▶someは品詞によって、あるいは出てくる環境によって発音が異なる。
代名詞、副詞では基本、強形。
形容詞の場合は、数えられる名詞の複数形の前や数えられない名詞の前では弱形。
数えられる名詞の単数形の前で「何らかの」といった意味のときは強形。

▶ Practice Listening　（74）

音声を聞いて、次の短文ではsomeが弱形で発音されているのか、強形で発音
されているのかを聞き取りましょう。弱形の場合は弱に、強形の場合は強に
○をつけましょう。

(1) I bought <u>some</u> pears.　　　　（弱・強）
(2) <u>Some</u> suggested that Jonathan should hire his own assistant.（弱・強）
(3) Do you want <u>some</u>?　　　　（弱・強）

次にsomeを使った短文をディクテーションしてみましょう。
(4) ....
(5) ....
(6) ....

(1) I bought <u>some</u> pears.　　　　　（弱・強）

　　（梨をいくつか買いました。）

(2) <u>Some</u> suggested that Jonathan should hire his own assistant.（弱・強）

　　（中にはジョナサンは自分専用のアシスタントをつけるべきだという人もいます。）

(3) Do you want <u>some</u>?　　　　　（弱・強）

　　（少しいりますか？）

(4) <u>Some</u> of you didn't know the truth.

　　（真実を知らない人もいました。）

(5) May is feeling <u>some</u> better now.

　　（メイは今はいくらか気分が良いようです。）

(6) Would you like <u>some</u> coffee ?

　　（コーヒーはいかがですか？）

Listening Point

⊖ (1)ではpearsと数えられる名詞複数形の前なので、弱形です。

⊖ (2)、(3)、(4)では代名詞なので、強形です。

⊖ (5)では副詞なので、強形です。

⊖ (6)では数えられない名詞の前なので、弱形が使われています。

Pronunciation Tips

some の弱形は「スム」と発音されている点に注意しましょう。
数えられる名詞の複数形の前や数えられない名詞の前で使われます。

some が弱形のときには、そこに強勢（ストレス）は置かれていません。
ですから、口を開けずに「スム」と発音します。

一方で、強形の場合は、[ʌ] のときにほんの少しだけ口を開けてのどの奥から鋭く「ア」と発音することを意識して、「サム」とはっきり発音しています。

強形は代名詞、副詞、数えられる名詞の単数形の前で使われます。

したがって、発音する際も品詞を意識すると良いでしょう。

▶ **Pronunciation Practice**（74）

以下の下線部に注意して、弱形の発音練習をしましょう。

(1) I need some paper to write.（書くための紙が少し必要です。）

(2) I drank some water.（水を少し飲みました。）

(3) I have some questions.（質問がいくつかあります。）

(4) You can find some cookies in the cupboard.

　　　（食器棚にクッキーが少し入っているわよ。）

(5) The doctor gave her some medicine.

　　　（医師は彼女に薬をいくつか処方しました。）

(6) I need some potatoes for this recipe.

　　　（この料理にはジャガイモがいくつか必要です。）

会話ではふつう弱く言うherは「ハ」か「ア」

▶ her は「ハー」？

　her という人称代名詞もリスニングの際に、聞き取りづらいものの１つです。以下の音声を聞いてみましょう。

 I know <u>her</u> sister very well.　（彼女の姉（妹）をよく知っています。）

 Let <u>her</u> into the classroom.　（彼女を教室に入れてあげなさい。）

---

　her が「ハー」ではなく、「ハ」くらいにしか聞こえないのではないかと思います。場合によっては、[h] が明確に聞こえないこともあります。

　次にで上記が発音された場合を聞いてみましょう。

 I know <u>her</u> sister very well.

 Let <u>her</u> into the classroom.

　先ほどのとは発音が違うことに気付きましたか？

　まず、最初の文 I know <u>her</u> sister very well. においては、 の場合、「ｒ音化」[※1]するのに対して、 では「ｒ音化」がありません。sister の [r] も同様にr音化がでは見られます。

　次に、２番目の文 Let <u>her</u> into the classroom. では、 であっても [r] を発音していたことに気付いたでしょうか。her in が「（ハ）イン」ではなく、「（ハ）リン」と発音し、[r] を発音していました。このようにでは、'r' が

※1　参照 Must 47「そのほかの子音② ｒ音化はあくまでオプション」（p.218~）

子音の前（her sister など）や文末にきた際などには [r] を発音しないのに、'r' の後ろの単語が母音で始まるときは [r] を発音するという現象があります。

　この [r] が 🇬🇧RP の発音の特徴の１つで、「連結の r 」と呼ぶことがあります[※1]。🇬🇧RP のリスニングの際には注意しないと、この特徴に違和感を持つことがあります。

---

her 弱形 🇺🇸GA ［hɚ］　　🇬🇧RP 子音の前 ［hə］ 母音の前 ［hər］
　　強形 🇺🇸GA ［hɝ:］　　🇬🇧RP ［hɜ:］

　　母音 🇺🇸GA 強形 ［ɝ:］→弱形 ［ɚ］　🇬🇧RP 強形 ［ɜ:］→弱形 ［ə］

★同じ母音 ［ɝ:］ を使った強形と弱形を持つ機能語
were 弱形 🇺🇸GA ［wə］　　　　🇬🇧RP 子音の前 ［wə］ 母音の前 ［wər］
　　強形 🇺🇸GA ［wɝ:］　　　　🇬🇧RP ［wɜ:］

▶ herはアメリカ英語では「ハ」で r 音化がある。
　イギリス英語では、後ろの単語の最初の音が子音の場合には［r］を発音しないが、後ろの単語の最初の音が母音の場合には、「音の連結」が起きて［r］を発音する。

▶ **Practice Listening** （75）

184

音声を聞いて、次の短文ではherが弱形で発音されているのか、強形なのかを聞き取りましょう。弱形の場合は弱に、強形の場合は強に〇をつけましょう。

(1) Do you know her name?　　　（弱・強）
(2) Her name is Michelle.　　　（弱・強）
(3) Bill bought her a dictionary.　　（弱・強）

次にherを使った短文をディクテーションしてみましょう。
(4) ....
(5) ....
(6) ....

※1　参照 Must 92「ネイティブスピーカーの英語②標準イギリス英語（RP）」(p.404~)

(1) Do you know <u>her</u> name?　（弱・強）

　　（彼女の名前を知っていますか？）

(2) <u>Her</u> name is Michelle.（弱・強）

　　（（彼ではなく）彼女はミシェルと言います。）

(3) Bill bought <u>her</u> a dictionary.（弱・強）

　　（ビルは彼女に辞書を買ってあげました。）

(4) I can run faster than <u>her</u>.

　　（彼女よりも速く走れます。）

(5) Nicole looked at <u>her</u> watch.

　　（ニコルは自分の時計を見ました。）

(6) <u>Her</u> job is to find new brands in the world.

　　（彼女の仕事は世界の新しいブランドを探すことです。）

Listening Point

⊝ (2)は強調しているので、強形が使われています。強形ということは、その部分を強調しているので、通常の意味とは異なります。

⊝ (4)は文末なので、強形が使われています。

⊝ (2)と(4)以外では弱形で発音されています。

Pronunciation Tips

her は  GA と 📖 で発音が異なりますが、弱形の場合、あいまいな感じで「ハ」と発音します。

GA のときには、あいまい母音に [r] をかけて r 音化しましょう。

📖 の場合、後ろの語が母音で始まるときには、[r] を発音します。

▶ **Pronunciation Practice**（75）

以下の下線部に注意して、弱形の発音練習をしましょう。最初が GA で、後が 📖 で発音されていますので、録音の音声を聞き比べて、その後、それぞれ GA と 📖 で発音してみましょう。

(1) Take her home.（彼女を家に連れて帰りましょう。）

(2) Ms. Lin is younger than her sister.
　　（リンさんは彼女の姉よりも若いです。）

(3) Matilda loves her job.（マチルダは自分の仕事が大好きです。）

(4) We saw her singing.　（私たちは彼女が歌っているのを見ました。）

(5) Tom sat her down by the fire.（トムは焚火のそばに彼女を座らせた。）

(6) I gave her the novel.（彼女にその小説をあげました。）

会話ではふつう弱く言うasは あいまいな「ウズ」

▶ as は「アズ」？

as にはさまざまな品詞があります。具体的に言うと、接続詞、前置詞、副詞、関係代名詞がありますが、どの使い方でも「アズ」で発音されると思っていると、自然な発音の際に聞き取れないことがあります。

以下の文で発音を確認してみましょう。

My father arrived as I was leaving. 接続詞

（私が出かけようとしていたとき、父は帰ってきました。）

I work as a teacher. 前置詞

（先生として働いています。）

My son can read three pages in as many minutes. 副詞

（息子は3ページを3分ほどで読めます。）

I enjoy languages such as English and French. 関係代名詞

（英語やフランス語といった語学をたしなみます。）

上記の文すべて「アズ」とはっきり発音されていません。人によっては、**あいまいな「ウズ」**と聞こえます。

というのも、最初の 'a' があいまい母音 [ə]※1 になっているからです。場合によっては、あいまい母音 [ə] が省略され、軽く [z] だけが聞こえることすらあるのです。

このように **as は基本的に弱形で発音される**ので注意が必要です。

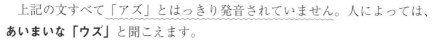

※1　参照 Must 10「「あ」を攻略する！③ [ə] は疲れてため息をついたときの「ア」」(p.64~)

　強形で発音されるのは、単語を引用形として使う場合（Use 'as', not 'to'. など）や、文末にくるときですので、あまり見かけません。

as　弱形 [əz][z]　強形 [æz]

　　　母音　強形 [æ] → 弱形 [ə]

▶ asはさまざまな品詞があるが、基本的には弱形で使われる。
使用頻度が高いので、積極的に攻略したい単語。

▶ **Practice Listening** （76）

音声を聞いて、次の短文ではasが弱形で発音されているのか、強形で発音されているのかを聞き取りましょう。弱形の場合は弱に、強形の場合は強に〇をつけましょう。

(1) As I am a dentist, I am interested in oral care equipment.（弱・強）
(2) My cousin is famous as a musician.（弱・強）
(3) It is important to learn formal language as well as colloquial language.
　　　　　　　　　　　　　　　　　　　　（弱・強）（弱・強）

次にasを使った短文をディクテーションしてみましょう。
(4) ....
(5) ....
(6) ....

(1) <u>As</u> I am a dentist, I am interested in oral care equipment. （弱・強）

　　（歯医者なので、オーラルケア器具に興味をもっています。）

(2) My cousin is famous <u>as</u> a musician. （弱・強）

　　（いとこは有名なミュージシャンです。）

(3) It is important to learn formal language <u>as</u> well <u>as</u> colloquial language.

　　　　　　　　　　　　　　　　　　 （弱・強） （弱・強）

　　（口語体と同様に文語体を学ぶことは重要です。）

(4) My little brother was <u>as</u> good <u>as</u> gold.

　　（弟は行儀よくしていました。）

(5) Maki is <u>as</u> tall <u>as</u> Miyu.

　　（マキはミユと同じくらいの身長です。）

(6) <u>As</u> I become older, I appreciate what I eat.

　　（年を重ねれば重ねるほど、食べ物に感謝します。）

Listening Point

◌ (1)と(6)は接続詞で、ここでは明確に発音しているので強形になっています。特に(1)は強調して読んでいるので、強形であることが明白です。この場合、理由を表す節を強調しています。

◌ (2), (3), (4), (5)は弱形で発音されています。明確に発音されていませんので、聞き漏らさないようにしましょう。

Pronunciation Tips

as は基本的に弱形なので、あいまい母音 [ə] から始めます。
リラックスした状態から [ə] を発音します。

[ə]

リラックスした状態で as と言うと、「ウズ」に近い音になります。
ソファに寝そべっているときに、「アイスはアズキ、それともバニラ？」
と家族に聞かれて、「<u>アズ</u>キ」と言った際の、力の抜けた「アズ」
です。

▶ **Pronunciation Practice（76）**　188

以下の下線部に注意して、弱形の発音練習をしましょう。

(1) Take <u>as</u> much <u>as</u> you want.　（欲しい分だけとってね。）

(2) It is not so easy <u>as</u> you think.　（君が思うほど簡単じゃないよ。）

(3) The new car is <u>as</u> black <u>as</u> a raven.

　（新車はカラスのように真っ黒です。）

(4) Milly trembled <u>as</u> she spoke.　（ミリーは話しながら震えていました。）

(5) Bond was employed <u>as</u> a secret agent.

　（ボンドは秘密諜報員として雇われました。）

会話ではふつう弱く言う接続詞 ①becauseは「ビクズ」「ブクズ」

▶ because は「ビコーズ」?

Must 77 〜 Must 79 は使用頻度の高い接続詞で、弱形と強形を持つ単語を見ていきましょう。 Must 77 は従属接続詞を、 Must 78・79 は等位接続詞を扱います。

従属接続詞とは従属節を主節に結びつける語（although, though, if, that, when, as など）のことで、**等位接続詞**とは文法上で対等の関係にある語と語、節と節を結び付ける語（and, but, or など）のことです。

まず、理由を表す接続詞 because です。日本人英語学習者はこの because を「ビコーズ」とはっきり発音しますが、自然な英語ではそのように発音されることはほとんどありません。以下の自然に発話されたときの文を聞いてみましょう。

I was absent from the class <u>because</u> I was sick.
（病気だったので授業を欠席しました）
I cannot go to the party <u>because</u> I'm busy.
（忙しいのでパーティーには行けません。）

because は「ビ<u>ク</u>ズ」、「ブ<u>ク</u>ズ」と発音されています。つまり、**母音がかなりあいまいに発音されている**ことがわかります。

もっとカジュアルな場合、because は「<u>ク</u>ズ」と聞こえます。この発音を反映して、カジュアルな書き言葉、たとえば SNS などでは'cause と書かれる場合があり、その発音からさらにカジュアルになると'coz、'cuz、'cos、'coz

などと表記されることがあります。これは -cause が では [-ˈkʌz]、[-ˈkɔːz]、[-ˈkɑːz] とバリエーションがあることを表しています。

　これらは発音をつづりに反映したもので、これを「発音つづり」ということがありますが、正式な書き言葉ではありませんので、気軽に書き言葉として多用することは避けたいところです。

　なお、強形で発音するのは、本章の最初に説明したように ①強調したい場合、② 文末にくる場合、③ 単独で発音した場合、④ ほかの語と比較する場合の４つのケースが主です。

---

because 弱形 [bikəz, bəkəz]　　カジュアルな弱形 [kəz]
　　　　強形 🇺🇸 GA [biˈkʌz, -ˈkɔːz, -ˈkɑːz] 🇬🇧 RP [biˈkɒz, bəˈkəz]
※ここに記した音は代表的なもののみです。

母音 強形 🇺🇸 GA [ʌ]、[ɔː]、[ɑː] 🇬🇧 RP [ɒ] → 弱形 [ə]

▶ becauseは「ビコーズ」とはっきり発音しない。
通常、弱形で発音され、弱形の発音は数種類あるが、「クズ」と聞こえる。

▶ Practice Listening （77）　190

音声を聞いて、次の短文ではbecauseが弱形で発音されているのか、強形で発音されているのかを聞き取りましょう。弱形の場合は弱に、強形の場合は強に〇をつけましょう。

(1) George was absent because he was hospitalized. （弱・強）
(2) Because of an accident, I was late. （弱・強）
(3) Matt didn't reply because he lost my phone number. （弱・強）

次にbecauseを使った短文をディクテーションしてみましょう。
(4) ....
(5) ....
(6) ....

(1) George was absent <u>because</u> he was hospitalized. （弱・強）
　　（ジョージは入院していたので、欠席でした。）

(2) <u>Because</u> of an accident, I was late. （弱・**強**）
　　（事故で遅れました。）

(3) Matt didn't reply <u>because</u> he lost my phone number. （弱・強）
　　（マットは電話番号をなくしたので返信をしませんでした。）

(4) The plan failed <u>because</u> they didn't prepare well.
　　（彼らが十分な準備を怠ったので、その計画はボツになりました。）

(5) I didn't tell my wife <u>because</u> I was afraid of upsetting her.
　　（妻を怒らせたくなかったので言えませんでした。）

(6) My grandfather cannot come <u>because</u> he is too old.
　　（祖父は高齢なので来られません。）

Listening Point

⊖ (2)は文頭にきて、理由を強調しているので、強形で発音しています。

⊖ (2)以外は弱形です。かなり弱く発音されているのがわかるでしょう。「ビクズ」と発音されています。

⊖ becauseのbeがかなり弱い場合があるので、動詞のcauseと聞き間違えないようにしましょう。この場合は、母音の発音や文脈などで推測してください。

Pronunciation Tips

because はカジュアルな場面では 'cause や'cuz、'cos、などと表記されることからも、be の部分が弱く、場合によっては聞き取りづらいことがわかります。

よって、発音の際にも第1音節を弱く発音するのがポイントです。-cause の部分も p.336 で示した発音のほかに「クズ」のようにあいまいに発音する人が多いので覚えておきましょう。

▶ Pronunciation Practice（77）

以下の下線部に注意して、弱形の発音練習をしましょう。

(1) I finished my homework because my mother told me to do so.

（母が宿題を終わらせるように言ったので終わらせました。）

(2) They thought I was satisfied because I didn't complain.

（不満を言わなかったので、彼らは私が満足したと思いました。）

(3) Tim is here because we invited him.

（ティムがここにいるのは、招待したからです。）

(4) We helped Milly because she was in trouble.

（ミリーがトラブルに巻き込まれたので助けました。）

(5) I discarded the T-shirt because it was too old.

（そのTシャツがあまりにも古いので捨てました。）

会話ではふつう弱く言う接続詞
②andはあいまいな「アン」か「ン」

▶and は「アンド」？

Must 78 と Must 79 では、もっともよく使う**等位接続詞**を扱います。

ところで、イギリスの庶民的な食べ物である「フィッシュ・アンド・チップス」を知っていますか？

fish はタラなどの白身をフライにしたもの（フリッターに近い）のことで、chips はフライドポテトのことです。しかし、これは「フィッシュ・アンド・チップス」と発音されるのではなく、「フィシュン・チップス」くらいになります。つまり、and は「アンド」ではなく、「ン」になっています。これも弱形の発音の1つです。1つというのは、and の弱形はいくつかの言い方があるからです。以下で確認してみましょう。

I like to eat fish <u>and</u> chips.（フィッシュ・アンド・チップスを食べるのが好きです。）
　　　　　　　　　[n]

I like to swim <u>and</u> dive.　（水泳とダイビングが好きです。）
　　　　　　　　[ən]

192

　一番目の例のように [ʃ] の後は弱形でも短い [n] になります。したがって、「発音つづり」では、fish 'n chips と書くことがあります。ほかに and の前の語が [t, d, s, z] で終わるときには [n] になりやすいので注意しましょう。それ以外は [ən] となります。というのも、and の後ろの語が母音でない場合は、[d] は明確には発音されないからです。

　強形が使われる環境は、本章はじめの (1) ～ (4) を参考にしてください[※1]。

> and　弱形 [ən], [n], [ənd]　強形 [ænd]
>
> 　　母音　強形 [æ] → 弱形 [ə] かなし

▶ andの弱形は数種類あり、[ən]が一般的だが、[n]もある。
短く聞こえづらいので注意が必要。

● **Practice Listening** （78）　

音声を聞いて、次の短文ではandが弱形で発音されているのか、強形で発音されているのかを聞き取りましょう。弱形の場合は弱に、強形の場合は強に○をつけましょう。

(1) Tom and Jerry is my favorite cartoon.　（弱・強）
(2) Greg and I went to Italy for five days.　（弱・強）
(3) You should bring pencils and pens.　（弱・強）

次にandを使った短文をディクテーションしてみましょう。
(4) ....
(5) ....
(6) ....

※1　参照　p.289

341

(1) Tom <u>and</u> Jerry is my favorite cartoon. 　　（弱・強）

　　（トムとジェリーはお気に入りの漫画です。）

(2) Greg <u>and</u> I went to Italy for five days. 　　（弱・強）

　　（グレッグと私は5日間イタリアに行きました。）

(3) You should bring pencils <u>and</u> pens. 　　（弱・強）

　　（鉛筆とペンは両方もってこなくてはいけません。）

(4) My son gave me a red flower <u>and</u> a white one.

　　（息子に赤と白の花を1本ずつもらいました。）

(5) Let's wait <u>and</u> see. 　　（待って様子を見ましょう。）

(6) Carla sat <u>and</u> cried. 　　（カーラは座って泣きました。）

Listening Point

➔ (3)はandを強調しているので、強形が使われているわけですが、そのことにより、「鉛筆とペン両方とも」と強調しています。それ以外は、弱形です。

➔ andは弱形では[ən]と発音されることが多く、前の語の最後の子音と**「音の連結」が起きやすい**ので、注意が必要です。

➔ 前の語の最後の子音が(1)では[m]、(2)では[g]、(4)では[r]、(5)では[t]、(6)では[t]で、後ろの<u>and</u>のあいまい母音との「音の連結」があります。

➔ (5)と(6)はandの前の単語が[t]で終わっているので、**たたき音化**[1]が起きています。

※1 　参照 **Must** 29「破裂音を攻略する！③「ら行」に変わる[t]」（p.146~）

342

Pronunciation Tips

and は一般に弱形が使われ、[ən] となりますが、これはあいまい母音から始まりますので、リラックスした状態で、口を大きく開けず「アン」と発音します。

したがって、人によっては「アン」よりも、疲れているときの生返事のような「ウン」を思い浮かべて発音すると良いでしょう。

▶ Pronunciation Practice（78）

以下の下線部に注意して、弱形の発音練習をしましょう。

(1) My father <u>and</u> I met in Paris. （父とはパリで会いました。）

(2) Melon <u>and</u> lemon ice cream is today's special.
　　（メロンとレモンのアイスが今日のおすすめです。）

(3) It is raining cats <u>and</u> dogs. （土砂降りです。）

(4) Go <u>and</u> get me the paper.
　　（（玄関まで）行って、新聞をもってきてくれる？）

(5) Jackie said the same things again <u>and</u> again.
　　（ジャッキーは同じことを何度も繰り返した。）

(6) I like matching black <u>and</u> white colors.
　　（白黒のコーディネートが好きです。）

会話ではふつう弱く言う接続詞 ③butは「ブッ（トゥ）」

▶but は「バット」か？

　「バット」という日本語に対して、英語では but, bat, Bart, Bert が当てはまりますが、これらの違いは母音です。but は [ʌ]※1、bat は [æ]※2、Bart は [ɑːr]※3、Bert は [ɜː]※4 になります。

　第2章の初めでも書きましたが、日本語の「あ」に当たるこれらの母音は、日本人英語学習者が苦手とする発音です。苦手を克服できない場合は、もう一度、第2章のそれぞれのルールで確認してみましょう。

　ここでは、**等位接続詞**の but を見ましょう。but は強形では鋭い [ʌ] なのですが、**通常 but は弱形**なので、あいまい母音 [ə] が使われます。以下の例で確認してみましょう。

(1) Julie is poor but honest.
　　（ジュリーは貧しいが正直な人です。）
(2) Jordan has no choice but to have an operation.
　　（ジョーダンは手術を受ける以外に選択肢がありません。）

　(1) の文は but ではなく、「ブッ」くらいにしか聞き取れないと思います。この but も基本的には弱形で文の中では使われるのです。また語末も [t] は

※1　参照 Must 9「「あ」を攻略する！②[ʌ] はシャープな「ア」」（p.60~）
※2　参照 Must 8「「あ」を攻略する！① [æ] は「うひゃ〜」の「ア〜」」（p.56~）
※3　参照 Must 11「「あ」を攻略する！④ [ɑːr] は深みのある「アー」」（p.68~）
※4　参照 Must 12「「あ」を攻略する！⑤ [ɜː] は曇った「アー」」（p.72~）

しばしば明確には発音されません※1。

　一方、(2) では強形を使っているので、はっきりと「バッ」と発音しています。通常は、have no choice but to ～という慣用句の but では弱形を使うのですが、「選択肢が他にない」「仕方ない」という意を表すときには but を強調することがあります。

but　　弱形 [bət]　　強形 [bʌt]

母音　強形 [ʌ] → 弱形 [ə]

▶butは弱形で発音されることが一般的なので、「バット」ではなく「ブッ」と聞こえる。

▶ Practice Listening　（79）

音声を聞いて、次の短文ではbutが弱形で発音されているのか、強形で発音されているのかを聞き取りましょう。弱形の場合は弱に、強形の場合は強に○をつけましょう。

(1) I didn't sleep yesterday, but my wife did.　　（弱・強）
(2) All but Jim attended the party.　　（弱・強）
(3) You should use 'but' instead of 'and' here.　　（弱・強）

次にbutを使った短文をディクテーションしてみましょう。
(4) ....
(5) ....
(6) ....

※1　参照 **Must** 51「人は楽して発音する：音の脱落」(p.240~)

(1) I didn't sleep yesterday, but my wife did.（弱・強）
　　（昨日私は眠れなかったが、妻は眠りました。）
(2) All but Jim attended the party.（弱・強）
　　（ジム以外はパーティーに出席しました。）
(3) You should use 'but' instead of 'and' here.（弱・強）
　　（ここではandではなく、butを使うべきです。）
(4) It's not an apple, but a peach.
　　（それはリンゴではなく、桃です。）
(5) Kim is young but smart.
　　（キムは若いですが、頭が切れます。）
(6) The car is not yellow but orange.
　　（その車は黄色ではなくオレンジです。）

Listening Point

⊖ (3)ではbutとともに、andも強形が使われています。このように対比して語が使われる場合には、強形を使います。

⊖ (4)not an but aと(6)but orangeで「**音の連結**」※1が起きていますが、(4)ではさらに「ノラン」「バラ」のように発音され、[t]が「ら行の音」になっています。これを「**たたき音**※2」と呼びます。

⊖ (3)以外は、弱形が使われています。

⊖ (3)と(4)以外から、[t]を発音しない弱形で発音されることが多いことがわかります。

⊖ (4)では、「たたき音」になっていますので、「ノラン」「バラ」と聞こえます。しかし、(6)では、「たたき音」になっていません。このようにbutの後ろの単語が母音で始まる場合、🇺🇸 では「たたき音」になる場合とならない場合があるのです。この環境で「たたき音」になるかならないかは、話すスピード、丁寧さなどによって変わってきます。

※1　参照　第5章「音はつながる、だから難しい」(p.260~)
※2　参照　Must 29「破裂音を攻略する！③「ら行」に変わる[t]」(p.146~)

Pronunciation Tips

通常 but は弱形で、母音があいまい母音 [ə] になります。
口を大きく開けず「ア」と発音しますので、口をリラックスして「ブッ
トゥ」と発音してみましょう。
ただし [t] は発音しない場合も多いので、「ブッ」と発音すると自
然な感じになります。

▶ **Pronunciation Practice** （79）　　　　　　　　　　**197**

以下の下線部に注意して、弱形の発音練習をしましょう。

(1) This shirt is not pink but red.
　　（このシャツはピンクではなく赤です。）

(2) Tim is old but active.
　　（ティムは年を取っていますが、活動的です。）

(3) It never rains but it pours.
　　（降れば必ず土砂降り。二度あることは三度ある。）

(4) Cars are useful but expensive.
　　（車は便利ですが、高いです。）

(5) I like her but she doesn't like me.
　　（私は彼女が好きですが、彼女はそうではありません。）

(6) He is not my father, but my uncle.
　　（彼は父ではなく、おじです。）

347

●──── 文強勢と語強勢

　リスニングの際にポイントとなってくるのが、「強勢（ストレス）の位置」です。なぜなら、ストレスの位置によって、文意が異なったり、意味を判断する際の判断材料になったりするからです。

　たとえば、I went to Paris. という文があるとしましょう。通常は I went to PARIS. のように文の最後の内容語(ここでは PARIS) に強勢がきますが、I WENT to Paris. のように WENT に強勢を置くこともできます。そうすると「私はパリに(いるのではなく) 行った」となります。

　一方、fifteen と fifty の違いの１つは、語内の「強勢の位置」で、それが聞き取りの際には重要になります。

　このように、強勢の位置と言っても、前者のように「文の中での強勢の位置」※1 と後者のように「語の中での強勢の位置」がありますが、ここでは**「語の中での強勢（＝語強勢）の位置」**に限定します。

　第１章「だから英語が聞き取れない」でも言及しましたが、強く言う場所**「強勢（ストレス）」**のことは、一般に、「アクセント」と言うことが多いのですが、専門用語では「アクセント」は「方言」のことを指します。たとえば、「ヨークシャー方言」を「ヨークシャー・アクセント」のように使います。ですから、本書では強く読む場所は「アクセント」ではなく、「強勢（ストレス）」という言葉を使って説明しています。

　ところで、**日本語は「音の高低」で意味を分ける言語**です。

　たとえば、東京方言では、箸、橋、端をそれぞれ違った音の高低で発音します。助詞の「が」をつけるとより明確になります。右上の図は上の棒線が声の高いことを、下の棒線が声の低いことを示しています。

※1　参照 Must 90「どこを強く読んでいるのか聞き取る」(p.388~)

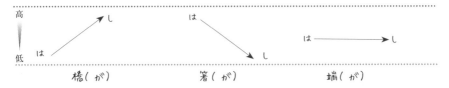

橋（が）　　　　箸（が）　　　　端（が）

このように、語の中で意味の違いを音の高低で表す言語が日本語なのです。

一方、英語は語の中で違いを生み出す場合、どこに強勢を置くかが重要になります。つまり、**「音の強弱」で意味を違える言語**です。

たとえば、大学受験などで「名前動後」という概念を教わったことがあると思います。これは同じ単語でも前に強勢が置かれると名詞になり、後ろに強勢が置かれると動詞になるということを大まかに示したルールになります。実際には例外はたくさんありますが、ある程度は当てはまります。

たとえば、record という単語は以下のようになります。

　　　　récord　名詞　レコード　　　　　recórd　動詞　記録する

注意しなければならないのは、日本語では「音の高低」で意味を表し、それぞれの音の音質は一切変わらない一方で、英語の場合は、意味の違いを「音の強弱」で生み出すため、**母音の質が変わる**ことです。

上記の単語に発音記号を付けてみましょう。

　　　　record　名詞　[ˈrekɔːrd]　　　　record　動詞　[riˈkɔːrd] [rəˈkɔːrd]

第一音節の ‘re’ の部分の発音が、名詞と動詞では異なっています。強勢が置かれるところには、はっきりとした母音である**強母音**（[e]）がきていますが、強勢が置かれないと**弱母音**（[i][ə]）になっています。ここが英語では重要なポイントになります。

日本語には弱母音はないので、弱母音の代表であるあいまい母音 [ə] が出てきてしまうと、それが正確に認識されず、意味理解につながらないことがあります。

ここからは、強勢に関して、リスニングで重要な点を3点あげて、学んでいきましょう。

強く言う位置で意味が変わる ①接尾辞

▶ photo、photography、photographic の強勢（ストレス）は同じ？

この項では、同じ語でもどこに強勢（ストレス）を置くかで品詞が変わるものがあることを photo、photography、photographic を例にあげて説明します。

では、それぞれの単語の強勢の位置を確認しましょう。

---

phóto [ˈfoʊt̬oʊ] = phótograph [ˈfoʊt̬oʊɡræf]

　名詞　写真　　　　　　動詞　写真を撮る、写真を写す

photógraphy [fəˈtɑːɡrəfi]　名詞　写真撮影（術）

photográphic　[ˌfoʊt̬əˈɡræfɪk] 形容詞　写真撮影（術）の、写真用の

つまり、リスニングの際には、どこに強勢が置かれるかによって、品詞や意味が変わることに素早く気付いて、正確に理解をしなくてはなりません。

この場合、もちろん例外はたくさんありますが、**接尾辞が強勢の位置を決める**ことがあります。**接尾辞**とは、ベースとなる語（photograph など）の後ろについて、文法的な機能を変える役割を担うもののことを言います。具体的には photograph に -ic がついて photographic になると、名詞から形容詞に変わりますが、その -ic を接尾辞と言います。

以下にルールを簡単にまとめます。**強勢（ストレス）記号**は該当する単語の母音の上に é のようにつけてあります。音声で確認してみましょう。

(1) 接尾辞がくることでベースとなる語の**強勢の位置が変わるもの**

-graphy, -ic	phóto → photógraphy, photográphic
-eous	advántage → advantágeous
-ion	afféct → affectátion

(2) **接尾辞に強勢がくる**もの

-ee	réfuge → refugée
-ese	Japán → Japanése

(3) 接尾辞が**強勢の位置に影響を与えない**もの

-ful	hánd → hándful
-ing	amáze → amázing
-able	cómfort → cómfortable
-ness	síck → síckness
-less	hópe → hópeless
-ment	árgue → árgument

> phóto、photógraphy、photográphicの強勢（ストレス）はそれぞれ違う。
> 接尾辞の種類によって、強勢が変わることがある。

▶ **Practice Listening** （80）

以下の単語を（　　）に書いてある品詞に変え、どこに強勢が置かれるのかを答えましょう。

(1) wonder　（形容詞に）
(2) perfect　（名詞に）
(3) powerless　（名詞に）

以下の太字単語のどこに強勢が置かれているかを聞き取り、その音の上にá、íのように強勢記号を書きましょう。

(4) Kate is a **skillful** trumpet player.
(5) We have four **returnee** students in my class.
(6) Patty wrote a **fictional** story.

(1) wónderful

(2) perféction

(3) pówerlessness

(4) Kate is a **skíllful** trumpet player.

　　（ケイトはトランペットの名手です。）

(5) We have four **returnée** students in our class.

　　（クラスには4人の帰国子女生がいます。）

(6) Patty wrote a **fíctional** story.

　　（パティーはフィクションの話を書きました。）

Listening Point

➔ (1) -fulがついても、強勢の位置は変わりません。

➔ (2) -ionがつくと、強勢の位置が変わります。

➔ (3) -nessがついても強勢は変わりません。

➔ (4) -fulがついても、強勢の位置は変わりません。

➔ (5) -eeは、接尾辞に強勢がきます。

➔ (6) -alがついても、強勢の位置は変わりません。

➔ (2)と(5)において、強勢の位置が変わりますが、同時に母音の質が異なる
　　ことに注意を払いましょう。

　　(2) perfect [ˈpɝːfekt]、perfection[pɚˈfekʃən]となります。

　　(5) return [riˈtɝːn, rəˈtɝːn]、returnee[rə͵tɝːˈniː]となります。

➔ (5)ではストレスシフト（ Must 81、p.354〜参照）が起きています。

▶ Pronunciation Practice（80）

以下の下線部に注意して、発音練習をしましょう。どこに強勢を置くか考えて、発音してください。その後、確認のために音声を聞いて、練習しましょう。

(1) This is an <u>amazing</u> story.（これは素晴らしい話です。）

(2) Prepare a <u>handful</u> of aromatic herbs.

（一握りの良い香りのするハーブを用意しなさい。）

(3) I saw a lot of <u>homeless</u> people at that station.

（あの駅でたくさんのホームレスの人を見ました。）

(4) That is a <u>ridiculous</u> idea.（それはバカげた考えです。）

(5) She suffered a <u>psychological</u> breakdown.

（彼女は精神衰弱になりました。）

強く言う位置で意味が変わる②ストレスシフト

▶ **Japanese** と **Japanese companies** では **Japanese** の強く読むところが変わる？

前項 Must 80 において、Japanese のように -nese が接尾辞にくる場合には、その接尾辞に強勢がくると述べました。したがって、Japanése になるわけです。

では、Japanese companies の場合はどうでしょうか。

その場合、Japanèse cómpanies ではなく、Jàpanese cómpanies となるのが一般的です。ちなみに、この項では、2語以上の語句で1番強いストレス（第1強勢）がくるところには ó というように右上から左下に下降する強勢記号（cómpanies など）を、2番目に強いストレス（第2強勢）がくるところには è というように左上から右下に下降する強勢記号（Jàpanese など）を使っています。

なぜ Japanése が Jàpanese になるのでしょうか。

これは「ストレスシフト（強勢移動）」という現象の結果です。ストレスシフトについて説明しましょう。まず cómpanies の強勢が第1音節にきています。それに対して、Japanése は第3音節（最後の音節）に強勢がきています。ということは、Japanèse cómpanies となると**強勢の位置がお互いの単語で近い**ことがわかります。近いということは言いにくく、リズムが悪いのです。これを回避するた

♪
ち…近すぎ！

OK…離れてるよ

Jàpanèse cómpanies

めに、Japanése の強勢が、Jàpanese と第1音節に移動する (≡ シフト) のです。
そうすると英語本来の軽快なリズムが保てるわけです。強勢が第2音節では
なく、第1音節にくる理由は、もともと Japanese の第2強勢は最初の 'a' に
あるからです。

　この現象は英語のリズムを保つために起こるのですが、リスニングの際に、
強勢が通常と違うので戸惑うことがあるので、注意しましょう。

　またこの**ストレスシフトによって、母音の質が変化する**場合があります。
たとえば、Japanése の最後の母音は本来 [iː] と強母音が使われるのですが、
Jàpanese と強勢がシフトすることによって [i] あるいは [ɪ] に**弱化**すること が
あります。
　Practice Listening (81) の (1) の例では母音が完全に弱化するわかりやすい例
が載っていますので、その Listening Point を参考にしてください。

> **Jàpanese cómpanies**の場合などでは、ストレスシフトで強勢の位置が変わる。
> ストレスシフトが起きた場合、本来の母音と質が異なることがあるので、注意。

▶ **Practice Listening** （81）

以下の単語 (左側) とその単語を使った語句 (右側) を比べ、それぞれストレス
がくるところの母音の上にé、óのように強勢 (ストレス) 記号をつけましょう。
その際、右の語句では1番強い単語 (右) の母音はéのように右上から左に下降
する第1強勢 (ストレス) 記号を、2番目に強い単語 (左) の母音はèのように
左上から右下に下降する第2強勢 (ストレス) 記号を書いてください。
その後、音声を聞き、答えを確認しましょう。

(1) compact (形容詞)　　　　　compact disc
(2) thirteen　　　　　　　　　thirteen students
(3) fifteen　　　　　　　　　　fifteen textbooks
(4) democratic　　　　　　　　democratic country
(5) artificial　　　　　　　　　artificial flavor

(1) compáct (形容詞)   còmpact dísc
(2) thirtéen   thìrteen stúdents
(3) fiftéen   fìfteen téxtbooks
(4) democrátic   dèmocratic cóuntry
(5) artifícial   àrtificial flávor

Listening Point

➔ 強勢が左の単語の場合と、右のように語句になってストレスシフトが起きている場合を聞き比べましょう。

➔ (2)と(3)では、teenの部分にも軽い強勢が置かれています。

➔ 単独で発音された場合とストレスの位置が異なる点を確認しましょう。

➔ ストレスシフトが起こる際に、母音の質が変わりますので、その点にも注意しましょう。特に(1)のcompactは明確です。compáctは[kəmˈpækt]ですが、ストレスシフトが起きると、■■■ GA では[ˈkɑːmpækt]となります。最初の母音が[ə]から[ɑː]になっています。

▶ **Pronunciation Practice** （81）

以下の下線部に注意して、単語のみ（左）とストレスシフトが起きた語句（右）の発音をそれぞれ比べましょう。強勢（ストレス）記号に注意して発音練習をしましょう。

(1) Chinése   Chìnese dúmplings
(2) Japanése   Jàpanese séntences
(3) sixtéen   sìxteen lánguages
(4) afternóon   àfternoon téa
(5) New Yórk   Nèw York Cíty

強く言う位置で意味が変わる ③合成語

▶ white house と White House を聞き分けるには？

　仕事柄、多くの学生を教えてきましたが、時々、面白い経験をすることがあります。ある日、1人の学生が I live in a whíte hòuse. と言って、一部の英語ができる学生が笑ったことがあります。そう発言した学生に冗談めかして「アメリカ大統領なの？」と言うと、その学生はハッとして自分の間違いに気づいた様子でした。

　つまり、white に強勢を置くと、Whíte House つまり「アメリカ大統領が住む大統領官邸」の意味になります。もちろん Whíte House の場合は、冠詞が a ではなく、the が通常であるので、実際にはホワイトハウスに住んではいないことがわかりますが、強勢の位置には十分注意しなくてはなりません。「白い家」という場合には、house に強勢を置くからです。

　このように、house という**名詞に強勢を置く**のか、それとも white という**形容詞に強勢を置く**のかによって意味が大きく異なるので注意が必要です。「そんなの間違えるはずはない」という方も多いでしょうが、これがリスニングの際には意外と難しいのです。その理由を解説しましょう。

　まず、white house か White House かは、書き言葉の場合には、小文字で始まるか大文字で始まるかの違いなので、一目瞭然です。また、場合によっては、darkroom（暗室）のように一語になります。

　次に、a か the の違いも、書き言葉の場合には完全に異なりますが、リスニングの場合には、書き言葉ほど大きく異なりません。発音記号を使って説

明すると、a はあいまい母音の [ə] で、the は [ðə] になります。つまり違い
は [ð]※1 があるかないかです。[ð] は「柔らかい音調の「ズ」音」ですので、
感じ方には個人差はありますが、それほどはっきりとした音ではないのです。
ですから、冠詞を目安にして、white house か White House かの違いを聞き
取るのは、学習者が考えるよりも難しいというわけです。

　このように、white house か White House かは、「強勢の位置の違い」で
聞き分けることが重要なのです。
　他の例は **Practice Listening**(82) や **Pronunciation Practice**(82) で見ますが、共通す
るのは、書き言葉で考えると一番右（音声で考えると最後）の名詞に強勢がきた
際には「**一般的な内容**」を、書き言葉で考えると一番左（音声で考えるとはじめ）
の形容詞（として使われている名詞も含む）に強勢がきた場合には、意味上、「**特殊
化**」が起こり、**固有名詞あるいは特定のもの**を指します。後者を**合成語**と呼
ぶことがあります。
　ただし、すべての句にこのような現象が起こるわけではありません。たと
えば、Red Cróss（赤十字）も red cróss（赤い十字）では強勢は同じです。

> ▶ リスニングの際には、最後（書き言葉では一番右）の名詞に強勢が置かれるのか、は
> じめ（書き言葉では左）の形容詞に強勢が置かれるのかで意味が異なることを理解す
> る。前者の場合は一般的な意味、後者の場合は特殊な意味で、固有名詞あるいは特
> 定のものとなる。

▶ Practice Listening （82）

以下の単語は左か右かのどちらを指しているのかを聞き取り、○をつけましょ
う。また両方の意味を書いてください。

(1) black bírd　　　bláckbird
(2) blue hóuse　　　Blúe House
(3) cold créam　　　cóld cream
(4) dark róom　　　dárkroom
(5) toy fáctory　　　tóy factory

──────────────────────────────

※1　参照 **Must** 37「摩擦音を攻略する！④柔らかい「ズ」の [ð]」(p.178~)

ANSWER （82）

(1) black bírd（黒い鳥） bláckbird（クロウタツグミ）
(2) blue hóuse（青い家） Blúe House （韓国大統領官邸の青瓦台）
(3) cold créam （冷たいクリーム） cóld cream（化粧用のコールドクリーム）
(4) dark róom（暗い部屋） dárkroom（暗室）
(5) toy fáctory（おもちゃの工場）
　　tóy factory （おもちゃを製造する工場、おもちゃ工場）

Listening Point

➡右（最後）の名詞に強勢がくる場合は、一般的な意味で、形容詞が名詞を普通に修飾したものになります。**Practice Listening**（82）では左に並んでいるものです。

➡左（はじめ）の形容詞（名詞でも形容詞的に使われている場合も含む）に強勢がくる場合は、意味が特殊化します。**Practice Listening**(82)では右に並んでいるものです。

➡名詞に強勢がきた場合には一般的な意味になり、形容詞に強勢がきた場合には特殊な意味と覚えるとわかりやすいでしょう。

▶ **Pronunciation Practice**（82）

意味の違いを考えながら、発音練習をしましょう。

(1) glass cáse （ガラスでできた入れ物） gláss case（グラス入れ）
(2) paper bág （紙袋） páper bag（書類を入れるバッグ）
(3) blue bírd（青い鳥） blúebird（ルリツグミ）
(4) green hóuse（緑色の家） gréenhouse （温室）
(5) blue bérry（青い実） blúeberry（ブルーベリー）

リスニングの鬼コーチからの
お悩みアドバイス⑥

Q 本書のほかに、どのような音声教材がリスニングにはおすすめですか？

A インターネット上に無料の優れた教材がたくさんあります。
レベルに合わせて選びましょう

初級・中級・上級

　先に、シャドーイングをする際に便利なサイトやアプリを紹介しましたが[1]、そのほかにもおすすめの教材があります。アクセント（方言）のある英語については、第8章「世界の英語」の **Practice Listening** の「おすすめの〇〇英語話者」で紹介している人物による英語での発話が参考になります。

　また、本書以外に長い音声を使って勉強したいという場合、どういったものが英語力をつけるのに適しているのか、具体的に紹介しましょう。レベルに分けて紹介していますが、それぞれのおすすめサイトには初級から上級までの教材がありますので、どのレベルの学習者でも学習可能です。いずれも無料なのですが、かなり良質の素材で、ボリュームもありますので、勉強しがいがあります。

 お話しシリーズ　Ladybird series classics

　イギリスの出版社 Ladybird books が出している子供向けの本で対象年齢は0歳から12歳です。だからと言って侮れないクオリティです。『シンデレラ』など、だれでも知っている名作から、英語圏の文学作品まで素晴らしい作品がそろっています。また、YouTube で Ladybird Books[2] というサイトがあり、その中で、名作の音声が聞けるものもありますので、ディクテーションやシャドーイングに最適です。

※1　参照「リスニングの鬼コーチからのお悩みアドバイス②」(p.234~)
※2　https://www.youtube.com/user/ladybirdbooks

`中級` Dramas from BBC learning English

BBC learning English^{※1} というサイトの中の Dramas from BBC learning English^{※2} では、『アリス・イン・ワンダーランド』など名作が英語で聞けます。標準イギリス英語 🇬🇧 による本格的な録音の数々が聞けます。

加えて、BBC learning English サイトの中の English at University^{※3} では、大学での生活のさまざまな場面を紹介しています。留学したい人やイギリスの大学はどのような感じかを知りたい人には便利なサイトです。また母語話者だけでなく、さまざまなアクセントを聞くことができるのも秀逸です。

`中級` VOA learning English

VOA learning English^{※4} というサイトでは、🇺🇸 の比較的速度の遅いニュースを聞くことができます。また、レベル別のニュース教材がそろっているので、レベルに合わせた英語学習が可能です。

`上級` NHK World News

上級者におすすめのサイトは、NHK World News^{※5} です。いろいろなニュースを通して、さまざまな知識を身につけましょう。

`上級` 動画サイトで見る有名人の演説

有名人による演説も英語の勉強では最適です。ここでは第8章で紹介しているもの以外を紹介します。音声や映像は動画投稿サイトなどで見ることができますので、利用してみましょう。

・クリントン大統領　『就任演説』第1回 1993, 第2回　1997
・レーガン大統領　『就任演説』第1回　1981, 第2回　1985
・オバマ大統領　『カイロ大学での演説』2009
・マザー・テレサ　『ノーベル平和賞受賞記念講演』　1979
・スティーブ・ジョブズ　『初代 iPod 発売時のプレゼン』2001
・ティム・クック　『ジョージ・ワシントン大学での卒業式での演説』　2015

※1　http://www.bbc.co.uk/learningenglish/english/
※2　http://www.bbc.co.uk/learningenglish/english/features/drama
※3　http://www.bbc.co.uk/learningenglish/english/features/english-at-university
※4　https://learningenglish.voanews.com/
※5　https://www3.nhk.or.jp/nhkworld/en/news/

リスニ

の

鬼100

第7章

イントネーションと文強勢

●──文字に音声が加わるということ

　言葉とは不思議なもので、イントネーションが違ったり、声の調子が違ったりすると、文字通りの意味とは異なる場合があります。たとえば、「ご飯いる」という文だけで会話ができることがあります。

　　母　　「ご飯いる↗」
　　子供　「ご飯いる→」
　　母　　「え？ご飯いるの↘↗」
　　子供　「ご飯いる↘」
　　母　　「ご飯いる↘」

　上記の会話に母親と子供の気持ちを（　　　）内に言葉で表すと以下になります。

　　母　　「ご飯いる↗（いるかどうかの確認）」
　　子供　「ご飯いる→（いつものことだからよろしく〜）」
　　母　　「え？ご飯いるの↘↗（なんで早く言わないの⚡）」
　　子供　「ご飯いる↘（とにかくご飯食べるからね。いつものことでしょ！）」
　　母　　「ご飯いる↘（はぁ、ご飯作らなくっちゃね。テンション下がるわ）」

　このように同じ「ご飯いる」という文であっても、イントネーションや声の調子によって、それが疑問文になったり、当たり前のことや確認を示したり、イライラなど感情を表したりすることができるのです。

　つまり、「ご飯いる」という**文字以外の情報を、イントネーション**などか**ら判断する**ことが重要なのです。

●──イントネーションの機能

　このように、イントネーションとは、文の中で上がり下がりをする声の調子のことを言います。

　イントネーションといった個々の音（子音、母音など）以外の情報が正しく判断できないと、話者の意図を正しく理解できませんので、重要な音声情報なのです。

　つまり、イントネーションとは、悲しい、うれしい、無関心など**心情や態度**を表したり、平叙文（物事をありのままに伝える普通の文）の文末を上げ調子で読むとそれが疑問文になるといった**文法的な機能**を担っていたり、どこを強調するかで新旧を明示したりする**談話的な機能**を担うというわけです。

英語のイントネーションは 5種類

▶ 下降調、上昇調、平板調、下降上昇調、上昇下降調

　「英語のイントネーションは5種類ある」と聞くと、少し驚くかもしれませんが、基本的には、イントネーションは万国共通であることが多いのです。具体的に言うと、イントネーションが下がる場合（下降調）は文が終わること、断定を示し、イントネーションが上がる（上昇調）と疑問文になります。それぞれの詳しい内容に関しては Must 84 ～ Must 88 を参考にしてください。

　5種類あるのは、**文の中で一番動きがある箇所のイントネーション**の種類です。たとえば、以下の文で見てみましょう。

Do you know John ↗?
I met George ↘.

　2つの文の中で、声の調子が一番動くのが、John と George です。John と George を核と呼び、声の調子が一番動く音節（＝音の区切り）のことを指します。ちなみに John も George も一音節語です。

　そして、John ↗はイントネーションが上がり、George ↘では下がっています。こういったイントネーションを専門用語で「核音調」と言いますが、その核音調の種類が5種類あるということです。核音調は「**内容語**」[1] **に置かれる**ことが多いので覚えておきましょう。ただし、例外もあります。

　本書では、核が置かれる語の後ろに↗、↘のように矢印を書くことで、イントネーションの型を示すことにします。

※1　参照 Must 7「イントネーションのピークを聞き取れれば話は大体わかる」（p.46~）

では核音調の5種類をそれぞれ見ていきましょう。以下の点線の枠内の平行線は声域を表し、上の線は声が高いことを、下の線は声が低いことを示しています。ここでは意味を考えずにイントネーションの型がそれぞれどのように聞こえるのかに集中してみましょう。Yes. という文で確認しましょう。

| 下降調 | 上昇調 | 平板調 | 下降上昇調 | 上昇下降調 |
| Yes. | Yes. | Yes. | Yes. | Yes. |

今度は Hello. という文で音声を聞いて発音を試してみましょう。

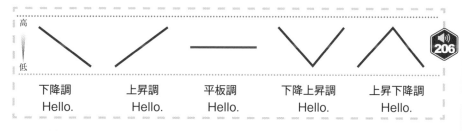

| 下降調 | 上昇調 | 平板調 | 下降上昇調 | 上昇下降調 |
| Hello. | Hello. | Hello. | Hello. | Hello. |

上手にできましたか？ 核音調は重要です。それは、リスニングの際に、この核音調が意味を決定づけるからです。

> **イントネーションの種類は5種類ある。**
> **下降調、上昇調、平板調、下降上昇調、上昇下降調**

▶ **Practice Listening** （83）

以下の文のイントネーションを聞き取り、右のどの型のいずれに当たるのか、線で結びましょう。

(1) I know John. ・　　　　　　　・上昇調

(2) I know John. ・　　　　　　　・下降調

(3) I know John. ・　　　　　　　・平板調

(4) I know John. ・　　　　　　　・上昇下降調

(5) I know John. ・　　　　　　　・下降上昇調

ANSWER （83）

(1) I know John.　　　　　　　　上昇調
(2) I know John.　　　　　　　　下降調
(3) I know John.　　　　　　　　平板調
(4) I know John.　　　　　　　　上昇下降調
(5) I know John.　　　　　　　　下降上昇調

Listening Point

⊙ Johnが**核音調**と言ってイントネーションが一番変動するところなので、Johnに注目して聞き取りましょう。

⊙ (1)～(5)まで、Johnが核音調なので、その部分がどのようなイントネーションの型なのかを考えましょう。ただし、(5)はIからJohnまでなだらかに下降するイントネーションになっていますので、わかりやすいでしょう。

⊙ 聞き取れない場合は、まずJohnのみを聞き取るようにしましょう。それでも難しい場合には、イントネーションの上下を平行線の中に書いて答えを確認しましょう。

Pronunciation Tips

特に英語特有のイントネーションである、下降上昇調と上昇下降調の発音が難しいかもしれません。

上手にできない場合には、指や首といった体の部位を動かしながらイントネーションの型を再現しながら発音するとやりやすいことがあります。

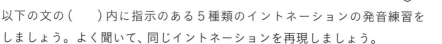

▶ **Pronunciation Practice** (83) 🔊 **208**

以下の文の（　　）内に指示のある5種類のイントネーションの発音練習をしましょう。よく聞いて、同じイントネーションを再現しましょう。

(1) Fantastic↘↗. （下降上昇調）

(2) Fantastic→. （平板調）

(3) Fantastic↗↘. （上昇下降調）

(4) Fantastic↗. （上昇調）

(5) Fantastic↘. （下降調）

自分のイントネーションが正しいかを確認するためには、スマホなどで録音して、それを聞いてみることをお勧めします

5つのイントネーション①
下降調は言い切る

▶ 下降調は「完了」を表す？

　通常、日本語でも英語でも平叙文の語末は、**下降調**↘で読みます。

　しかし、一時、日本語でも英語でも平叙文で「語尾上げ」をして話す人が増えたことがありました。この現象は、英語では uptalk と呼ばれます。しかし、平叙文の文末を上げることは本来とても奇妙なことです。というのも、**下降調は、「完了」、「断定」、「結論」を表す**からです。

　以下の文を聞き取ってみましょう。

① I am studying law.
② The party has finished.

　ここでの核はそれぞれ law ↘ と finished ↘ の最初の音節に置かれています。上記の文は通常の意味になりますので、①は「私は法学を勉強しています」、②は「パーティーは終わりました」とそれぞれ発言を言い切っています。

▶ **Practice Listening** （84）

以下の文はすべて下降調で発音されますが、その文の中での核（もっともイントネーションの変動が激しいところ）が置かれる語を□で囲みましょう。

(1) I love dogs.
(2) I'm a student at London.
(3) Look at it!
(4) I will introduce myself.
(5) Come and sit down.
(6) Paula is a doctor.

ANSWER　（84）
210

(1) I love dogs. (犬が好きです。)
(2) I'm a student at London. (ロンドンで学生をしています。)
(3) Look at it! （あれを見て！）
(4) I will introduce myself. （自己紹介します。）
(5) Come and sit down. （こちらにきて座りなさい。）
(6) Paula is a doctor. （ポーラは医者です。）

Listening Point

➡ 核音調は(1)ではdogs、(2)ではLondon、(3)ではLook、(4)ではintroduce、(5)ではdown、(6)ではdoctorに置かれています。

➡ 核音調は内容語に置かれています。リスニングの際にはこの核音調が置かれるところ（＝核）が一番聞き取るべきところというわけです。

▶ **下降調は「完了」、「断定」、「結論」を表す**

Pronunciation Practice（84）
211

以下の下線部（核音調が置かれる語）に注意して、下降調のイントネーションの発音練習をしましょう。

(1) You bought us a pineapple.
　（パイナップルを私たちに買ってくれました。）
(2) My wife made me some bread. （妻はパンを作ってくれました。）
(3) Lily likes to eat. （リリーは食べるのが好きです。）
(4) I went to a dance party. （ダンスパーティーに行きました。）
(5) My father is a psychologist. （父は心理学者です。）
(6) Gary was born in South Africa. （ゲイリーは南アフリカで生まれました。）

５つのイントネーション②
上昇調は問いかける

▶上昇調は「疑問」を表す？

　一般的には、**上昇調↗は Yes/No 疑問文で使われます**。たとえば、

Do you like to eat sushi ↗？　（おすし食べるの好き？）

の場合には、sushi は核が置かれる単語なので、その部分が上がり調子（＝上昇調）で読まれます。ただし、5W1H(what, why, when, who, where, how)で始まる疑問文では核音調は基本的には下降調になりますので注意しましょう。

　ただし、親しみをもって話す場合などには、5W1H で始まる疑問文であっても上昇調を使う場合があります。

　さらに、平叙文でも核が置かれる部分を上昇調にすることで、疑問文として使うことが可能です。

You'd like to go out ↗？　（外に出かけたいよね？）

　もちろん上記の例は文法的には間違いなのですが、スピーキングの際には、戸惑って言葉が出ないよりも、平叙文のイントネーションを上昇調にする方が良いと筆者は考えています。

　また、後ろに感嘆符がくる場合にも、上昇調を使うことがあります。上記の文を使うと意味が少し変わります。

You'd like to go out ↗! （外に出かけたいだって！）

この2つの違いは文脈だったり、声色だったりします。

次に、文の最後のイントネーションを上昇調にすると、その後文章が続く、つまり**「未完結」**を表します。たとえば、

My sister moved to Paris last year ↗… （妹（姉）はパリに去年引っ越して…）

文で書く場合は、…で書かれることが多いのです。

3つ目に、**列挙**する場合にも上昇調のイントネーションを使います。たとえば、

① Green ↗, yellow ↗ and black ↘.
② Green ↗, yellow ↗, red ↗ and black ↘.
③ Green ↗, yellow ↗, red ↗, blue ↗, and black ↘.

です。このように選択肢がいくつあっても、**最後の選択肢**が下降調↘になるというのが聞き取りの際のポイントです。

そして、「**呼びかけ**」の際にも上昇調を使うことがあります。

John ↗? （ジョン？）
Hello ↗? （もしもし、聞いていますか？ / すみませーん。 / 大丈夫？）

となります。たとえば、Hello. と言った場合、通常の「こんにちは」とはかなり異なるのではないでしょうか。

上昇調は、5W1H以外の語で始まる「疑問文」、「未完結」、「列挙」、「呼びかけ」の際に使われる。

以下の文はすべて上昇調で発音されますが、その文の中での核（もっともイント
ネーションの変動が激しいところ）が置かれる語に印をつけましょう。

(1) Did you tell Margaret?

(2) Are you coming?

(3) Do you play golf?

(4) Peter has failed!

(5) What do you mean?

(6) Mary sold her piano?

ANSWER　（85）

(1) Did you tell Margaret?　（マーガレットに言った？）

(2) Are you coming?　　（くる？）

(3) Do you play golf?　（ゴルフします？）

(4) Peter has failed!　　（ピーターが落ちたって！）

(5) What do you mean?　　（どういう意味？）

(6) Mary sold her piano?　　（メアリーがピアノを売ったって？）

Listening Point

➔ 核音調は、(1)ではMargaret、(2)ではcoming、(3)ではgolf、(4)ではfailed、(5)ではmean、(6)ではpianoにきて、すべて上昇調です。

➔ 核音調は内容語に置かれていることを確認してください。

➔ (1)のMargaretなど複数の音節を持つ単語に核音調が置かれる場合があります。特に、最初の音節に強勢(ストレス)がくるMárgaretのような場合、Marが一番低く、そこから上昇していきますので上昇調であることがわかりやすいのです。

➔ 一方で(3)golfや(5)meanは一音節語なので、上昇調が短く感じることがありますので、注意が必要です。

Pronunciation Practice（85）

以下の下線部（核音調が置かれる語）に注意して、上昇調のイントネーションの発音練習をしましょう。

(1) John?　((呼びかけ)ジョン？)

(2) Can you speak French?　(フランス語は話せますか？)

(3) The president will visit us?　　(社長がくるって？)

(4) Will you close the door?　(ドアを閉めてもらえますか？)

(5) Can you wait for me?　(待っててくれる？)

(6) Did you finish writing the document?　(書類作成は終わりましたか？)

5つのイントネーション③
平板調は感情薄め

▶ 平板調は「決まりきったこと」を言うときに使う？

　この本の読者は、いろいろな年齢層の方がいらっしゃることと思いますが、自分が生徒であると仮定して、考えてみましょう。授業の最初に出席をとりますが、そのとき、「はい」は、どのような感じで返答しますか？

　おそらく「はーい」とイントネーションを変えず返事をすると思います。これは、出席をとるという行為が、いつもと変わらない「決まり切ったこと」なので、イントネーションを変える必要もないわけです。もし生徒がイントネーションを変えて応答すると、出席をとっている先生は驚くでしょう。つまり、この場合、感情を示す必要がないわけです。出欠の返事をするのは、ルーティーン（決まり切ったこと）なのです。

　英語でも同様で、出席をとるときに、「はい」の意味で Here. →ということが多いのですが、この場合もイントネーションを変えず、平坦なイントネーション、つまり**平板調（→）**で読みます。お祈りやお経も「**決まりきった内容**」であることが多いので、平板調で読まれるのです。

　また、平板調は、「**やる気のなさ**」や「**退屈**」を示すことがあります。たとえば、小さいころ、親に「生返事」をして怒られた記憶はありませんか？

　　母　　「そろそろ夕飯だから、テーブルの上を片付けてくれる」？
　　子供　「はーい→」

　　　　　（しばらくたって）

　　母　　「さっきの返事は何だったの？ 片付けてないじゃない。」
　　子供　「はーい→」

　この場合、子供は単に返事をしているだけで、実際に行動を起こしていません。お母さんの話の内容を真剣に理解しようとしているわけではありません。これは英語でも同じです。上記のやり取りを英語にしてみましょう。以下の会話は Mother（母親役）は で、Child（子供役）は です。

Mother　Dinner will be ready soon, so could you clean up the mess on
　　　　　the table?
Child　Yes. →
　　　　　（after a while）
Mother　You said 'yes', but you didn't clean up the mess, did you?
Child　No. →

このように「**やる気のなさ**」を表すことがあるのです。

▶ 平板調は「決まりきったこと」、「やる気のなさ」、「退屈」を表す

▶ **Pronunciation Practice**（86）　

以下の下線部（核音調が置かれる語）に注意して、平板調のイントネーションの発音練習をしましょう。

(1)（先生）'Smith→', （生徒）'Yes.→'　　（「（呼びかけ）スミスさん」、「はーい」）
(2)（先生）'Gordon.→', （生徒）'Here.→'　（「（出席を取る）ゴードン」、「はーい」）
(3) My mother passed away→, and …→　（母が亡くなって、それで……）
(4) Our Father in heaven→,
　　hallowed be your Name→,
　　your kingdom come,→
　　your will be done on earth→ as it is in heaven ↘ .

（4）の最後の
heaven のみ少し
下降していますが、
完全には下がって
いません

（天にましますわれらの父よ。
　願わくは御名をあがめさえたまえ。
　御国をきたらせたまえ。
　御心の天になるごとく、地にもなさせたまえ。）『主の祈り』の冒頭より

5つのイントネーション④
下降上昇調はためらっている

▶下降上昇調は「躊躇<ruby>躊躇<rt>ちゅうちょ</rt></ruby>」を表す?

次のイントネーションは**下降上昇調**↘↗です。

これまでの Must 84 から Must 86 まではシンプルなイントネーションを紹介しましたが、この Must 87 と次項の Must 88 では、複合的で英語独特のイントネーションを紹介します。

まず、下降上昇調は最初が下降なので、最初は「断定」しつつも、その後に上昇調がきて「疑問」「未完結」「不確実性」を表すと考えると良いでしょう。したがって、明言を避けた「**柔らかな注意・警告表現**」や、「**躊躇した表現**」、「**発言の後に何かを暗示**する表現」なのです。例をあげて見ていきましょう。

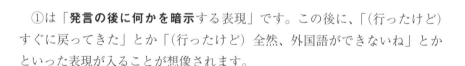

① Kim went abroad ↘↗… (キムは海外に行ったけど……)

② Be quiet ↘↗, please. (すみませんが、静かにしてください)

③ I said ↘↗ so.　(そう言ったのに……)

①は「**発言の後に何かを暗示**する表現」です。この後に、「(行ったけど)すぐに戻ってきた」とか「(行ったけど)全然、外国語ができないね」とかといった表現が入ることが想像されます。

②は「比較的**柔らかな口調の注意**」です。声の感じから、「あきれている感じ」も伝わってきます。通常、この文では下降調が使われます。

③は「**発言の後に何かを暗示**する表現」であり「<ruby>躊躇<rt>ちゅうちょ</rt></ruby>した表現」の例です。この後に「また繰り返したの？」とか「なんでまた」とかといった声が聞こえてきそうです。

> 下降上昇調は明言を避けた「柔らかな注意・警告表現」や、「躊躇した表現」、「発言の後に何かを暗示する表現」のときに使う。

▶ Pronunciation Practice（87）

以下の下線部（核音調が置かれる語）に注意して、下降上昇調のイントネーションの発音練習をしましょう。（　）内の訳 [　] の心情は一例です。

(1) I like Peter ↘↗… （ピーターは好きだけど……[結婚となると踏み切れない!]）

(2) I forgot my purse ↘↗… （財布忘れたから……[おごってくれない!?]）

(3) I hope you like ↘↗ it. （好きだといいけど）

(4) Never say good-bye ↘↗. （さよならなんて言わないでよね……）

(5) I feel warm ↘↗.

　　（暑いんだけど……[君はどう？ 窓開けていい？ クーラーつけていい!?]）

5つのイントネーション⑤
上昇下降調は感情強め

▶上昇下降調は「驚き」を表す？

次のイントネーションは**上昇下降調**↗↘を扱います。

簡単に言えば、イントネーションが上がって↗、下がる↘わけです。下降上昇調と比べると、それほど多く使われるものではありませんが、マスターしたいイントネーションです。

上昇下降調といっても、話者によっては、上昇する地点が声の高さの中間地点から上り、下降する最終地点は声の低いところということが多いので、単純な下降調に聞こえることがあります。図解すると右のような形になります。

上昇下降調は少し複雑で、英語特有のイントネーションです。言い換えれば、単調なイントネーションとは異なり、**感情の動きも大きい**ということがわかるのではないでしょうか。

以下の例を音声で聞いてみましょう。

'Do you know Tom Cruise?' 'Yes ↗↘!'

この場合、「トム・クルーズ知ってる？」という質問に対して、回答者は「なんでそんなこと聞くの？ / 当たり前でしょ。 / また同じこと聞いている」などという、ある意味での「**驚き**」を表します。しばしば上昇下降調は書き言葉において「**感嘆符！ (ビックリマーク)**」で示すことが多いのが特徴です。

また、「**強い感情**」を表すことがあります。以下の例を見てみましょう。

You finished your homework in ten ↗ ↘ minutes!

　この場合、「10分で宿題を終わらせたって！(そんなわけはない、天才なの!?)」というときにも上昇下降調が使われます。

　また「**皮肉**」「**嫌味な態度**」「**あきれた気持ち**」を表すときにも使います。たとえば、以下のような例です。

Excellent! ↗ ↘

　この場合、話者は、嫌味な感じで「素晴らしいね」と言っています。実際には、「素晴らしくない」わけです。

　英語を母語、母国語としない人が話す際にこのイントネーションを使うのには十分注意しなくてはなりません。というのも、強い感情を表すので、表情や声色に注意して、このイントネーションを使用しましょう。

> ▶ 上昇下降調は「驚き」、「強い感情」、「皮肉」、「嫌味な態度」、「あきれた気持ち」といった強い感情を表す。

▶ **Pronunciation Practice**（88）

以下の下線部(核音調が置かれる語)に注意して、上昇下降調のイントネーションの発音練習をしましょう。(　)内の意味と[　]内の心情は一例です。同じイントネーションであっても、声色で意味が変わることを覚えておきましょう。

(1) What lovely ↗ ↘ weather!
　　(「なんて素敵な天気なのだろう[実際には天気が悪い]」)

> lovely で下がって weather で上がります

(2) 'Did you enjoy the meeting?' 'Yes ↗ ↘.'
　　(「ミーティングは楽しかった？」「もちろん[なんでそんなこと聞くわけ?]」)

(3) It was brilliant ↗ ↘! 　(「それは素晴らしい！[嫌味、驚き、皮肉]」)

(4) What a good ↗ ↘ smell! 　(「なんて良い香りなんだ！[驚き、嫌味]」)

(5) Why don't you agree ↗ ↘? 　(「同意しないわけ？[驚き]」)

> good で下がって smell で上がります

381

2択かどうかのカギは、最後の選択肢

▶ Fish or meat? は「魚か肉しかない」？

　飛行機の機内で Fish or meat? と言われた経験のある方は多いと思います。あるいは Chicken or beef? といったケースもあるのではないでしょうか。

　以前、筆者は航空会社で働いていたことがあります。その際に、ビジネスクラス旅客の方からクレームをいただきました。それは、「Fish or meat? と言われたから、fish と答えたのに、隣の客はパスタを食べていた。差別だ」といった内容でした。お客様から話をよく聞くと、CA（キャビンアテンダント）の対応に問題はありませんでした。なぜなら、CA は Fish ↗ or meat ↘ ?ではなく、Fish ↗ or meat ↗?と言ったそうです。これは機内であるクレームではよくあることなのです。Orange juice, apple juice or water? といった場合も同様です。

　ここでポイントとなるのが、**最後の選択肢のイントネーション**です。 Must 85[※1] において「列挙」する例をあげました。そこで説明したように、どんなに選択肢の数が増えても基本的には最後の選択肢のイントネーションを下げる（下降調を使う）ことで、選択肢の数を示すのです。例で見てみましょう。

Apples ↗ and oranges ↘ .　　（2択）

Apples ↗ , oranges ↗ , and grapes ↘ .　　（3択）

Apples ↗ , oranges ↗ , grapes ↗ and pears ↘ .　　（4択）

※1　参照 Must 85「5つのイントネーション②上昇調は問いかける」（p.372~）

それぞれ2択、3択、4択になります。
では、以下ではどうでしょうか。

Apples ↗ , oranges ↗ , grapes ↗ and pears ↗ .

と言った場合は、4択以上の選択肢があるということを明示しています。この場合、選択肢の最後が上昇調になっているのがポイントです。Must 85 において説明しましたが、**上昇調は「未完結」を表す**のです。

このように**選択肢の数は、最後の選択肢のイントネーションが下降調か上昇調かによって異なる**ということがリスニングの際のポイントなのです。

> ▶ 2択かそうでないかは最後の語のイントネーションがポイント。
> 下降調であれば選択肢はそれ以上にはないことを示すが、上昇調であれば選択肢はさらにあることを示す。

▶ **Practice Listening　(89)**

以下は、ピーター・ラビットの一節です。(　　)内に下線部の語(核が置かれる語)のイントネーションを書きなさい。ここでは🇬🇧 で読まれています。

Once upon a time there were four little Rabbits, and their names were—
Flopsy (　　), Mopsy (　　), Cotton-tail (　　), and Peter (　　　).

Flopsy (　　　), Mopsy (　　　), and Cotton-tail (　　), who were good little bunnies, went down the lane to gather blackberries;
But Peter (　　　), who was very naughty, ran straight away to Mr. McGregor's garden, and squeezed under the gate!

語注
naughty 悪い、いたずらな

(Once upon a time there were four little Rabbits, and their names were—
Flopsy （↗）, Mopsy （↗）, Cotton-tail （↗）, and Peter （↘）.

　（むかしむかし、4匹の小さなウサギが住んでいました。名前はフロップシー、モプ
　シー、コットンテイル、そしてピーターでした。）

Flopsy （↗）, Mopsy （↗）, and Cotton-tail （↘↗）, who were good little
bunnies, went down the lane to gather blackberries;
But Peter （↘↗）, who was very naughty, ran straight away to Mr. McGregor's
garden, and squeezed under the gate!

　（フロップシー、モプシー、コットンテイルは良い子でしたので、ブラックベリーを摘
　みに道を下っていきました。でも、ピーターはとても悪い子でしたので、マックグ
　レガーさんの庭に一目散に走っていき、門の下をくぐったのです。）

The Tale of Peter Rabbit by Beatrix Potter

Listening Point

⊖ ピーターは4人兄弟の一人なので、イントネーションは最後の選択肢で
　あるPeterで下がります。

⊖ 2段落目のCotton-tailとPeterの後では下降上昇調 ↘↗ が使われています
　が、これは後ろに文が続いている（この場合は関係代名詞節）が続いてい
　ることを示しています[1]。

⊖ 選択肢を列挙する場合は、選択肢の最後の語に置かれるイントネーショ
　ンの型（下降調か上昇調か）をしっかりと聞き取りましょう。それによっ
　て、それで選択肢が全部なのか、それ以上あるのかがわかります。

※1　参照　Must 87「5つのイントネーション④下降上昇調はためらっている」（p.378~）

Practice Listening (89) で扱ったピーター・ラビットの話の冒頭を聞いた後、練習しましょう。録音された音声のイントネーションを書き取ってから音読すると良いでしょう。ピーター・ラビットはイギリスの話なので、ここでは 🇬🇧 で読まれています。

Once upon a time there were four little Rabbits, and their names were-- Flopsy, Mopsy, Cotton-tail, and Peter.

They lived with their Mother in a sand-bank, underneath the root of a very big fir-tree.

"Now, my dears," said old Mrs. Rabbit one morning, "you may go into the fields or down the lane, but don't go into Mr. McGregor's garden: your Father had an accident there; he was put in a pie by Mrs. McGregor."

"Now run along, and don't get into mischief. I am going out."

Then old Mrs. Rabbit took a basket and her umbrella, and went through the wood to the baker's. She bought a loaf of brown bread and five currant buns.

Flopsy, Mopsy, and Cotton-tail, who were good little bunnies, went down the lane to gather blackberries;
But Peter, who was very naughty, ran straight away to Mr. McGregor's garden, and squeezed under the gate!

語注　sand-bank もともとは砂州のこと、fir-tree モミの木、get into mischief いたずらする、currant 干しブドウ（ブドウよりも小さなものが多い）、naughty 悪い、いたずらな

The Tale of Peter Rabbit by Beatrix Potter

（むかしむかし、4匹の小さなウサギが住んでいました。名前はフロップシー、モプシー、コットンテイル、そしてピーターでした。

彼らはお母さんと一緒に、とても大きなモミの木の下にある穴の中で暮らしていました。

ある朝、お母さんウサギはこういいました。「さあさあ。野原に行っても良いし、道を下ってもいいから、遊んでらっしゃい。でもマックグレガーさんの庭にだけは入っちゃだめよ。お父さんはそこで事故にあったのよ。そこでお父さんはマックグレガーさんの奥さんにパイにされちゃったんだから。」

「では、行ってらっしゃい。気を付けてね。母さんは出かけますよ。」

お母さんはバスケットと傘を携えて、森の向こうのパン屋さんに行きました。お母さんは黒パンを一斤とブドウパンを5個買いました。

フロップシー、モプシー、コットンテイルは良い子でしたので、ブラックベリーを摘みに道を下っていきました。でも、ピーターはとても悪い子でしたので、マックグレガーさんの庭に一目散に走っていき、ゲートの下をくぐったのです。）

どこを強く読んでいるのか
聞き取る

▶ どこに強勢（ストレス）を置くか？

　学習者の中にはリスニングの際に、すべてあるいは大部分を聞けないと意味がわからないと誤解している人もいるようです。しかし、そんなことをしていたら、聞くこと自体に疲れてしまいます。

　一般に母語、母国語を聞くときには、半分以下を聞き取ることで十分意味理解ができると言われています。具体的には2〜3割を聞けば、話者は意味が理解できるのです。外国語の場合、単語を聞く割合を上げると意味理解につながりやすいのですが、実際にはどこを聞き取れば良いのでしょうか。

　 Must 83[※1] において、イントネーションが一番大きく動くところは**内容語**が多いことに言及しました。ということは、実際のリスニングにおいても、**声が高い部分にくる**（＝イントネーションのピーク）**内容語を中心に聞き取る**と良いのです。

　これはどういうことか、例を用いて説明しましょう。

　英語のイントネーションは、基本的に以下のような、なめらかな山型になります。上の線が声域の高い方を、下の線が声域の低い方を表します。

高
低

　上記は英語のイントネーションのパターンをかなり単純化した図ですので、実際には大きな山、小さな山があるのですが、ここでのポイントは**等間隔に山がきている**ことです。実際の以下の会話文で検証してみましょう。

※1　参照 Must 83「英語のイントネーションは5種類」（p.366〜）

'What's your name?' 'I'm Sandy Mayson.'

ピークにきているのが、What, name, Sandy Mayson です。この場合、質問者の What、name をつなぎ合わせて「名前、何」、回答者の「サンディ、メイソン」を聞き取れば、意味がわかるというわけです。

　説明のために簡単な文を使いましたが、この方法は長文のリスニングの際でも同じです。コラム※¹で「通訳者のメモの取り方」を紹介していますが、これはまさしくイントネーションのピークを中心に聞き取った方法です。

> **リスニングの際には、イントネーションのピークの単語、主に内容語を聞き取ると効率が良い。**

▶ Practice Listening　（90）

以下の文はオバマ大統領の2009年の就任演説※²です。
イントネーションのピークにきている語を□で囲みましょう。
そして、その後、その単語のみで意味理解ができるかを検証してみましょう。

Forty-four Americans have now taken the presidential oath. The words

have been spoken during rising tides of prosperity and the still waters of

peace. Yet, every so often, the oath is taken amidst gathering clouds and

raging storms. At these moments, America has carried on not simply

because of the skill or vision of those in high office, but because we, the

people, have remained faithful to the ideals of our forebears and true to

our founding documents.

※1　参照「リスニングの鬼コーチからのお悩みアドバイス⑤」（p.293~）
※映像は以下等で確認できます。https://www.youtube.com/watch?v=3PuHGKnboNY　（3' 16-3' 55）
　検索ワード 'Obama inaugural address 2009'

解答例：イントネーションのピークにきている語を　　　　で示しています。
区切りには / を入れてあります。また区切りの中で特に強く読まれている
単語は　　　が引いてあります。

Forty-four Americans /have now taken /the presidential oath./ The words
have been spoken /during rising tides of prosperity /and the still waters of
peace. / Yet,/ every so often,/ the oath is taken amidst/ gathering clouds /and
raging storms./ At these moments,/ America / has carried on not simply /
because of the skill/ or vision/ of those in high office,/ but because we, /the
people, /have remained faithful /to the ideals of our forebears /and true /to
our founding documents./

引用：https://obamawhitehouse.archives.gov/blog/2009/01/21/president-barack-obamas-inaugural-address

上記の　　　　を引いたところを日本語訳でも示します。
ただし、直訳では通じないところは意訳していますので、全く同じ語に　　　
　　を引いてあるわけではありません。

(今日で44人のアメリカ人が大統領として宣誓をしたことになります。潮流の高まり
を感じるような繁栄の時代、あるいは波風一つ立たない 平和な時代に行われた宣誓も
ありました。しかし、暗雲が立ち込め、嵐が猛威を振るう時代における宣誓も少なく
ありません。そんな 時代をアメリカが乗り越えてきたのは、確かに舵を取る 政治家た
ちの高い能力と見識のおかげではありますが、それだけではありません。それはわれ
われ、国民が建国者たちの理想に忠実であり続け、国家の礎となる 文書への忠誠を忘
れなかったからでもあります。)

Listening Point

⊖ 基本的には内容語にイントネーションのピークがきていることがわかります。

⊖ ░░░でマークしている単語は特に重要な単語なので、まずは聞き取っておきたいところです。それから░░░のところを聞き取れれば、このスピーチの内容が理解できるというわけです。

⊖ ░░░ ░░░が引いてある語をつなげていくと、意味がよくわかります。これがリスニングの際に押さえるべき単語というわけです。

⊖ 難しい大統領演説であっても、イントネーションのピークを聞き取ることで、意味理解につながります。他の場合でも、これがリスニングの際のコツです。さまざまな音声で行ってみましょう。おすすめはケネディ大統領、オバマ大統領などの大統領演説です。というのも、発話が明確で、短い間隔で区切っているからです。

▶ **Pronunciation Practice** （90）

Practice Listening（90）で扱ったオバマ大統領の就任演説の冒頭を、実際の音声を聞きながら練習しましょう。░░░ ░░░で示しているところは、イントネーションのピークにくるところです。
なめらかなイントネーションで発音練習をしてみましょう。核となる部分は力を込めてリズミカルに読むのがポイントです。

Forty-four Americans /have now taken /the presidential oath./ The words have been spoken /during rising tides of prosperity /and the still waters of peace. / Yet,/ every so often,/ the oath is taken amidst/ gathering clouds /and raging storms./ At these moments,/ America / has carried on not simply / because of the skill/ or vision/ of those in high office,/ but because we, /the people, /have remained faithful /to the ideals of our forebears /and true /to our founding documents./

 英語は聞き取れるのに、意味がわからないことが多いのですが、どうすれば良いですか？

 英語力は知識量とも比例するので、背景知識を増やしましょう

初級・中級・上級

「リスニング力が上がらない」という場合、実は英語力ではなく、「話の**背景（バックグラウンド）知識**」がないことから、話を理解できないことが実は多いのです。

筆者は、英語力強化のために学生時代、老舗の通訳学校に3年半通ったことがあります。その際に、リスニング力にはそれなりの自信があったのですが、通訳学校の教材では歯が立たないことが多かったのです。

そうしたことがなぜ起こるかというと、通訳学校では、経済に関する話や、政治に関する話を取り扱うことが多かったのですが、それに対する知識が全くなかったので、話を「理解」できなかったのです。

そこで筆者は、経済や政治に関しての入門書（『誰でもわかる〜』シリーズ『〇〇が×時間でわかる』『〜入門』など）などを利用して、専門用語に抵抗をなくすことから始めました。その後、時事問題にも疎かったので、新聞を読むことにしました。それを英字新聞で確認して、わからない単語を暗記していくといった方法をとりました（今ではインターネット上でニュースが読めますよね。便利な時代になりました）。

こうしたことを行って1年くらいたったころ、「リスニング力」がかなり上がったことに気づきました。実際には、英語力が上がったというよりも、背景知識の量が増えたことにより、英語であっても話の内容がよく理解できるようになったというわけです。したがって、「リスニング力がない」ことは、「背景知識がない（少ない）」ことで

あることが多いので、その場合は、背景知識をつけるようにすると良いでしょう。

　たとえば、「ブラジルの大統領選挙」についての話題をリスニングする場合、ブラジルは (1) どういう国で、(2) どういった経済状況で、(3) 大統領選挙の仕組みはどのようになっているのか、(4) 大統領選挙での政治的な問題などはこれまであったのか、などを背景知識として事前に知っていると、リスニングをする際に理解が容易になるというわけです。

　このように、ニュースなどを利用してリスニングを行う場合、そのニュースがわからなかったら、その背景知識をインターネットで調べたり、そのニュース関連の記事を探したりすると良いでしょう。それから、継続してそのニュースを追っていくと、内容につながりが生まれるので、話がわかりやすくなります。

　また、背景知識があると、同じ発音の単語や似た発音の単語が出てきても、もっている知識が、それがどちらの単語なのかを判断することができる材料となるので、内容の誤解も減るというわけです。

リスニ
の
鬼100

第8章

世界の英語

●──世界の英語に対応する

　最後の章では、「**世界の英語**（World Englishes）」を学び、さまざまな英語のアクセント（方言）に対応できる力を身につけましょう。第1章の Must 1 で言及した通り、「生の英語」すなわち「実際の英語」が聞き取れないという人は多い[※1]ものです。それは「学校英語」と「教材の英語」は異なりますし、「教材の英語」と「実際の英語」も異なることが原因の1つであると説明しましたが、「実際の英語」の最後の仕上げを「世界の英語」で行おうというのが、この章の目的です。p.5「全体のモデルプラン」の **Phase**4 に当たります。

●──コミュニケーションツールとしての英語

　第1章の Must 3 において、「英語を話す人の多くがネイティブスピーカーではなくなっている」ことに言及しました[※2]。現在、人々は英語を「**コミュニケーション・ツール**」として使っているので、さまざまなアクセント（方言）の英語が世界で話されているわけです。したがってその方言は多種多様で、英語を母語・母国語とする人の方言だけでなく、英語を第2言語、外国語とする人の方言もあるのです。

　たとえば、イギリス・ロンドンに行くと、中国なまりの英語話者と、インドなまりの英語話者と、日本なまりの英語話者が、パブで今後のイギリス経済について議論しているということもあります。また、ハワイに行くと、フィリピンなまりの英語話者と、アメリカなまりの英語話者と、日本なまりの英語話者が、海辺のおしゃれなカフェでランチをしています。スイス・ジュネーブでも、レマン湖のほとりのレストランで、フランスなまりの英語話者と、イタリアなまりの英語話者と、中国なまりの英語話者が商談をしている光景を見かけます。

※1　参照 Must 1「生の英語が聞き取りづらいのは、理由があった」(p.22~)
※2　参照 Must 3「英語を話すのはネイティブだけではない」(p.30~)

このように、英語は「**コミュニケーション・ツール**」なので、それぞれの母国語・母語の影響を受けた英語が世界のあちこちで聞かれるというわけです。今後はますますそうした機会が増えるでしょうが、それが「**世界の英語**」なのです。日本でも、そういう光景が見られる日は遠くはないのではないかと思っています。そこでこの章で、さまざまなタイプの英語を学びましょう。

●──ネイティブスピーカーの英語とノン・ネイティブスピーカーの英語
　この第8章の前半では、世界の多くの人が学ぶ英語であり、二大規範ともいえる「**標準アメリカ英語**（General American, 🇺🇸 **GA** ）」と「**標準イギリス英語**（Received Pronunciation, 🇬🇧 **RP** ）」を扱います。加えて、イギリス英語の方言から派生したと言われる「オーストラリア英語とニュージーランド英語」の特徴を学びましょう。つまり、「**ネイティブスピーカーの英語**」を扱います。

　その後、本章後半の Must 94 から Must 100 までは、基本的に「**英語を母語としない話者による英語（ノン・ネイティブスピーカーの英語）**」を学びます。

　🇺🇸 **GA** と 🇬🇧 **RP** の **Practice Listening** ではおすすめのスピーチを実際に取り上げ、音声の特徴を解説していますので活用してください。そのほかの英語の **Practice Listening** においては、おすすめの有名人を紹介していますので、動画投稿サイトに投稿されている音声などを使って、発音上の特徴を確認してください。「○○英語はこんな感じなのか」とそれぞれの英語の特徴をつかむのが「実際の英語」に対応するコツです。

ネイティブスピーカーの英語 ①標準アメリカ英語（GA）

▶ 標準アメリカ英語の特徴は母音の後の [r] を発音する？

　まずは、英語を基本的には母語とする人たちの英語をそれぞれ扱います。

　英語を母語とする人は、1980年代は3億2000万〜3億8000万人ほどしかいませんでした。しかし、2000年代では5億人ほどであると言われています[1]。一方、それ以外の話者も増えていて、15億人ほどと言われています。つまり、英語使用者20億人の全体の約75%〜80%が英語話者にとって母語ではありません。

　しかし実際には、英語を母語とする人々の英語を規範にして、英語を学習することが多いので、ここでしっかりと学習しましょう。

　さて、これまで本書では**標準アメリカ英語**（General American, 🇺🇸 GA）の特徴を中心に扱ってきました。以下に 🇺🇸 GA の特徴をまとめますので、それぞれの特徴を音声の例で確認しましょう。 特徴1 , 特徴2 , 特徴5 の例は次項 Must 92 における 🇬🇧 RP の例と重複していますので、聞き比べると 🇺🇸 GA と 🇬🇧 RP の違いがよくわかります。

特徴1 r 音化する

　🇺🇸 GA では特定の母音の後の [r] を発音します[2]。

> car
> What's your occupation?
> 🔊 225

※1　参照 Must 3「英語を話すのはネイティブだけではない」（p.30~）
※2　参照 Must 47「そのほかの子音② r 音化はあくまでオプション」（p.218~）

特徴2 母音

 ではほかに、以下の母音が とは大きく異なります。

　　・pot の [ɑː]^{※1}　　・goat の [oʊ]^{※2}　　・bath の [æ]^{※3}

特徴3 たたき音

 では前後が母音に挟まれた場合や、little のように [l] の前にきた際に、[t] が**日本語の「ら行の音」になる**ことがあります^{※4}。

　　　water　「ワーラ」

特徴4 暗いlの多用

 の方が「暗い l」をさまざまな位置で多用する傾向にあります^{※5}。

　　　milk　「ミウク」（「暗いl」の本来の使い方）

特徴5 イントネーションが鋭角的

 と では基本的に変わりませんが、 は下降や上昇が鋭角的なので、イントネーションの波がなめらかではなく「**カクカクしている**」と言われます。また、声域（高い声と低い声の幅）が狭いと言われています。つまり、アップダウンが 話者よりも小さいということです。

　　　Have you ever been to the United States ?
　　　Where did you get that information?

> **標準アメリカ英語の特徴は(1) r 音化、(2)母音の一部がRP と異なる、(3)たたき音、(4)暗いlの多用、(5)鋭角的なイントネーションである。**

> ▶ **Practice Listening** （91）

■■ 話者で有名人は多くいますが、学習上、適切なのは、アメリカ大統領で
す。というのも、彼らはスピーチに長けた人だからです。

特に以下のオバマ第44代アメリカ大統領のスピーチはおすすめです。

まずは(　　　)内に当てはまる語を入れてみましょう。英語力にあまり自
信のない人は録音した音声を、英語に自信のある人はオバマ元大統領自身の
演説を利用してみてください。

その後、音声を聞きながら、発音練習をしましょう。もう少し英語力をつけ
たい人は、何も見ずにディクテーションをしてみましょう。以下は冒頭の部
分からの引用です。

オバマ元大統領　「広島演説」　2016 年 5 月 27 日
https://www.youtube.com/watch?v=tNzt7gVz56c　[2'50~4'18]
動画投稿サイト　検索ワード　| Obama Hiroshima Speech |

　　Seventy-one years ago, on a bright, cloudless （①　　　）, death fell
from the sky and the （②　　　） was changed. A flash of light and a （③
　） destroyed a （④　　　） and demonstrated that mankind possessed the
means to destroy itself.

　　Why do we come to this place, to Hiroshima? We come to （⑤　　　） a
terrible force unleashed in a （⑥　　　）. We come to mourn the dead,
including over 100,000 in Japanese men, women and children; thousands of
Koreans; a dozen Americans held prisoner. Their （⑦　　　） speak to us.
They ask us to look inward, to （⑧　　　） who we are and what we might
become.

引用：https://obamawhitehouse.archives.gov/the-press-office/2016/05/27/remarks-president-obama-and-prime-
　　minister-abe-japan-hiroshima-peace

▶ **ANSWER** （91）

227

① morning　　② world　　③ wall of fire

④ city　　　　⑤ ponder　　⑥ not so distant past

⑦ souls　　　⑧ take stock of

（71年前、ある晴れた雲一つない朝に、死が空から降ってきて、世界が一変しました。一筋の閃光と炎の壁が街を破壊し、人類が自らを破滅させる手段を手に入れたことがはっきりと示されたのです。

私たちはなぜこの地、広島を訪れるのでしょうか。私たちは、それほど遠くない過去において、恐ろしい力が放たれたことについて思いをはせるために訪れるのです。10万人以上の日本人男性、女性、子供たち、何千人もの朝鮮の人々、そして12人のアメリカ人捕虜を含む死者を悼むために訪れるのです。彼らの魂は私たちに話しかけるのです。彼らは、自らの内に向き合い、私たちが誰なのか、今後どうなるかを問うているのです。）

語注：cloudless 雲一つない、ash of light 閃光、destroyed 破壊した、mankind 人類、means 手段、destroy 破壊する、ponder じっくりと考える、force 力、unleased 解き放った、mourn 悼む、prisoner 捕虜、soul 魂、look inward 内を見つめる、take stock of 向き合う

Listening Point

特徴1 r 音化

→ 解答①morning、②world、③fire、⑤ponderでは r 音化を確認しましょう。

特徴2 母音

→ 解答③はwallが「ウォール」というよりは「ワーウ」と聞こえます。母音が 🇺🇸 GA では[ɑ:]になっています。

→ 解答⑤のponderは 🇺🇸 GA では [ɑ:]なので、「ポンダー」というよりは、「パンダー」と聞こえます。

→ 解答⑥のnotは 🇺🇸 GA では[ɑ:]なので、「ノッ（トゥ）」というよりは、「ナッ（トゥ）」と聞こえます。[t]は明確に発音されていません。

→ 解答⑥はpastの[æ]が 🇺🇸 GA の特徴です。🇬🇧 RP では[ɑ:]になります。

→ 解答⑥so、⑦はsoulの母音ははっきりと 🇺🇸 GA では[ou]と聞こえます。🇬🇧 RP の場合には、[əʊ]になりますので、あいまいです。

⊋ 解答⑧のstockはでは[ɑː]なので、「ストック」というよりは、「スターク」と聞こえます。

特徴3 **たたき音**

⊋ 解答④のcityに**たたき音**化が見られます。

特徴4 **暗いl**

⊋ 解答③のwallは「ウォール」というよりは「ワーウ」と聞こえます。最後の [l]が「**暗いl**」になっているので、「ウ」に聞こえるというわけです。

特徴5 **イントネーションが鋭角的**

---

valuable information

そのほかのお手本となるアメリカ英語によるスピーチ

大統領
・バラク・オバマ （Barack Obama） 第 44 代大統領。
　→ 2009 年、2013 年『大統領就任演説 (inaugural address)』、
　　 2009 年『ノーベル賞受賞演説』など
・ジョン・F・ケネディ （John F. Kennedy） 第 35 代大統領。
　→ 1961 年『大統領就任演説 (inaugural address)』

そのほか
・キング牧師 （Martin Luther King Jr.） 公民権運動の指導者。
　→ 1963 年 『I have a dream （私には夢がある）』
・スティーブ・ジョブズ （Steve Jobs） iPhone などで知られるアップル社の創業者。
　→ 2005 年『スタンフォード大学での演説』
・ビル・ゲイツ （Bill Gates） マイクロソフト社の創業者。
　→ 2007 年『ハーバード大学での卒業スピーチ』

Barack Obama

●──現代アメリカ英語とは

　Must 2[1]で書きましたが、「標準アメリカ英語」（General American,

GA ）、つまり中西部方言は人口の約3分の2が話す方言です。国土で言うと約5分の4に当たります。

　このことから、いわゆる「アメリカ英語」に触れる機会はアメリカに行くと多いのです。この点は「イギリス英語」[2]とは大きく異なる点です。ちなみに地図に関してですが、便宜上、州ごとに区切っていますが、実際にはこの限りではありません。

　一方、東部方言は「イギリス英語」に近いと言われ、r音化がない人がいます。また南部方言では、特徴的な発音が見られます。たとえば five は [faɪv] と二重母音ではなく [faːv] と長母音で発音します。

　国土の割には、方言は比較的少ないと言われる点も「アメリカ英語」の特徴なのです。

※1　参照 Must 2「英語の「お手本」を利用して聞く力を伸ばす 」(p26~)
※2　参照 Must 92「ネイティブスピーカーの英語②標準イギリス英語 (RP)」(p.404~)

ネイティブスピーカーの英語
②標準イギリス英語 (RP)

▶標準イギリス英語の特徴は母音の後の [r] を発音しない？

　本書では標準アメリカ英語（🇺🇸 GA ）中心の発音をリスニング教材として扱っていますが、ところどころで標準イギリス英語（🇬🇧 RP ）の発音と比較してきました。ここでは、🇬🇧 RP の発音の特徴を以下にまとめます。それぞれの特徴を音声の例で確認しましょう。 特徴 1 , 特徴 3 , 特徴 5 の例は前項 Must 91 における 🇺🇸 GA の例と重複していますので、聞き比べてみましょう。

特徴 1 非 r 音化

　🇬🇧 RP では、特定の母音の後の [r] を発音しません[※1]。

> car
> What's your occupation?

　ただし、文では後ろの単語が母音なので [r] を発音しています[※2]。なぜでしょう？ 特徴 2 を見てください。

特徴 2 「連結の r 」

　🇬🇧 RP では、特徴①があるものの、前の語が特定の母音の後に [r] で終わり、次の語が母音で始まる場合には、[r] を発音します。この [r] を「連結のr 」と言います[※3]。

> My car is broken.

r を発音
している点に
注目！

※1　参照 Must 47「そのほかの子音② r 音化はあくまでオプション」(p.218~)
※2・3　参照 Must 65「[r] と母音の連結」(p.285~)

特徴3　母音

との母音の相違は、以下の音において顕著です。

> ・pot の [ɒ]^{※1}　　・goat の [əʊ]^{※2}　　・bath の [ɑː]^{※3}　　🔊226

特徴4　スムージング

では、一部の二重母音や三重母音が長母音になります。母音がスムーズ（なめらか）になることから、**スムージング** (smoothing) と呼ばれます。たとえば、fire は通常 [faɪə] と三重母音 [aɪə]（学者によっては、二重母音 [aɪ] にあいまい母音 [ə] がくっついたものと考える人がいます）が長母音 [aː] になります。ですから、fire は「ファイア」というより「ファー」と発音するのがの特徴です。ただし録音では前者の発音です。

> fire　　「ファイア」→「ファー」　　🔊226

特徴5　イントネーションがなめらか

とではイントネーションが大きく異なることはありませんが、はイントネーションの波がなめらかで、声域（高い声と低い声の幅）が広いと言われています。つまり、アップダウンが話者では大きいため、話者からすると「感情的な話し方」という印象を持つ場合があります。

> Have you ever been to the United States ?
> Where did you get that information?　　🔊226

▶ 標準イギリス英語の特徴は、①非 r 音化、②連結の r、③母音の一部が標準アメリカ英語と異なる、④スムージング、⑤なめらかなイントネーションである。

※1　参照 Must 11「「あ」を攻略する！④ [ɑːr] は深みのある「アー」」(p.68~)
※2　参照 Must 22「二重母音を攻略する！④「オゥ！」の [oʊ]」(p.112~)
※3　参照 Must 8「「あ」を攻略する！① [æ] は「うひゃ〜」の「ア〜」」(p.56~)

405

🇬🇧📻 話者で有名人は多くいますが、学習上、適切なのは、イギリス首相です。

ここでは、メイ第76代英国首相のスピーチを取り上げます。

まずは（　　）内に当てはまる語を入れてみましょう。英語力にあまり自信のない人は録音した音声を、英語に自信のある人はメイ首相自身の演説を利用してみてください。

その後、音声を聞きながら、発音練習をしましょう。

もう少し英語力をつけたい人は、ディクテーションをしてみましょう。

メイ首相　退任演説　2019 年 5 月 24 日
動画投稿サイト　検索ワード　| Theresa May resignation speech |

Because this country is a Union. Not just a family of （①　　　） nations. But a union of people – all of us. Whatever our background, the （②　　　） our skin, or who we love. We stand together. And together we have a great （③　　　）.

Our politics may be under strain, but （④　　　） so much that is good about this country. So much to be proud of. So much to be optimistic about.

I will shortly leave the （⑤　　） that it has been the honour of my life to （⑥　　　） – the second female Prime Minister but certainly not the （⑦　　　）.

Theresa May

引用元：英国首相官邸ウェブサイトより https://www.gov.uk/government/speeches/prime-ministers-statement-in-downing-street-24-may-2019

▶ **ANSWER**　（92）

① four　　　　　　 ② colour of　(アメリカ英語のつづりはcolor)
③ future　　　 ④ there is　⑤ job　　　 ⑥ hold　　　 ⑦ last

（この国は連合国です。4つの国のうちの1つというわけではありません。皆が連合の国民なのです。私たちがどのような出自であっても、どのような肌の色でも、だれを愛していようとも。私たちは立ち上がるのです。一緒だから、素晴らしい未来があるのです。

私たちの政府は重荷を背負っています。しかし、この国には良いところがたくさんあります。誇るべきことがたくさんあります。明るい未来があるのです。

私はもうすぐ首相を退任します。それは大変光栄な職でした。というのも女性で2人目の首相だったからです。しかし女性が首相になることはこれで終わりではありません。）

語注：Union 英国(大ブリテンと北アイルランドのこと)、colour アメリカ英語ではつづりは
　　　 color、strain 重荷、honour アメリカ英語ではつづりは honor

Listening Point

特徴1 非 r 音化
➡解答の①four、②colour、③futureは r 音化を伴っていませんので確認しましょう。

特徴2 「連結の r」
➡解答④のthereは単独や語末にきた際には 🇬🇧 では[r]を発音しませんが、後ろの語が母音で始まった場合（isなど）は[r]を発音します。この[r]を「**連結の r**」と言います。

特徴3 母音
➡解答⑤のjobの母音は[ɒ]が使われているので、「ジョッブ」と日本人にはなじみ深い発音です。🇺🇸 では[ɑ:]を使うので「ジャーブ」になります。

➡解答⑥のholdの母音は二重母音[əʊ]が使われています。🇺🇸 では[oʊ]なので、少しあいまいにholdが聞こえるでしょう。ここがイギリス英語らしさです。

➡解答⑦のlastの母音は、🇺🇸 では[æ]ですが、🇬🇧 では[ɑ:]です。違いを聞き取りましょう。

そのほかのお手本となるイギリス英語によるスピーチ

首相

・ウィンストン・チャーチル（Winston Churchill）第 61 代首相。第二次世界大戦で首相を務め、その指導力は今でも伝説です。

→ 1946 年『鉄のカーテン演説（Iron Curtain）』、1940 年『われらは断じて降伏しない（We shall never surrender）』など。

・マーガレット・サッチャー（Margaret Thatcher）第 71 代首相。女性初の首相。

→ 1980 年『保守党大会での演説』など。

俳優

・エマ・ワトソン（Emma Watson）『ハリー・ポッターシリーズ』で有名。

→ 2014 年 UN Women での『HeforShe 演説』

作家

・J.K. ローリング（J.K. Rowling）『ハリー・ポッターシリーズ』の作者として有名。

→ 2008 年ハーバード大学での卒業式での演説。

●──標準イギリス英語とは

ところで、Must 2[*1] で書きましたが、標準イギリス英語（**Received Pronunciation, RP**）を話す人は、現在ではイギリス国民全体の 3% 以下しかいないとも言われます。私たちが想像しているいわゆる「イギリス英語」話者は、意外にも少ないというわけです。

そもそも Received Pronunciation の名前の由来は、「エリート層に受け入れられた（received）」という意味ですので、社会階層による分類がなされたアクセントです。RP といっても、年配の王侯貴族やエリート層が話す「**保守的な RP**」、BBC（British Broadcasting Corporation、イギリスの公共放送）が話す「**標準的な RP**」、若年層のパブリックスクール出身者や保守層が話す「**先進的 RP**」の 3 種類に分けることができます。ちなみに「保守的な RP」話者の代表はエリザベス女王、「先進的な RP」話者の代表はエリザベス女王の孫のウィリアム王子やハリー（ヘンリー）王子、「ハリー・ポッターシリーズ」のハーマイオニー役で有名になったエマ・ワトソンがいます。

※ 1　参照 Must 2「英語の「お手本」を利用して聞く力を伸ばす」（p.26~）

●──地方アクセント

　これに加えて、**地方のアクセント（方言）**があります。たとえば、ショーン・コネリーやユアン・マクレガーに代表される**スコットランド方言**、イギリスの大人気バンド、ワンダイレクション（One Direction）のナイル・ホーランに代表される**アイルランド方言**、ヘビーメタルのミュージシャンとして有名なオジー・オズボーンに代表される**バーミンガム方言**などさまざまなアクセントがあります。さらに、社会階層による分類と地方アクセントの両方の特徴を持つ、ロンドンの労働者階級の人が話す**コックニー**（Cockney）があります。コックニーの代表者と言えば、元サッカー選手として世界的に有名なデイヴィッド・ベッカムがいます。

●──現代「イギリス英語」とは

　他方、このところイギリスの「スタンダードな英語」としてあげられるのが、「**河口域方言 (Estuary English)**」です。1980 年位から徐々にこのアクセントが市民権を得るようになりました。これはロンドンを横断するテムズ川の河口域で広がった発音で、上記の「先進的な RP」とコックニーの発音の特徴を併せ持ったアクセントです。ベッカムは、社会的注目を浴びるとコックニーから河口域方言にアクセントが変化したのですが、そういった点も見逃せません。また、「先進的な RP」話者であるウィリアム王子やヘンリー王子も河口域方言に近いと言う学者もいます。このように社会的地位と方言の差が、以前ほどはなくなっているのも、最近のイギリス英語の特徴です。

　こういった背景があり、イギリスを訪れた日本人がしばしば口にすることは、「イギリスに行ったけれど、イギリス英語を聞かなかったな」とか「イギリス英語がわからなかった」とかです。しかし、それは、「教材の英語」と「実際の英語」が異なることから生じたものです。

　だからと言って、英語学習者が「　　 はイギリス英語の代表ではない」と位置づけるのは早計です。イギリス英語を扱った教材は　　 中心ですし、政治家、BBC でのテレビ放送もやはり　　 が多いのは事実だからです。

ネイティブスピーカーの英語 ③オーストラリア英語、 ニュージーランド英語

▶オーストラリア英語、ニュージーランド英語の特徴は コックニーと同じ？

最近では、語学試験において、🇺🇸 GA や 🇬🇧 RP のほかにオーストラリア英語とニュージーランド英語が取り扱われるようになりました。オーストラリア英語とニュージーランド英語はそれほど大きくは異なりませんので、ここではまとめて扱いたいと思います。

発音の特徴については、英語話者がオーストラリアへ入植した歴史と重なります。オーストラリアは 18 世紀の後半から流刑植民地として発展しました。流刑囚は貧困層が主であったため、ロンドンの労働者階級のアクセントであるコックニー方言※1 と似ているところがあります。教養層は 🇬🇧 RP に近いのですが、ここでは一般的なオーストラリア人の英語をオーストラリア英語として扱います。

特徴1 非 r 音化

特定の母音の後の [r] を発音しません。この点は 🇬🇧 RP と同じです（car など） ※2。

特徴2 特徴的な母音　以下の母音で特徴が顕著です。

・ today [eɪ] → [ʌɪ]

「トゥデイ」と発音することが 🇺🇸 GA や 🇬🇧 RP では一般的ですが、オーストラリアでは「トゥダィ」と発音します。これはコックニーでも見られる特徴です。

....

※1　参照 Must 92 「ネイティブスピーカーの英語②標準イギリス英語（RP）」（p.404~）
※2　参照 Must 47 「そのほかの子音②r 音化はあくまでオプション 」（p.218~）

- **pr_ice** [aɪ] → [ɒɪ]

「プ<u>ラィ</u>ス」と発音することが GA や RP では一般的ですが、オーストラリアでは「プ<u>ロィ</u>ス」と発音します。

- **m_outh** [aʊ] → [æʊ]

「マ<u>ウ</u>ス」と発音することが GA や RP では一般的ですが、オーストラリアでは「メ<u>ウ</u>ス」に近い音になります。

- **あいまい母音の多用**

Alice という女性の名前は ['ælɪs] なのですが、[ɪ] の代わりにあいまい母音 [ə] を使うため、「ア<u>リ</u>ス」ではなく、「ア<u>ル</u>ス」と聞こえます。

特徴3 たたき音[※1]

　[t] が日本語の「ら行の音」になることがあります（water「ワー<u>ラ</u>」など）。ただし、 GA のように[※2]、どの環境で [t] が「ら行の音」になるのかに関しては、明確ではありません。

> ▶ **オーストラリア英語、ニュージーランド英語の特徴は①非 r 音化、②特定の母音の音質[eɪ][aɪ][aʊ]がRPと異なること、③たたき音であること。**

※1　参照 **Must** 29「破裂音を攻略する！③「ら行」に変わる [t]」（p.146~）
※2　参照 **Must** 91「ネイティブスピーカーの英語①標準アメリカ英語（GA）」（p.398~）

動画サイトで代表的なオーストラリア英語話者の音声を確認してみましょう。
「おすすめのオーストラリア話者一覧」にある名前とspeech/interviewとを動画
サイトの検索エンジンに入れると、オーストラリア英語のスピーチやインタ
ビューが見られます。 ➰ との違いを聞き比べてみましょう。

valuable information

おすすめのオーストラリア英語話者

首相
・スコット・モリソン（Scott Morrison）
　第30代オーストラリア首相。

俳優
・ヒュー・ジャックマン（Hugh Jackman）『X-MEN』シリーズ
　の主演で知られる俳優。
・ラッセル・クロウ（Russel Crowe）　2000年公開の『グラディエー
　ター』でアカデミー主演男優賞を受賞した俳優。
・ニコール・キッドマン（Nicole Kidman）　オーストラリア人女
　優としては初めてのアカデミー主演女優賞を受賞。[オーストラリアアクセントは弱い]

Scott Morrison

モデル
・ミランダ・カー（Miranda Kerr）下着メーカー『ヴィクトリアズ・シークレット』の
　モデルとして知られる。[オーストラリアアクセントは弱い]

サッカー選手
・ティム・ケーヒル（Tim Cahill）元オーストラリア代表。
・カール・ヴァレリ（Carl Valeri）　元オーストラリア代表。

ノン・ネイティブスピーカーの英語①日本英語

▶ 日本英語の特徴とは子音の後に母音を入れる？

●──ノン・ネイティブスピーカーの英語

ここからは、英語を母語としない人々の英語を見ていきましょう。

英語話者は現在、世界で20億人以上と言われていますが、大まかに分けると、そのうち英語母語話者（ネイティブスピーカー）は5億人ほど、残りの15億人ほどが非英語母語話者（ノン・ネイティブスピーカー）です。非英語母語話者には、「第2言語として英語を使用する話者」と「外国語として英語を使用する話者」が含まれます※1。

それぞれのルールでは、代表的な英語の特徴のみをいくつか取り上げています。というのも、「中国人」と言ってもさまざまな方言を話す人がいるわけで、その方言によって英語に与える影響は実際には異なるからです。

またそれぞれの **Practice Listening** では、それぞれの国出身の有名人で、英語話者を取り上げています。動画サイトの検索エンジンに「英語での名前と、政治家なら speech、それ以外なら interview」と入れると、英語でのインタビューやスピーチが見られます。ポイントは、「○○英語はこのような感じなのだ」ととらえることです。可能であれば、そのインタビューやスピーチの意味を聞き取ってみてください。

●──日本英語

まずは「日本英語」の特徴から見ていきましょう。日本人の多くにとっては、日本語が母語であり、英語は外国語となります。

※1　参照 **Must** 3「英語を話すのはネイティブだけではない」(p.30~)

特徴1 子音の後に母音を入れる

基本的に日本語は子音＋母音（ま [ma]、み [mi] など）か、母音のみ（あ、い、う、え、お）から成り立っています。例外は子音のみの「ん」と「っ」でしょう。したがって、**英語の子音群の間に母音を挟んでしまう**という特徴があります。たとえば、screw は英語では一音節語なのですが、日本語では [s] の後に「う」、[k] の後に「う」を入れてしまい、結果として「スクリュー」となるのです。

特徴2 一部の子音が苦手

・[r] と [l] が苦手

日本語は [r][※1] と [l][※2] を区別しないので苦手です。特に [l] が難しいので注意が必要です。「ら行」の音で代用する傾向にあります。

・[f] と [v] が苦手

日本語には [f][※3] と [v][※4] がないので苦手です。

・[θ] と [ð] が苦手

日本語には [θ][※5] と [ð][※6] がないので苦手です。

特徴3 一部の母音が苦手

・「あ」の母音が苦手

日本語の「あ」に当たる英語の母音は複数あります[※7]。

・二重母音が短母音2つになってしまう

日本語には二重母音がありません。たとえば、「愛（あい）」と I の違いなどです[※8]。

※1 参照 Must 46「そのほかの子音①「ら行」の音より暗く深い流音 [r]」（p.214~）
※2 参照 Must 48「そのほかの子音③暗い l と明るい l の側面音 [l]」（p.222~）
※3 参照 Must 34「摩擦音を攻略する！①摩擦が強く鋭い「フ」の音の [f]」（p.166~）
※4 参照 Must 35「摩擦音を攻略する！②かなり鋭い「ブ」の音 [v]」（p.170~）
※5 参照 Must 36「摩擦音を攻略する！③柔らかく継続した「ス」の [θ]」（p.174~）
※6 参照 Must 37「摩擦音を攻略する！④柔らかい「ズ」の [ð]」（p.178~）
※7 参照 Must 8「「あ」を攻略する！①[æ] は「うひゃ～」の「ア～」（p.56~）～ Must 12「「あ」を攻略する！⑤ [ɜː] は曇った「アー」」（p.72~）
※8 参照 Must 19「二重母音を攻略する！①なめらかに流れる「アィ」の [aɪ]」（p.100~）～ Must 29「破裂音を攻略する！③「ら行」に変わる [t]」（p.146~）

414

特徴4 イントネーションが平坦

　日本語でももちろんイントネーションはありますが、一般的にはイントネーションの声域が、英語と比べると広くないので、英語を発音するときには、平坦になってしまう傾向にあります。このことから、「日本英語」がお経を読んでいるように聞こえると評されることがあるのです。

> 日本英語の特徴は、①子音の後に母音を入れる、②子音の一部[r]と[l]、[f]と[v]、[θ]と[ð]が苦手、③一部の母音「あ」や二重母音が苦手、④ 平坦なイントネーションであること。

▶ Practice Listening （94）

　動画サイトで代表的な日本英語の音声を確認してみましょう。「おすすめの日本英語話者一覧」にある名前とspeech/interviewとを動画サイトの検索エンジンに入れると、日本英語のスピーチ/インタビューが見られます。

valuable information

おすすめの日本英語話者

首相

・宮澤喜一（Kiichi Miyazawa）第78代内閣総理大臣　英語が堪能なことで知られた首相。

ノーベル賞学者

・山中伸弥（Shinya Yamanaka）　iPS細胞を開発したことで知られるノーベル賞学者。
　→2012年『ノーベル賞受賞スピーチ』
・本庶佑（Tasuku Honjo）　がんの免疫療法の治療に貢献したノーベル賞学者。
　→2018年『ノーベル賞受賞スピーチ』
・吉野彰（Akira Yoshino）リチウムイオン二次電池を発明したノーベル賞学者。
　→2019年『ノーベル賞受賞スピーチ』

ノン・ネイティブスピーカーの英語②中国英語

▶ 中国英語は [r] がないのが特徴？

　次に、アジア圏で英語話者の数がもっとも多いと言われる**中国英語**を扱いましょう。

　国連の統計によると、2018 年、中国人の数は 14 億人を突破しました。世界の人口が 77 億人ですので、世界の 18％ ほどが中国人ということになります。また、中国系の人は世界に散らばり、中国人コミュニティを形成しています。日本にも横浜や神戸、長崎に中華街がありますし、アメリカ・カリフォルニアの中華街やイギリス・ロンドンの中華街は世界的に有名です。

　最近、日本の大学への中国人留学生が増えましたが、中にはとても英語ができる学生がいます。というのも、州や地域によって差があるものの、彼らは小学 1 年生から英語教育を受けているのです。

　また、21 世紀に入り、政府主導の英語政策の一環として、英語のみのチャンネル（CGTN, China Global Television Network）が開設され、英語が 24 時間 365 日見られるような環境になったことは、中国の国際化への本気度の高さがうかがえます。

　こうした背景もあり、一説には、大人子供を合わせて<u>2 ～ 3 億人以上が英語を学んでいる</u>と言われます。ですから、今後、中国人と英語で話すというビジネスの場がますます増えることは間違いないでしょう。

　では、中国英語にはどのような特徴があるのでしょうか。

特徴1 子音の一部が苦手

・[v] を [w] で置き換える

🇺🇸🇬🇧 や 🇬🇧🇪🇺 話者が vine と wine の最初の子音が [v] と [w] と異なる子音を使うところ、中国英語話者の中には [v] と [w] の区別がない人がいます。場合によっては、[v] を [f] で置き換えることもあります。

・[θ] と [ð] が苦手

think と sink が同じ発音となることがあります。これは日本語話者と同じ傾向にあります。また、[ð] を [z] で置き換えることもあります。

・[l] と [r] の区別がない

中国語には英語のような [r] がないため、[r] を [l] で置き換える傾向にあります。したがって、rice を lice と発音するのが一般的です。

・[n] がない場合がある

多くの中国語方言には [n] がないので、night と light が同じになることがあります。

特徴2 弱形が苦手

中国語は英語と違う音構造をもっていて、中国語は「**声調言語**」と言われます。つまり、意味の違いを音の高低（＝声調）で生み出す言語です。中国語の四声（4つの音の高低パターンで意味の違いを生み出す）は有名です。

一方、英語は音の強弱（＝ストレス、強勢）で意味の違いを生み出す言語「**ストレスアクセント言語**」なので、弱形という概念が存在します。したがって、中国語では弱形という概念が存在しませんので、弱形で使われる「あいまい母音」が苦手というわけです。

特徴3 イントネーションというより語の中で上下する

特徴2で説明しましたが、中国語は「声調言語」なので、英語らしいなめらかなイントネーションではなく、語単位でアップダウンする傾向にあります。

▶ 中国英語の特徴は、①子音の一部[v][θ][ð][r][n]が苦手、②弱形が苦手、③イントネーションが苦手である。

動画サイトで代表的な中国英語の音声を確認してみましょう。「おすすめの中国英語話者一覧」にある名前とspeech/interviewとを動画サイトの検索エンジンに入れると、中国英語のスピーチ/インタビューが見られます。

valuable information

おすすめの中国英語話者

俳優
・ジャッキー・チェン（Jackie Chan）世界的に有名なアクションスター。香港出身。
・アンディ・ラウ（Andy Lau）俳優であり、歌手でもある。香港出身。
・チャン・ツィイー（Zhang Ziyi）『グリーンデスティニー』『ラッシュアワー2』などへの出演により世界的に知られるようになった女優。
・ファン・ビンビン (Fan Bingbing) 巨額の脱税事件で世界の耳目をさらったが、ハリウッドでも活躍している女優。

実業家
・ジャック・マー（Jack Ma、馬雲）IT などを行う大企業アリババの創業者。2016 ～ 18 年まで、アジア人 1 番の大富豪に選ばれた。

Jack Ma

※ Foundations World Economic Forum

ノン・ネイティブスピーカーの英語③シングリッシュ

▶ シンガポール英語は文末に「ラ」をつけるのが特徴？

　続いて、今や国際都市として名高いシンガポール人が話すシンガポール英語を見てみましょう。

　シンガポールは日本の東京23区ほどの小さな国ですが、生活水準の高い**多民族国家**として知られています。民族的には、中華系約75%、マレー系約13%、インド系約9%、その他3%で、中華系が多数を占めます。こういった背景もあり、英語をはじめとしてマレー語、中国語（華

シンガポール

語）、タミル語が公用語になっていますが、これら多民族を言葉の点でまとめるのが「英語」というわけです。

　このためシンガポールでは英語を話せる人が多く、その英語は「シングリッシュ (Singlish)」と呼ばれます。また、英語が公用語になった背景は、1867年にイギリス植民地となり、1959年にイギリス連邦内の自治領となったものの1963年にマレーシアの一部として建国され、1965年にマレーシアから分離独立して建国されたという経緯があるためです。このことから 🇬🇧 の影響が強いタイプの英語と言えます。

　一般に、「シングリッシュはなまりが強い」と言われますが、その特徴を大まかに見てみましょう。中華系が国民の約75%ということは、シングリッシュには中国語の影響が強いということですので、前項 Must 95 も参考に

してください。

特徴1 文末に lah, leh をつける

Buy a drink <u>lah</u>. や OK, <u>lah</u>. のように使います。lah に大きな意味はなく、日本語で言うと、「〜だね」「〜ね」といったものに当たります。もともと中国語の「〜了／啦」、あるいはマレー語の助詞 la からきていると言われ、文末につける<u>強調表現</u>になります。この特徴はマレーシア英語にも見られます。

特徴2 一部の子音が苦手 [※1]

・[θ] と [ð] が苦手

<u>th</u>ree[θ] と <u>t</u>ree[t] が同じ発音となることがあります。場合によっては、[ð] と [d] の違いもない場合があるので、<u>th</u>ey[ð] と <u>d</u>ay[d] が同じ発音となることがあります。

・[r] が [l] になる

中国系シンガポール人によく見られる特徴です。

特徴3 一部の母音が苦手

・二重母音が長母音になる

たとえば <u>fa</u>ce の [eɪ]、<u>goa</u>t の [ou] がそれぞれ [eː]、[oː] になります。この点は日本人英語話者に通じるところがあります。

・あいまい母音を使わない

英語では、強勢の置かれない音節においては、あいまい母音[※2] を使うことが多いのですが（comm<u>o</u>n など）、シングリッシュでは強母音が使われますので、comm<u>o</u>n の２つめの ‘o’ はあいまい母音でなく強母音の「オ」を使います。この点も日本人英語話者に通じるところがあります。

特徴4 強勢（ストレス）の位置が独特

音節すべてにストレスを置く傾向があります。たとえば、important とい

※1　参照 **Must** 95「ノン・ネイティブスピーカーの英語②中国英語」（p.416~）
※2　参照 **Must** 10「「あ」を攻略する！③[ə]は疲れてため息をついたときの「ア」」（p.64~）

う単語においては、通常第2音節に強勢がきますが、シングリッシュでは、3音節すべてに強勢（ストレス）が置かれます。

> シンガポール英語の特徴は、① 文末のlah, leh、② 一部の子音[θ][ð][r]が苦手、③ 二重母音やあいまい母音が苦手、④強勢（ストレス）の位置が独特である。

▶ Practice Listening （96）

動画サイトで代表的なシンガポール英語話者の音声を確認してみましょう。「おすすめのシンガポール英語話者一覧」にある名前とspeech/interviewとを動画サイトの検索エンジンに入れると、シンガポール英語のスピーチ/インタビューが見られます。

🏛 valuable information

おすすめのシンガポール英語話者

Halimah Yacob

大統領
・ハリマ・ヤコブ（Halimah Yacob）第8代大統領、インド系の父とマレー系の母を持つ、シンガポールで初めての女性大統領。

サッカー選手
・ファンディ・アマド（Fandi Ahmad）16歳でシンガポール代表選手に選ばれ、現在はサッカー指導者として活躍。
・サフワン・バハルディン（Safuwan Baharudin）シンガポール人初でFIFA15に出場。

歌手
・ステファニー・スン（孫 燕姿）中国系の歌手。

ノン・ネイティブスピーカーの英語④インド英語

▶インド英語は巻き舌の [r] が特徴？

　　インドには世界第2位の13億人の国民がいますが、その3～4割が連邦公用語である**ヒンディー語**を話します。一方、地方言語は2000以上あると言われていますが、インド憲法が定めた連邦公用語はヒンディー語のほかに、準公用語の英語があります。なぜなら、インドはもともとイギリス領インド帝国（1858 - 1947）だったからです。こういった歴史的な経緯もあって、インド英語といった場合、現在のインドだけではなく、旧インド帝国であったパキスタンやバングラデッシュ、スリランカ、ミャンマーの一部が入ることもあります。

　　では、インドにはどれくらいの英語話者がいるのでしょうか？

　　国別の英語話者数を見ると、アメリカの次にインドがきます。具体的に言うと、インド全人口は13億人で、その英語話者は人口の1割ほどの約1.2億人と言われています。程度の問題もありますが、実際にはこれより多い話者がいるでしょう。というのも、インドにはカースト制度という身分制度があり、かつては、英語話者は十分な教育を受けた人のみでしたが、現在では、その限りではありません。インドはIT大国として世界的に名をはせるようになり、IT業界において活躍するには「英語ができること」が条件の1つであり、カーストを超えて活躍するための手段になっているのです。彼らの多くはアメリカのシリコンバレーなどに渡り、目覚ましい活躍をしています。

　したがって、今後、ますますインド人と英語でコミュニケーションをする機会が増えていくでしょう。実際に、日本でも最近、IT企業などに勤めるインド人に出くわすことが増えてきました。

　一般には「インド英語」は聞き取りづらいと言われていますが、その特徴を以下にまとめます。

特徴1　つづり字通りに発音する

　Wednesday は通常、「ウェンズデイ」（🇬🇧 RP 話者の中には「ウェンズデイ」もあり）と発音しますが、インド人の中には、「ウェドゥンズデイ」と発音する人がいます。

特徴2　特徴的な子音

・巻き舌の [r] [t] [d]

　インド英語の特徴は、rのつづりがあるところでは巻き舌の [r] を発音することです。日本語の「ら行の音」のように、軽く一回口の中の上部に触る音（＝**たたき音**）であることもあれば、何度も舌を振るわせて作る音（＝**ふるえ音**）のこともあります。また [t] と [d] は舌先をかなり後ろに曲げて作る音（＝**そり舌音**）になるので、かなり深みのある [t] と [d] になります。

・どこでも明るい [l]

　インド英語の場合、🇺🇸 GA や🇬🇧 RP 話者が「暗い l」[※1]を使う場面（cool など）であっても、「明るい l」を使います。

・無声破裂音 [p, t, k] の気音がない

　pen の [p] は英語では気音[※2]を伴いますが、インド英語では気音を伴わないので Ben のように聞こえます。

・[v] と [w] の違いが明確でない

　🇺🇸 GA や🇬🇧 RP 話者が vine と wine の最初には [v] と [w] と異なる子音を使うところ、インド英語話者の中には [v] と [w] の区別がない人がいます。

※1　参照 Must 48「そのほかの子音③暗い l と明るい l の側面音 [l]」（p.222~）
※2　参照 Must 27「破裂音を攻略する！①一瞬で息を吐く [p]」（p.138~）、Must 28「破裂音を攻略する！②場所によって聞きやすさが異なる [t]」（p.142~）、Must 30「破裂音を攻略する！④息と生まれる明確でない [k]」（p.150~）、Must 53「同じ音が連続すると、音は1つにまとまる」（p.247~）、Must 54「単語の最初にくる [t] と最後にくる [t] では音が違う」（p.250~）

母音の一部が苦手

・**[a, i, o] は長母音になることがある**

pick の [ɪ] が [iː] になりますので、peak と同じ発音になることがあります。

・**二重母音が長母音になる**

coat の [oʊ] が [oː]、face の [e] が [eː] になります。

強勢（ストレス）の位置が異なる

Tabóo は táboo、téndency が tendéncy となるなど、ストレス位置が や のそれとは異なることがあります。

▶ インド英語の特徴は、① つづり字通りの発音、②子音が特徴的で、具体的には巻き舌の[r][t][d]や、[l]は明るい[l]、[p, t, k]の気音がない、[v]と[w]の違いが明確でない、③母音の一部が苦手、④強勢（ストレス）の位置が異なることである。

▶ **Practice Listening（97）**

動画サイトで代表的なインド英語話者の音声を確認してみましょう。「おすすめのインド英語話者一覧」にある名前とspeech/interviewと動画サイトの検索エンジンに入れると、インド英語のスピーチ/インタビューが見られます。

⛫ valuable information

おすすめのインド英語話者

首相
・ナレンドラ・モディ（Narendra Modi）第18代首相。

俳優
・アイシュワリヤー・ラーイ（Aishwarya Rai）インドを代表する女優。

指揮者
・ズービン・メータ（Zubin Mehta）世界的な指揮者。［英語圏での生活が長いため、インドアクセントは弱い］

Narendra Modi

クリケット選手
・サチン・テンドルカール（Sachin Tendulkar）「クリケットの神様」と呼ばれる。

サッカー選手
・バイチュン・ブティア（Baichung Bhutia）アジアサッカー連盟の初代殿堂入りを果たす。

ノン・ネイティブスピーカーの英語⑤ドイツ英語

▶ ドイツ英語の特徴は <u>w</u>ine と <u>v</u>ine が同じ発音？

次に、ヨーロッパ圏の英語を2つ見ましょう。まずは**ドイツ英語**です。

英語とドイツ語は言語学的に近い関係にあるので（インド＝ヨーロッパ語族西ゲルマン語派）、ドイツ人が英語を習得することは、比較的容易のようです。

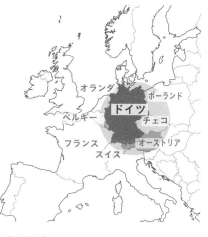

また、ドイツは周囲を9か国（デンマーク、ポーランド、チェコ、オーストリア、スイス、フランス、ルクセンブルク、ベルギー、オランダ）に囲まれていることから、多言語国家ですので、6割以上の人が2か国語以上を話せると言います。このうち、ドイツ語を公用語としている国は、ドイツ、オーストリア、リヒテンシュタイン、ルクセンブルクです。ほかにも、スイスでは6割がドイツ語話者です。合計で、1億3000万人ほどがドイツ語話者と言われています。

ドイツでは英語教育が幼少期から行われることから、ドイツ人で英語が堪能な人は多いものです。また、筆者の経験では、英語になまりのあることを気にせずに英語をとても上手に操る人が多い印象です。

ではドイツ英語話者にはどのような特徴があるでしょうか。

特徴1 **一部の子音が苦手**

- **[θ] と [ð] がない**

  Father の [ð] が [t] になり「ファー<u>タ</u>」、<u>three</u> の最初の子音が [s] に置き換えられて「スリー」のように聞こえることがあります。

- **英語の [r] がない**

  巻き舌の [r] か、のどの奥の方で発音する [r] になります。

- **[l] が「明るい l」**

  ドイツ英語の場合、や 話者が「暗い l」を使う場面であっても、「明るい l」を使います※1。

- **[v] が [f] になる**

  <u>give</u> が <u>gif</u> と聞こえることがあります。

- **[w] が [v] になる**

  <u>work</u> が「ヴァルク」、「ヴァーク」のように聞こえます。

- **音節末の [b, d, g] が [p, t, k] のようになってしまう**

  ba<u>d</u> が ba<u>t</u> のように聞こえます。

特徴2 **[æ] と [e] の区別がない**

  p<u>a</u>t と p<u>e</u>t は同じ発音になることがあります。

> ▶ ドイツ語英語の特徴は、①一部の子音 ([θ][ð][r][v][w]暗い[l]) が苦手、語末の[b, d, g] が[p, t, k]になる、②母音[æ]である。

※1 参照 **Must** 48「そのほかの子音③暗い l と明るい l の側面音 [l]」(p.222~)

⏺ **Practice Listening** （98）

動画サイトで代表的なドイツ英語の話者の音声を確認してみましょう。「おすすめのドイツ英語話者一覧」にある名前とspeech/interviewと動画サイトの検索エンジンに入れると、ドイツ人英語のスピーチ/インタビューが見られます。

🏰 valuable information

おすすめのドイツ英語話者

首相
・アンゲラ・メルケル（Angela Merkel）第8代首相、ドイツ初の女性首相。

元俳優
・アーノルド・シュワルツェネッガー
(Arnold Schwarzenegger) ドイツ語が公用語のオーストリア出身の元俳優で、その後、アメリカに。2003~2011年まではカルフォルニア州知事に就任。

Angela Merkel

サッカー選手
・オリバー・カーン（Oliver Kahn）ドイツサッカー界でもっとも多くのタイトルを獲得し、「史上最高のゴールキーパー」と呼ばれる。
・フランツ・ベッケンバウアー（Franz Beckenbauer）ドイツサッカー界でもっとも有名なサッカー選手。

カーレーサー
・ミハエル・シューマッハ（Michael Schumacher）ドイツ初のＦⅠドライバーズチャンピオン。

ノン・ネイティブスピーカーの英語⑥フランス英語

▶フランス英語の特徴は一部の子音を発音しない？

　2つ目のヨーロッパ圏の英語は、フランス英語です。

　以前、「フランス人はそのプライド故、英語を話さない」と言われた時期がありました。しかし、最近では、フランスの大都市、パリ、マルセイユ、ニースなどでは英語を話す人が多くなった印象があります。レストランやお店など、観光客が多いところでは、英語が通じるところがほとんどではないでしょうか。

　そもそもフランス語は、ヨーロッパ圏では話者の多い言語で、2億人以上の話者がいて、そのうち常時使用者は、1億2000万人と言われています。というのも、フランスが、世界のいたるところにたくさんの植民地をもっていたという歴史があるからです。フランス語圏は、フランスのみならず、ヨーロッパではベルギー、スイス、モナコなど、アフリカではガボン、コートジボアール、コンゴ、ジブチなど、アメリカではカナダ、ハイチなど、アジ

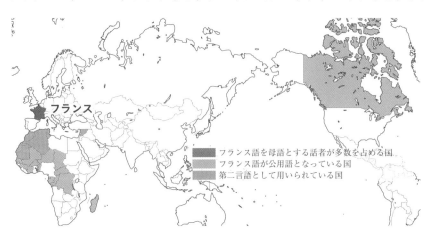

フランス語を母語とする話者が多数を占める国
フランス語が公用語となっている国
第二言語として用いられている国

ア・オセアニアでは、バヌアツ、ニューカレドニアなどがあります。

では、フランス英語にはどのような特徴があるでしょうか？

特徴1　特定の子音を発音しない

・語末の子音を発音しないことがある

フランス語では、基本的に語末の -s、-t、-d、-g、-p、-lt、-ld などを発音しないという規則があるので、英語でもそれが起きることがあります。たとえば、alphabet はフランス語では「アルファベ」で、英語では「アルファベットゥ」ですが、英語でもフランス語式に発音することがあります。

・語頭の h は発音しない

フランス語では語頭の h は基本的に発音しないので、hotel は英語式の「ホゥテル」ではなく「オテル」、harmony が英語式の「ハームニ」ではなく「アルモニ」になることがあります。

特徴2　独特の母音の特徴がある

・母音が鼻音化する

フランス語には**鼻母音**があるので、後ろに鼻音がある場合には、強い鼻音化[1] が聞こえることがあります。たとえば、an apple の an がかなり鼻音化して「ア～ン」と聞こえます。

・a は「ア」、i は「イ」

英語では cable は「ケィブル」と二重母音 [ei] になりますが、フランス語なまりでは「カーブル」、英語では cider は「サィダー」と二重母音 [ai] になりますが、フランス語なまりでは「シードル」となります。

> ちなみに英語では cider は 🇺🇸 🇬🇦 では「リンゴジュース」を、🇬🇧 🇬🇧 では「リンゴ酒」のことを指します。日本語のサイダーは英語で soda (water, pop) と言います。

・ai、ei が [eː] になる

air は英語のように [eə] 「エァー」と二重母音ではなく、「エール」となります。

※1　参照 Must 43「鼻音を攻略する！①[m] と「鼻声」は別物」(p.202~)

切れ目で必ずイントネーションを上げる

　フランス語では、切れ目のところでイントネーションを上げますが、それまでは平板調※1になります。よって、イントネーションが英語とは異なり、不自然に聞こえる場合があります。

> フランス英語の特徴は、①一部の子音を発音しない、②母音の鼻音化と二重母音が特徴的になる、③独特なイントネーションであること。

▶ Practice Listening（99）

以下は代表的なフランス英語の話者です。動画サイトでその音声を確認してみましょう。「おすすめのフランス英語話者一覧」にある名前とspeech/interviewと動画サイトの検索エンジンに入れると、フランス英語のスピーチ/インタビューが見られます。

valuable information

おすすめのフランス英語話者

大統領

・エマニュエル・マクロン（Emmanuel Macron）第25代大統領。
　39歳というフランス史上最年少で大統領に就任。
　→ 2018年4月25日　『アメリカ議会（US Congress）上下両院
　　　合同会議での演説』
・フランソワ・オランド（François Hollande）第24代大統領。

Emmanuel Macronl

サッカー選手

・ジネディーヌ・ジダン（Zinedine Zidane）世界的にも有名なサッカー選手。

映画監督

・リュック・ベッソン(Luc Besson)『レオン』、『トランスポーターシリーズ』で知られる。

俳優

・ジャン・レノ（Jean Reno）日本でもCM出演するなど人気が高い。

※1　参照　**Must** 84「5つのイントネーション①下降調は言い切る」（p.370~）

ノン・ネイティブスピーカーの英語⑦アフリカ英語

▶アフリカ英語はイギリス英語に近い？

　「アフリカ英語」と言ってもその定義づけは非常に難しいのです。というのもアフリカ大陸には、エチオピア、ガーナ、アンゴラなど主権国家が50以上ある上に、アフリカだけで世界の言語の3分の1があると言われているくらい数多くの言語が存在します。その**共通語**が、フランス語であったり、英語であったりするわけです。

　右はフランス語・ポルトガル語を共通語とする国と、英語を共通とする国を分けた地図です。

　コートジボアール、コンゴなど、アフリカには多くのフランス英語話者がいます。したがって、その特徴は前項 Must 99 と基本的には同じなので参考にしてください。

　この項では「**南アフリカ英語**」に限定して、その特徴をとらえてみたいと思います。

南アフリカ共和国

■ 英語を共通語とする国
■ フランス語を共通語とする国
■ ポルトガル語を共通語とする国

　南アフリカ共和国は、1994年までは人種差別を容認する「アパルトヘイト」があったものの、現在では、アフリカ最大の経済大国になり、アフリカ唯一のG20参加国として、大いなる経済発展を遂げています。

　歴史的に考えると、南アフリカ共和国は1910年から1961年までイギリス連邦の自治領でしたので、イギリス英語の影響がアフリカ英語には強いのです。しかし、南アフリカ国民の4分の3の第一言語はズールー語（Zulu）、

コーサ語（Xhosa）などを含むバントゥー諸語です。残りが英語と、オランダ語から派生したアフリカーンス語などを話します。英語を第1言語とするのは、基本的にアングロサクソン系（特にイギリス系）の1割ほどしかいないのですが、学校に通っている人の多くは学校で英語を学んでいます。実際には、貧困層もいるため、英語話者は南アフリカ国民全体の半分ほどと言われています。しかし、貧困層から抜け出すための手段として、昨今、英語を学ぶ人が多くなり、一説には英語の第一言語話者はここ10年で100万人ほど増えたと言われています。

　では、南アフリカ英語にはどのような特徴があるのでしょうか。

特徴1 非 r 音化

　🇬🇧 RP の影響が強いので、**非 r 音化**[※1] の話者が多いです（car など）。

特徴2 [r] が特徴的

　アフリカーンス語を母語とする人の多くは、[r] を巻き舌の [r] で発音することがあります。具体的に言えば、何度も舌を振るわせて作る音（=**ふるえ音**）で発音するので、かなり特徴的な [r] になります。

特徴3 無声破裂音 [p, t, k] の気音がない

　pen の [p] は英語では気音[※2]を伴いますが、南アフリカ英語では気音を伴わないので、Ben のように聞こえます。これはアフリカーンス語の影響と考えられます。この点はインド英語と同じです。

特徴4 母音の一部が苦手

・**[æ] → [e] になる**

　cat は 🇺🇸 GA でも 🇬🇧 RP でも [æ][※3] なのですが、アフリカ英語では少し

※1　参照 Must 47「そのほかの子音② r 音化はあくまでオプション」(p.218~)
※2　参照 Must 27「破裂音を攻略する！①一瞬で息を吐く [p]」(p.138~)、 Must 28「破裂音を攻略する！②場所によって聞きやすさが異なる [t]」(p.142~)、 Must 30「破裂音を攻略する！④息と生まれる明確でない [k]」(p.150~)、 Must 53「同じ音が連続すると、音は1つにまとまる」(p.247~)、 Must 54「単語の最初にくる [t] と最後にくる [t] では音が違う」(p.250~)
※3　参照 Must 8「「あ」を攻略する！① [æ] は「うひゃ～」の「ア～」」(p.56~)

「え」に近いので、「キャットゥ」ではなく「ケートゥ」と発音されます。

・**一部の二重母音が長母音になる**

square の母音は [eə][※1] ですが [eː] になり、peer の母音は [ɪə][※2] ですが、[eː] になります。

・**一部の二重母音がコックニー[※3] のようになる**

price の母音は [aɪ] なので「プライス」と発音しますが、南アフリカ英語では「プロイス」と発音します。

> ▶ アフリカ英語は第1言語によって英語の特徴は異なるが、南アフリカ英語の特徴は、①非 r 音化、②[r]が特徴的、③無声破裂音[p, t, k]の気音がない、④ 母音の一部が独特であること。

▶ **Practice Listening** （100）

動画サイトで代表的な南アフリカ英語話者の音声を確認してみましょう。「おすすめの南アフリカ英語話者一覧」にある名前とspeech/interviewと動画サイトの検索エンジンに入れると、南アフリカ英語のスピーチ/インタビューが見られます。

🏰 **valuable information**

おすすめの南アフリカ英語話者

大統領

・ネルソン・マンデラ（Nelson Mandela）第 8 代大統領、ノーベル平和賞受賞。

　→ 1994 年 『大統領就任演説 (inaugural address)』

・ジェイコブ・ズマ（Jacob Zuma）第 11 代大統領、ズールー人初。

ラグビー選手

・シヤ・コリシ（Siya Kolisi）ラグビーワールドカップ 2019 年の南アフリカ代表チーム主将。

・ラッシー・エラスムス（Rassie Erasmus）ラグビーワールドカップ 2019 年の南アフリカ代表チーム監督。

サッカー選手

・ベネディクト（ベニー）・マッカーシー　（Benedict (Benny) McCarthy）南アフリカ史上最高のストライカーと言われる。

Nelson Mandela
South Africa The Good News

※1　参照 **Must** 25「二重母音を攻略する！⑧はっきりしない「ウァ」の [ʊəˈ]」（p.128~）

※2　参照 **Must** 24「二重母音を攻略する！⑥あいまいな「イァ」の[ɪəˈ]」（p.120~）

※3　参照 **Must** 92「ネイティブスピーカーの英語②標準イギリス英語（RP）」（p.404~）

Advice for learning English

イギリス英語がいまいち聞き取れません。
アナウンサーの英語は聞き取れます。どうすれば良いですか？

サイトを利用して、さまざまなアクセントに慣れましょう

初級・中級・**上級**

　最近、英語学習者からの相談でよく聞かれるのが、「イギリス英語」がわからないというものです。その理由の1つは、 Must 92 [※1] にも書きましたが、標準イギリス英語 🇬🇧 話者の割合が少ないことと、その逆にさまざまなアクセント（方言）があるということです。

　筆者は一時期イギリスに住んでいて、英語音声学を専攻していたので、イギリス英語の発音にはなじみがある方だったのですが、それでもスコットランドなまりに慣れなかったり、ウェールズなまりが理解するのが難しかったりして苦労しました。スコットランドなまりの事務職員の英語がわからなくて手続きがうまくいかなかったり、ウェールズなまりの大家さんの英語がわからず手続きに四苦八苦したりと、アクセントには苦労したものです。というのも、学校で習っていた発音とは全然違うからです。

　しかし、そういった方言に接する機会が多くなればなるほど、徐々にそのアクセントに慣れていき、コミュニケーションもとれるようになりました。このように最初は聞き取れなくても、さまざまなアクセントには「慣れて」いくことで、さまざまなイギリス英語を聞き取れるようになります。

※1　参照 Must 92「ネイティブスピーカーの英語②標準イギリス英語（RP）」（p.404〜）

さまざまなアクセントを実際に聞きたい場合には、大英図書館（the British Library）の HP の中の Sounds というページを利用してみましょう。そこには、さまざまなイギリス人による会話やスピーチの録音がありますので、そちらで音声を確かめてみてください。イギリスにはいかに多くの方言があるかがわかります。

　さまざまなアクセントに慣れるためには、音声を聞いて「こんな感じなのね」と感覚的にとらえることが重要です。

※1　https://sounds.bl.uk/Accents-and-dialects/BBC-Voices

あとがき

　あまたある英語教本の中から、本書を手に取ってくださった皆様には心から御礼を申し上げます。ご縁をいただけたことに心から御礼を申し上げます。どうかこの一冊が、手に取ってくださった皆さんの英語力を向上し、世界への扉を開くカギの役割を少しでも担っていれば幸いです。

　これまでわたくしは多くの方に手を差し伸べていただき、ここまで来ることができました。今回もわたくしと同じ名前の出版社である明日香出版社から、ご縁をいただき、うれしく思います。というのも、学生時代、漠然とですが、同じ名前の出版社である明日香出版社から本を出せることを夢見ていたからです。そんな折、編集者の藤田知子さんからお声をかけていただいたときには、とても驚いたとともに、夢が現実になることの不思議を感じずにはいられませんでした。藤田さんには夢を実現していただいたことに、心から感謝申し上げます。また、英文を校閲してくださった Boyd さんにも御礼を申し上げます。

　各章では多くの方々にお力をお貸しいただきました。第 8 章において中国語のアドバイスをくださった松本秀士先生、サッカー選手についてアドバイスをくださった小笠原寛昌さんにも御礼を申し上げます。また、英語の音声を吹き込みにご協力くださったジョッシュ・ケラーさん、レイチェル・スミスさんにも感謝いたします。お二人のおかげで本が彩り豊かになりました。第 1 章の録音を快諾してくださった Taurayi Will Zhanje 先生、ユン・ソンジェさん、趙猛さんには心からの御礼を申し上げます。

　最後に、いつも温かく支えてくれる家族には感謝します。

　本書は多くの方々のお力により、出版に至りましたことをここに記します。

米山　明日香

[著者]

米山明日香（よねやま・あすか）
青山学院大学社会情報学部准教授
博士（文学）

神奈川県鎌倉生まれ、横浜育ち。

専門は英語音声学、英語教育、発音指導、英語プレゼンテーション。
大学卒業後、英国 University College London に留学し、音声学修士号（MA in Phonetics）を取得。その後、日系航空会社勤務、通訳者を経て、博士号取得。東京外国語大学、早稲田大学などの大学講師を経て現職。

最近では、政府・世界的大企業のエグゼクティブの英語アドバイザーをつとめたり、ニュースコメンテーターをつとめたりするなど、その活動は大学だけにとどまらない。

ブログ：米山明日香のブログ
http://blog.livedoor.jp/bihatsuon/
twitter: @asuka_yoneyama_

英文校正　Stephen Boyd

音声 DL 付き　英語リスニングの鬼 100 則

2020 年　7 月　26 日　初版発行
2022 年　1 月　26 日　第 18 刷発行

著　　　者　米山明日香
発 行 者　石野栄一
発 行 所　引明日香出版社
　　　　　　〒112-0005　東京都文京区水道 2-11-5
　　　　　　電話　03-5395-7650（代表）
　　　　　　https://www.asuka-g.co.jp
印　　　刷　株式会社フクイン
製　　　本　根本製本株式会社

発売2か月で驚異の5万部突破！

「目からウロコ」「高校生の頃にこの本が出ていたら、人生変わっていた」と多くの支持を得ています！

英語を学ぶ人が知っていると役立つ英文法の知識を「認知言語学」を下敷きに100項まとめました。

「どうしてここは ing を使うのかな」

「ここは for かな、to だっけ」

「これは過去形で語るといい案件かな」

英文法のルールを丸暗記するだけの詰め込み勉強だと、いつまで経っても英語が「使えません」。

「どういう気持ちからこう話すのか」が体感できると英語で実際に話し、書く力が飛躍的に伸びます。

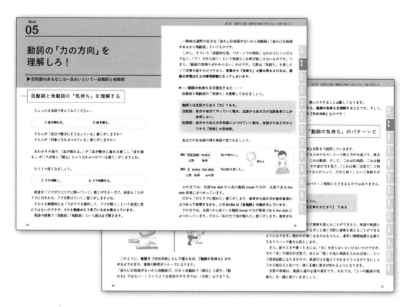

ISBN978-47569-2059-1 本体価格 1800 円＋税
2019 年 11 月発行　A5 並製　440 ページ